Hubertus Mynarek

Der polnische Papst

Bilanz eines Pontifikats

Bibliographische Information der Deutschen Bibliothek
Die Deutsche Bibliothek verzeichnet diese Publikation in der
Deutschen Nationalbibliographie; detaillierte bibliographische
Daten sind im Internet über http://dnb.ddb.de abrufbar.

Hubertus Mynarek:
Der polnische Papst
Bilanz eines Pontifikats

Reihe: Unerwünschte Bücher zur Kirchen- und Religionsgeschichte Nr. 6

Copyright © 2005 AHRIMAN-Verlag GmbH

1. Auflage 2005

AHRIMAN-Verlag GmbH
Postfach 6569, D-79041 Freiburg
Tel. 0761/502303, Fax 0761/502247

www.ahriman.com

Bestellungen per e-mail: ahriman@t-online.de oder
einfacher über den Warenkorb auf unserer Homepage.
(Bitte geben Sie bei e-mail-Bestellungen Ihre vollständige Postanschrift an.)

ISBN 3-89484-602-X

Gedruckt auf säurefreiem und alterungsbeständigem Papier.

Bestellungen an den Verlag werden innerhalb einer Woche bearbeitet.
Nichtantwort beweist NATO-Postzensur.
(In diesem Falle Bestellung per Einschreiben wiederholen – Lektion
für fdGO- und Zufallsgläubige, ein Nachhilfeunterricht in Staatsbürgerkunde.)

Copyright des Titelbildes: © gettyimages

Inhaltsverzeichnis

Vorwort

zu diesem Buch, das verhindert wurde und nun doch erscheint

HABENT SUA FATA LIBELLI – Bücher haben ihre Schicksale, ihre Geschichte! Das vorliegende Buch erscheint gerade erst und hat doch schon eine Geschichte hinter sich, eine brisante »Vorgeschichte«, wie ich meine, die ein bezeichnendes Licht wirft auf unsere Gesellschaft und die Freiheit, die in ihr herrscht.

Mein Buch sollte nämlich ursprünglich im Fischer-Taschenbuch-Verlag erscheinen. Unter welch merkwürdigen Umständen es da nicht erschien, will ich kurz schildern. Bereits im Frühjahr 1996 trat dieser Verlag, einer der größten Taschenbuch-Produzenten in Deutschland, an mich mit der Bitte heran, ein Buch über Johannes Paul II. zu schreiben, und zwar sollte es eine umfassende Bilanz seines Pontifikats werden. Man machte mich aber wiederholt darauf aufmerksam, daß mein Buch erst zum Tode des Wojtyla-Papstes erscheinen könne. Freilich rechnete man schon damals – 1996 – mit dem baldigen Ende des immer gebrechlicher werdenden Papstes.

Am 7. März 1996 unterschrieb ich den Buchvertrag mit Fischer. Bereits am 26. Februar desselben Jahres hatten ihn die Verantwortlichen des Verlags, Martin Bauer und Dr. Hubertus Schenkel, unterzeichnet. Ein paar Monate später übergab ich dem Verlag das Manuskript unter dem Titel DER POLNISCHE PAPST. BILANZ EINES PONTIFIKATS. Es wurde vom Verlag nicht nur akzeptiert, sondern mit Lob wegen seiner inhaltlichen und stilistischen Qualitäten bedacht. Ein erster Ausdruck des Buches wurde vom Verlag erstellt.

Aber der Papst starb nicht, jedenfalls noch lange nicht, obwohl man jedes Jahr, ja jeden Augenblick damit rechnete. Und er lebte nicht nur, er machte auch weiterhin mit seinen diversen Auftritten in der ganzen Welt von sich reden. Also übersandte ich dem Fischer-Verlag eine Reihe von Ergänzungen und Aktualisierungen meines Manuskript-Textes. Auch diese wurden von ihm voll akzeptiert und begrüßt und in einen neuen Papierausdruck meines Manuskripts hineingenommen.

Die letzten Aktualisierungen meines Papst-Textes erbat der Verlag von mir zwei Tage vor dem tatsächlichen Ableben Johannes Pauls II. In mühsamer Tag- und Nachtarbeit schaffte ich es auch in diesem Zeitraum. Dr. Peter Sillem, »Programmleitung Sachbuch« im Fischer-TB-Verlag, gab sich hocherfreut, als er diese neuesten Aktualisierungen überprüft hatte. Er ließ sie sofort in den endgültigen Ausdruck des Buches einfügen. Nochmals rief er mich an und erklärte mir freudestrahlend: »Nächste Woche erscheint Ihr Buch. Sie erhalten dann auch sofort die ersten Belegexemplare!«

»Nächste Woche« – das wäre die Woche vom 10. zum 17. April gewesen. Statt dessen erhalte ich sozusagen aus heiterem Himmel und völlig überraschend ein Schreiben mit Datum vom 6. April 2005, unterzeichnet von Peter Lohmann (»Geschäftsführung Programm«) und Peter Sillem, in dem mir mitgeteilt wird, daß »die unumgänglichen planerischen Voraussetzungen für die sorgfältige Publikation eines Buches nicht gegeben sind«. Gemeint war damit mein Buch.

Ein absurder Vorwand für den rüden Bruch des Vertrages konnte dem Verlag gar nicht einfallen, denn er hatte ja die ganzen Jahre seit 1996 die volle Planung in der Hand, inklusive der Bedingung, das Buch dürfe erst zum Tode des Papstes erscheinen. Er hatte es sogar schon im Internet als TB-Band 13502 öffentlich gemacht, und das Buch war mit Ausnahme des Buchdeckels perfekt fertig.

Natürlich wußte der Fischer-TB-Verlag, daß er Vertragsbruch begangen hatte, mit dem er vor Gericht nicht durchkommen würde. Also ließ er sich eine Hintertür offen. Er trat nicht direkt vom Vertrag zurück, sondern eröffnete mir im besagten Schreiben die Möglichkeit, mein Buch »ab November 2006« als Fischer-Taschenbuch herauszugeben, genau darum wissend, daß mein Papstbuch dann, nach anderthalb Jahren, jegliche Aktualität verloren hätte. Süßlich-freundlich fügte er deshalb in dem Schreiben hinzu: »Angesichts der Aktualitätsfrage, die sich damit stellt, möchten Sie das Buch möglicherweise anderen interessierten Verlagen anbieten. In diesem Falle wären wir bereit, Ihnen die Rechte ohne Kostenfolgen zurückzugeben.« Der Schwarze Peter sollte also an mich abgegeben werden!

Wer die Macht hat, braucht keine Gründe für sein Verhalten zu nennen. Daher bringt er Ausreden. Ich rief Herrn Lohmann an. Fehlanzeige. Er war nicht bereit, die wahren Gründe, warum der Verlag plötzlich mein Buch nicht herausgeben wollte, zu nennen. Er werde, sagte er, noch einmal mit dem Justitiar des Verlags sprechen und mich dann anrufen. Er versprach das hoch und heilig. Bis heute habe ich seinen Anruf nicht erhalten! Ich setzte mich mit SPIEGEL-Redakteur Peter Wensierski in Verbindung. Er fand den Fall »brisant«, wollte mich zurückrufen, wenn er bei Lohmann oder Sillem etwas erfahren würde. Offenbar schweigen die beiden eisern, denn Wensierski meldete sich nicht mehr.

Mir bleiben also nur Vermutungen bezüglich der Frage, warum ein angesehener, als seriös geltender Verlag ein unter Vertrag stehendes Buch nicht herauszubringen gewillt ist. Aber diese Vermutungen erscheinen mir auf jeden Fall wesentlich begründeter und wirklichkeitsnäher als die erkennbar verlogene Worthülse von den mangelnden »planerischen Voraussetzungen«, die der Verlag herbeizauberte, zumal besagter Fischer-Verlag zur Verlagsgruppe Holtzbrinck gehört, die wirtschaftlich eng mit der katholischen Kirche verwoben ist.

Man muß sich nämlich den Inhalt meines Papstbuches vor Augen führen. Im Gegensatz zu der Vielzahl von Büchern über Johannes Paul II., die fast alle lediglich Jubelarien auf die Größe und Vollkommenheit dieses Papstes und seines Wirkens anstimmen, ist mein Buch eine jenseits aller Massenhysterie und -suggestion vollzogene sachlich-rationale Analyse und Bestandsaufnahme der wirklichen Leistungen bzw. Defizite dieses Mannes. Das paßt nicht in eine Zeitgeistlandschaft von Medien, Verlagen, Politikern, auch Intellektuellen, die jeglichen aufklärerischen Impetus verloren zu haben scheinen bzw. zu Hunderten zum Vatikan, dem Hort und Zentrum Jahrhunderte lang ausgeübter Anti-Aufklärung, pilgern und wallfahren.

Es kommen nur zwei Gründe für dieses Verhalten eines Großverlags in Frage, der ein schon akzeptiertes und gesetztes Buch dann doch nicht herausgibt. Entweder er fürchtet wegen der alles überflutenden kritiklosen Begeisterung für einen der letzten absolutistischen Herrscher auf unserem Planeten einen Verlust an Käufern und Lesern, wenn er ein kritisches Papstbuch herausgibt, oder aber es wurde direkt und unmittelbar von kirchlichen Interessenträgern Einfluß auf die Entscheidung des Verlags gegen mein Buch ausgeübt. Wem das trotz der Eigentumsverhältnisse zu unwahrscheinlich erscheint, der sei nur an ein paar Fakten erinnert, die ich hier ohne Anspruch auf Vollständigkeit anführen möchte.

Erster Fall: Talkshow Maischberger. Karlheinz Deschner, Autor der KRIMINAL-GESCHICHTE DES CHRISTENTUMS, wird zu ihr eingeladen und dann wieder ausgeladen, weil der Hamburger Weihbischof Jaschke darauf besteht, sich mit diesem Kirchenkritiker nicht an einen Tisch zu setzen.

Zweiter Fall: Bischof Kamphaus von Limburg, eingeladen zu einer TV-Talkshow, erfährt, daß die Theologin Uta Ranke-Heinemann daran teilnehmen soll. Er lehnt sie ab, also wird sie ausgeladen!

Dritter Fall: Ich selbst werde um eine schriftliche Stellungnahme zur Pro-Sieben-Sendung DER DA-VINCI-CODE oder DAS SAKRILEG gebeten, mir wird garantiert, daß meine Stellungnahme vorgelesen und mein diesbezüglich einschlägiges Buch JESUS UND DIE FRAUEN in der Sendung gezeigt werden. Für den Sender nach offenbar erfolgten Protesten bzw. Einflußnahmen ein zu heißes Eisen! Also wird mein Beitrag fallengelassen. Statt dessen darf ein Sprecher der mächtigen kirchlichen Geheimorganisation ›Opus Dei‹ zehn Minuten lang in der Sendung auftreten.

Vierter Fall: Ich werde vom WDR zu einer Sendung über einen Priester in Krefeld eingeladen, der jahrelang Kinder sexuell mißbraucht hat. Im letzten Moment werde ich ausgeladen. Die Begründung: »Sie sind ja ein aus der Kirche Ausgetretener, da können Sie nicht objektiv sein. Es wurde ein kirchlicher Theologe an Ihrer Stelle eingeladen!«

Es lassen sich dazu noch weitere Fälle anführen. Erwähnt sei nur, daß mein autobiographisches Buch HERREN UND KNECHTE DER KIRCHE seinerzeit unter dem Druck der Kirche vom Bertelsmann-Medienkonzern trotz ebenfalls bestehendem Buchvertrag nicht herausgegeben wurde. Meine in diesem Buch dargelegten Erfahrungen mit den Herren der Kirche, ihren den meisten unbekannten Machtallüren und -intrigen konnte erst 30 Jahre später in einem kleinen Verlag in 2. Auflage erscheinen. Ich danke dem über wenige Finanzmittel, aber großen Mut verfügenden, dezidiert atheistischen Ahriman-Verlag, daß er in hochherziger, offenster Toleranz und trotz einiger ideologischer Differenzen mit dem Autor bereit war, die Auslieferung dieses Werkes zu übernehmen und obendrein auch das vorliegende, vom Fischer-Verlag schnöde im letzten Moment abgelehnte Papst-Buch hiermit doch noch herauszubringen und den verehrten Lesern zugänglich zu machen.

Meine »Papst-Bilanz« möchte nicht zuletzt dazu beitragen, den kritischen Sinn zu schärfen, kritisch alles öffentlich Gehörte, Gedruckte, ins Bild Gesetzte zu prüfen, denn die Kirche schleust auch in sogenannte links-liberale Redaktionsstuben und Verlage Leute ein, die sich ein weltoffenes Image geben und trotzdem die Sache der Kirche machen. Unter dem Deckmantel der Freiheit wird diese tausendfach mißbraucht, in den Print- wie in den elektronischen Medien!

Hubertus Mynarek
Im Juni 2005

Kapitel 1

Karol Wojtyla

Herkunft – Ausbildung – Berufsstationen

Als der polnische Kardinal Karol Wojtyla im Oktober 1978 zum Papst gewählt wurde, kam dies einem geistigen Erdrutsch gleich, dessen Bedeutung weit über die Grenzen der römisch-katholischen Kirche hinausging. Erstmals nach 455 Jahren bestieg wieder ein Nichtitaliener den päpstlichen Thron, und zum erstenmal überhaupt war es ein Pole, der an die Spitze der Weltkirche gelangte. Wieder einmal, wie schon bei Jesus oder den antiken Mysterienreligionen, die nach Rom vordrangen, oder wie beim Marxismus in seiner leninistisch-stalinistischen Ausprägung, mit dem sich ursprünglich ja auch viele Hoffnungen westlicher Kommunisten verbunden hatten, schien das Heil bzw. der Heiland aus dem Osten zu kommen. Im Grunde konnte die Kluft zwischen dem wenigen, was man über den neuen Papst aus dem Osten wußte, über seinen Charakter und sein bisheriges Wirken, und dem, was fast die ganze Welt sich von ihm erhoffte, gar nicht größer sein. Gleichwohl erwarteten selbst Agnostiker, Skeptiker und Liberale, die, durch die Geschichte belehrt, den Hort der Freiheit sonst nie im Vatikan zu lokalisieren pflegen, vom polnischen Papst plötzlich eine »Veränderung aller Dinge«. Er sollte die moderne Welt aus ihren permanenten Krisen herausführen. Auch als seriös eingestufte Zeitungen und Zeitschriften brachten dem neuen Pontifex Maximus Vorschußlorbeeren dar, wie sie sie sonst bei keinem Regierungswechsel zu bringen bereit waren. Den Vogel schoß DIE ZEIT ab, deren Herausgeberin Marion Gräfin Dönhoff am 27. Oktober 1978 in einem Leitartikel die Weltbedeutung der katholischen Kirche und die überragende, möglicherweise weltverändernde Rolle des neuen Papstes so charakterisierte:

»Säkular, global – dies sind Begriffe, mit denen in unserer Welt der Superlative gern herumhantiert wird. Hier aber treffen sie zum erstenmal die Realität: Global, universal, weltumspannend ist diese Kirche, die alle Grenzen transzendiert, alle Erdteile miteinander verbindet. Nichts Bedrängendes hatte die Szene der Huldigung, dieses Gelöbnis, welches das Erdenrund vor dem Stellvertreter Christi abgelegt hat. Kein Personenkult, sondern Symbol der Erkenntnis, daß es etwas gibt, das höher ist denn alle Vernunft.«

Warum, so fragte die Herausgeberin der ZEIT rhetorisch, sei die Tatsache, daß ein Pole Papst der katholischen Christen in aller Welt geworden war, von so weittragender Bedeutung? Ihre Antwort:

»Weil das Ziel seiner Wünsche und seiner Sehnsucht die Überwindung der Teilung Europas ist und die Wiederzusammenführung der zersplitterten Kirche. Wenn ein einzelner den Gang der Geschichte in diesem Sinne beeinflussen kann, so ist dafür niemand geeigneter als Papst Johannes Paul II. ... Im Vergleich zu der überalterten Führung im Osten ist der Papst noch jung. Als polnischer Kardinal hat er gelernt, Elastizität mit Härte zu verbinden. Ihm mag in unserer inhaltsleeren Zeit sehr wohl das gelingen, was eigentlich die Marxisten sich vorgenommen hatten: die Welt zu verändern.«[1]

Die anfängliche Begeisterung für den Wojtyla-Papst wuchs noch in geradezu atemberaubender Weise im Zusammenhang mit seinen ersten Reisen nach Mexiko, Polen, Irland und den USA. Der Welt verschlug es den Atem. Sigmund Freud hätte seine Freud' an der nachträglichen, unüberbietbar massiven Bestätigung seiner Theorie der Kirche gehabt, hatte er doch behauptet, wesentlich für das Zusammengehörigkeitsgefühl der zur Kirche gehörenden Massen sei die »Vorspiegelung (Illusion), daß ein Oberhaupt da ist ..., das alle Einzelnen der Masse mit der gleichen Liebe liebt. An dieser Illusion hängt alles; ließe man sie fallen, so zerfiele sofort, soweit der äußere Zwang es gestattete, Kirche wie Heer.« Christus bzw. sein Stellvertreter, der Papst, spiele die Rolle des »Vaterersatzes« für die infantil und realitätsuntüchtig gebliebene Masse der Erwachsenen. Jeder einzelne darin sei an diesen Vater oder Führer libidinös gebunden, und dieser Führer wirke auf die Masse wie ein Hypnotiseur.

»Der Hypnotiseur behauptet im Besitz einer geheimnisvollen Macht zu sein, die dem Subjekt den eigenen Willen raubt, oder, was dasselbe ist, das Subjekt glaubt es von ihm. Diese geheimnisvolle Macht – populär noch oft als tierischer Magnetismus bezeichnet – muß dieselbe sein, welche den Primitiven als Quelle des Tabu gilt, dieselbe, die von Königen und Häuptlingen ausgeht und die es gefährlich macht, sich ihnen zu nähern (Mana).«[2]

In der Tat: Wer die frenetischen Beifallsstürme der Massen, die bis zu Ohnmachtsanfällen reichenden Ovationen der Nonnen, die überschwenglichen Sympathiekundgebungen auch von weiten Teilen der nichtkatholischen Presse bei allen öffentlichen Auftritten des neuen Papstes miterlebte, konnte kaum umhin, hier eine Hypnose oder die Massensehnsucht nach *leadership* im Sinne geistiger Führung und in einer Person verkörperter Daseins- und Wertorientierung[3] oder aber, im Sinne der Psychoanalyse, Kindheitsfixierungen auf die sinnstiftende Leitbildfunktion des Vaters zu vermuten. Diese schlummernden Fixierungen aktualisierten, aktivierten, potenzierten und konzentrierten sich anhand des **neuen**

---

[1] Dönhoff, S. 1.
[2] Freud, GW XIII 102, 140.
[3] Vgl. Mynarek, Orientierung.

Vaters bei ganz geringfügigen Anlässen – eine gütige Geste, ein Lächeln des Papstes genügte. Der Stalin-Kult, der Hitler-Kult, der Mao-Kult, der Jesus-Kult in der Jesus-People-Bewegung, der Kult um patriarchalisch-autoritäre Vaterfiguren in manchen Jugendsekten, der Wojtyla-Kult und der Khomeini-Kult – sie alle folgten und folgen der gleichen, bereits von Freud analysierten Gesetzlichkeit.

Der Enthusiasmus für den neuen Papst, der aus dem für viele Westeuropäer geheimnisvollen und von ihnen sentimentalisierten Osten (»russische Seele«, »polnische Seele«) kam, und die erwähnten psychosozialen Gesetzlichkeiten dieser Begeisterung hatten die unmittelbare Folge, daß weite Teile der Weltöffentlichkeit ohne weiteres bereit waren, mit Karol Wojtyla eine neue Ära der Papst- und Kirchengeschichte beginnen zu lassen. Sie glaubten gleichsam ohne besondere Garantien oder Belege, daß nun ein permanentes Tauwetter in der katholischen Kirche anbreche, das die seit Jahrhunderten festgefahrenen und erstarrten dogmatischen und hierarchischen Strukturen dieser religiösen Superorganisation aufweichen und sie für die neuzeitlich-moderne Freiheitsgeschichte und Menschenrechtsbewegung öffnen werde – zwar spät, aber doch um so effektiver. Die von Johannes XXIII. († 1963) und dem von ihm inspirierten II. Vatikanischen Konzil (1962–1965) initiierte Wende, die Paul VI. († 1978) weitgehend wieder rückgängig gemacht hatte, werde nun, so meinten viele, Katholiken wie Nichtkatholiken, fortgeführt und vertieft: die Kirche an der Spitze der Bewegung für Gerechtigkeit, Freiheit, Demokratie und Weltfrieden, und der Wojtyla-Papst an der Spitze dieser Kirche als Personifikation einer gewaltlos gesellschaftsverbessernden Kraft! Diese Vision der Gräfin Dönhoff teilten viele.

Wer freilich, wie der Verfasser, dreizehn Jahre lang im Polen der Nachkriegszeit gelebt hat, mochte auf die Verwirklichung irgendwelcher Weltveränderungsträume durch Papst Wojtyla nicht so recht hoffen. Denn so paradox es klingt: Sowohl in seiner dogmatisch-ideologischen Gestalt wie in seinen hierarchisch-autoritären Strukturen stand der Katholizismus nirgendwo in Europa derart unangefochten da wie im kommunistischen Ostblockland Polen. (Das katholische Irland mochte da im Westen Europas noch eine Ausnahme darstellen, die aber nicht ins Gewicht fiel.) Zwar hat es im Nachkriegspolen harte Auseinandersetzungen zwischen Kirche und Staat gegeben, die ihren Höhepunkt in der Verhaftung des Vorsitzenden des polnischen Episkopats, Kardinal Wyszynski, im Jahr 1953 fanden. Aber auch den kommunistischen Machthabern in Polen wäre es nicht im Traum eingefallen, etwa den Episkopat als solchen, als Institution der Kirche, aus den Angeln zu heben. Das vom polnischen Staat der Kirche gegenüber durchgesetzte, lange Zeit in Kraft befindliche Dekret etwa, das die Besetzung kirchlicher Ämter vom Plazet der staatlichen Organe abhängig machte, setzte diese Ämter in ihrer hierarchischen Rangordnung gerade voraus und hatte nur zum Ziel, sie mit Kirchenmännern zu besetzen, die dem kommunistischen Regime genehm waren. Und auch an einer Veränderung des Dogmengebäudes der katholischen Kirche in Polen lag dem offiziell atheistischen Staat nichts, nicht einmal an einer oberflächlichen kosmetischen Korrektur in dieser Richtung. Die polnische Theologie war zumindest ebenso orthodox und eng dogmatisch wie die marxistische Staatsideologie in Polen. Beide schienen einander in ihrem starr konservativen Charakter geradezu zu bedingen. Die Zeiten der anspruchsvollen ideologischen Auseinandersetzungen des Marxisten Leszek Kolakowski mit dem katholischen Theologen Kasimir Klosak waren längst vorüber. Und auch sie hatten im Grunde mehr die philosophischen Voraussetzungen und Perspektiven beider Systeme als die einzelnen **Dogmen** des dialektischen Materialismus oder der Kirche zum Gegenstand gehabt.

Kommunismus und Katholizismus standen einander wie erratische Blöcke gegenüber und schienen nicht einmal ein besonderes Bedürfnis zu verspüren, sich miteinander zu verständigen. Die Aversion weiter Kreise des polnischen Volkes gegen die herrschende Staatsideologie enthob die Kirche in Polen der Notwendigkeit, ihre dogmatische Theologie kritisch zu durchforsten und auf dem Niveau der modernen westeuropäischen Theologien debattierfähig zu werden. Die überschwengliche Religiosität des polnischen Volkes kümmerte sich gar nicht oder höchstens am Rande um die kirchlichen Dogmen; sie bejahte sie widerstandslos aufgrund eines Überschusses an religiöser Begeisterung und aus Opposition zur Staatsideologie, sie akzeptierte sie gleichsam vortheoretisch, ohne sie zu kennen oder sich die Mühe zu machen, kognitiv in sie einzudringen. Dagegen glaubte jeder Pole, der nicht Marxist war oder irgendeinem Fragment idealistischer Weltanschauung anhing, automatisch, er habe im Katholizismus polnischer Prägung, in der katholischen Philosophie, was immer darunter verstanden werden mochte, einen natürlichen Bundesgenossen gegen das herrschende materialistisch-marxistische System. Hinzu kommt die Neigung der Polen, den jeweiligen Papst für über alle Kritik erhaben zu halten. Der Papst ist für fast alle Polen stets makellos und mit einem Heiligenschein umgeben. Erst heute, nach dem Zusammenbruch des Ostblocks, kommt Kritik an seinen diversen Einmischungen in die polnische Innenpolitik auf, nicht aber an seiner innerkirchlichen Amtsführung. Nachdem die Begeisterungsstürme für den nichtitalienischen Papst aus dem Osten abgeebbt waren, wunderten sich viele westeuropäische und nordamerikanische Katholiken über den immer stärker zutage tretenden Autoritarismus und massiv betonten Unfehlbarkeitsanspruch dieses Mannes, der wie ein gestrenger Glaubenswächter und oberster Sittenrichter der Welt auftrat. Sie kannten eben nicht das Land, aus dem er kam, und die besondere Art psychischer Herrschaft, die polnische Kirchenfürsten über ihr Volk ausüben.

Wie aber war es möglich, daß dieser reichlich mit Vorschußlorbeeren bedachte Papst seinen autoritär-doktrinären Kurs viel intensiver, offensiver und radikaler fuhr als seine unmittelbaren Vorgänger auf dem päpstlichen Thron? Die Antwort muß wohl lauten: Weil er die Voraussetzung mitbrachte, die ihm die Begeisterung der Massen garantierte und derentwegen er von den Kardinälen zum Papst erkoren wurde – die geradezu charismatische Symbiose von strengster traditionell-konservativer Orthodoxie und unnachgiebigstem Autoritarismus einerseits mit slawischer Gefühlsspontaneität und einem messianischen Enthusiasmus andererseits, der einer linken Utopie würdig wäre (und gewöhnlich auch nur in ihrem Gefolge und nicht in konservativ-etablierten Apparaten auftritt). Gerade das Novum einer solchen Verbindung von Konservatismus und Messianismus schockierte, faszinierte und elektrisierte anfangs die Massen, und nicht nur sie. So mancher Staatsmann vermerkte nicht ohne einen Anflug von Neid die mächtige Ausstrahlung dieser konservativen Autorität, und das Establishment auf dem ganzen Globus konnte erleichtert aufatmen, seine Komplexe vergessen und sein schlechtes Gewissen ablegen, weil es ein neues Modell für seine Gesellschaftsstrategie entdeckt hatte, das Modell eines »Heiligen und Propheten der konservativen Großoffensive«. Ein wenig von all dem muß sogar die Psyche des sonst eher unterkühlt re(a)gierenden damaligen Bundeskanzlers Helmut Schmidt bewegt haben, als er nach seinem Besuch bei Wojtyla erklärte, er sei zwar nicht katholisch, aber wenn er es wäre, wünschte er sich diesen Priester als Beichtvater.

Die Gründe, die den neuen Papst glauben ließen, er könne ohne Furcht vor Rückschlägen eine konservative Generaloffensive der von ihm regierten Kirche starten, lagen sowohl in seiner Person als auch in den mit ihm sympathisierenden fundamentalistischen Gläubigen. Er wurde Papst in einer Phase weitverbreiteter Nostalgie, zu einer Zeit, da viele angesichts des Fehlschlagens zahlreicher Reformversuche und -ansätze auf dem politischen, sozioökonomischen und kirchlichen Sektor eine heile Welt gleichsam »von oben«, ohne eigene Anstrengung, herbeisehnten. Da kam der Masse der so Fühlenden ein Papst wie gerufen, der einen geradezu messianischen Auftrag für die ganze Welt in sich spürte, der überzeugt war, eine solche Aufgabe vom transzendenten Gott selbst erhalten zu haben. Den Polen wurde seit langem gerade seitens des Klerus das Wort ihres großen Dichters Adam Mickiewicz eingehämmert, ihr Land sei der »Messias der Völker«. Wie Jesus als Individuum für die Menschheit gestorben sei, so sei das polnische Volk, das in seiner Geschichte so viele Demütigungen, Teilungen und Tiefschläge erfahren habe, durch sein Leiden ausersehen, die anderen Völker zu retten. Die Wahl eines Polen zum Papst bestärkte viele seiner Landsleute in dieser Überzeugung, und mit Sicherheit sah auch Karol Wojtyla selbst in seiner Wahl den Beweis eines besonderen göttlichen Auftrags an die Welt, den er auszuführen habe. Angesichts seiner seit jeher konservativen Grundhaltung, die ihn bereits als Theologieprofessor und später als Erzbischof von Krakau charakterisiert hatte, konnte er diesen Auftrag im Grunde gar nicht anders denn als restaurativen deuten, als den zur Rückführung der verlorenen, irrenden Menschenherde in den Schafstall Christi. Und auch dieser Schafstall war für den Polen Wojtyla, dem sich, ähnlich wie jedem Polen und jedem polnischen Kirchenfürsten, beispielsweise das Problem einer etwaigen protestantischen »Kirche« oder anderer Kirchen im eigentlichen gar nicht stellte, ganz klar definiert: Er konnte nur mit der römisch-katholischen Kirche in ihrer striktesten amtskirchlichen Gestalt identisch sein. POLONIA SEMPER FIDELIS!

Rom, dem Vatikan, dem Papst in besonderer Weise »fidelis«, also gläubig-treu zu sein, gehört zur Standarderziehung und -überzeugung eines jeden katholischen polnischen Priesters.

Dieser polnische, absolut papsttreue Katholizismus besitzt aber noch eine ganz eigene patriotische Färbung. Auch dem Theologiestudenten Karol Wojtyla, dem späteren Papst Johannes Paul II., wurde von seinen geistlichen Vorgesetzten eingetrichtert, daß der Staat, die Nation, das Vaterland Polen ohne die katholische Kirche nie überlebt hätte und auch in Zukunft nie überleben könne; daß Polen in seiner überaus gefährdeten Lage zwischen dem mächtigen Deutschland und dem mächtigen Rußland seine Existenz nur bewahren konnte, weil die polnische katholische Kirche fast immer als erstes Doppelgebot die Bindung zu dem Papst in Rom einerseits und die Wahrung der eigenen nationalen Identität andererseits predigte und dafür kämpfte; daß Polen vor allem seine historischen Teilungen unter das Habsburgerreich, Preußen und Rußland nicht überstanden hätte, wenn es da nicht eine mächtige Institution wie die mit Rom verbundene katholische Kirche gegeben hätte, an die sich die Masse des Volkes klammern konnte. Und tatsächlich waren ja unter der Besatzung der Fremdmächte die katholischen Pfarrkirchen in Polen fast die einzigen nationalen Oasen, in denen der »polnische Geist« gehegt, gepflegt und propagiert werden konnte.

Man muß sich diesen speziellen patriotisch-existentiellen Charakter des polnischen Katholizismus klarmachen, wenn man verstehen will, welchem geistigen Milieu der Wojtyla-Papst entstammt. Und man muß zum Verständnis dieses Mannes ganz besonders die messianische Variante dieses patriotischen Katholizismus berücksichtigen. Es ist verständlich, wenn ein Volk, das um jeden Preis überleben will, sich auch eine patriotische Ideologie schafft, die zu diesem Überleben beitragen soll. In Polen ist das nicht anders, nur daß diese Ideologie hier nicht nur eine religiös-kirchliche, sondern noch dazu eine spezifisch messianische ist. So weit geht selten ein Volk in der Konstruktion seiner Ideologie, daß es sich für den »Messias der Völker« hält. In Polen ist das der Fall. Als der Erzbischof von Krakau, jener Stadt, die als Wiege der polnischen Kultur gilt, zum Papst Johannes Paul II. gewählt wurde, erinnerte die polnische Presse an die drei größten Dichter Polens, Zygmunt Krasinki (1812–1859), Adam Mickiewicz (1798–1855) und Juljusz Slowacki (1805–1849), die Polen als den »gekreuzigten Christus der

Völker« charakterisiert hatten, wobei der Letztgenannte noch konkreter einen slawischen Papst für die Rettung der Welt prophezeit hatte. Nach einhundertdreißig Jahren war diese Prophezeiung in Erfüllung gegangen. Kein Wunder also, daß dieser Papst den Auftrag verspürte, seinen polnischen Katholizismus zur Norm und zum Modell für die katholische Weltkirche überhaupt zu erheben, d.h. auch dessen Autoritarismus und Dogmatismus, dessen enthusiastisch-missionarischen, teilweise schwülstigen Messianismus und dessen Immunität gegenüber allen Zweifeln erkenntnistheoretischer und historisch-kritischer Art. Der Primas von Polen, Kardinal Wyszynski, faßte dieses polnische Sendungsbewußtsein des frisch gewählten Papstes seinerzeit lapidar in die Worte:

»Auch wenn du jetzt auf dem Stuhl Petri sitzt, bleibst du doch ein polnischer Bischof ... deine Ideen sind Ideen der Kirche. Es ist also wichtig, daß die Kirche sie möglichst bald kennenlernt.«

Ein Hirtenbrief des polnischen Episkopats aus dem Jahr 1979 wird diesbezüglich noch deutlicher:

»Wenn das ein Land ist, das durch Kämpfe und Verfolgungen, durch Qual und Leiden seinen Glauben bewahrt hat, so möge aus Polen der Mensch in die Hauptstadt Petri kommen zur Hilfe für die allgemeine Kirche, zur Rettung der ganzen bedrohten menschlichen Familie.«

Johannes Paul II. selbst konnte da seine innerste Überzeugung auch nicht unter Verschluß halten. Vor Pilgern aus aller Welt sprach er gelegentlich von der »lebendigen, pulsierenden Wirklichkeit des polnischen Glaubens, an der ich auch euch Anteil geben möchte«. Bei seinem ersten Polenbesuch nach der Wahl zum Papst stellte sich Karol Wojtyla in Gnesen (Gniezno) als »der erste slawische Papst der Kirchengeschichte« vor und ließ dabei geradezu Töne eines neuen panslawischen Messianismus ertönen, die in der Frage gipfelten:

»Will Christus nicht vielleicht, daß dieser polnische, dieser slawische Papst gerade jetzt die geistige Einheit des christlichen Europas sichtbar macht?«[4]

Und es ist in der Tat so: Man wird äußerst selten, eigentlich nie von den (spezifisch) italienischen Päpsten Pius XII., Johannes XXIII. oder Paul VI. sprechen. Die Assoziation dieser Päpste mit ihrer Nationalität drängt sich nicht besonders auf. Ganz anders bei Johannes Paul II. Hier kommt es uns ganz leicht über die Lippen: »der polnische Papst«!

»Uno straniero, un polacco« (ein Fremder, ein Pole) ist dieser Mann auch den fast hunderttausend Gläubigen, denen Kardinal Felici auf dem Petersplatz in Rom am Abend des 16. Oktober 1978 verkündet, daß die Kirche einen neuen Papst habe: Carolum Wojtyla (wobei sich auch der italienische Kardinal, trotz vorherigen Übens, mit der Aussprache dieses polnischen Namens schwertut). Die

---

[4] Vgl. die zitierten Stellen bei Herrmann, Johannes Paul II., S. 55, 57, 62, und Trost, S. 294.

Gläubigen hören ein »Wotutua« oder ähnlich Lautendes heraus, und manche wittern eine Sensation: Sollte etwa ein afrikanischer Kardinal zum Papst gewählt worden sein, was einer Palastrevolution im Vatikan gleichkäme? Aber ein Afrikaner ist der frischgewählte Papst nicht, wenn auch für die meisten derer, die da auf dem Petersplatz bis zum achten, alles entscheidenden Wahlgang ausgeharrt haben, ein fast ebenso exotischer Unbekannter. Sie ahnen auch nicht, daß in diesem speziellen Fall die Bezeichnung »Pole« viel mehr bedeutet als nur eine beliebige Nationalitätsangabe.

Das Rätselraten, das intensive Fragen nach der Person und dem Charakter des bisherigen Erzbischofs von Krakau begann ja erst nach seiner sensationellen Wahl zum Papst. Vorher war er den meisten ein unbeschriebenes Blatt. Was für ein Mensch, fragten sich die Gläubigen, fragten sich auch Presse und Weltöffentlichkeit, ist dieser Karol Wojtyla, dieser erst 22. Nichtitaliener unter den 264 bisherigen Päpsten? Geboren ist er am 18. Mai 1920 in einer kleinen, damals noch nicht einmal 9000 Einwohner zählenden Stadt: Wadowice, circa dreißig Kilometer von Krakau entfernt. Es ist eine schmucklose Stadt, die zwar bereits 1327 gegründet wurde, aber keinerlei mittelalterliche Sehenswürdigkeiten aufweist. Dagegen erinnert sie noch heute in vielem an eine provinzielle Garnisonsstadt. Und tatsächlich war Wadowice 146 Jahre lang, bis zum Zusammenbruch der habsburgischen Monarchie im Jahr 1918, eine k.u.k. Garnisonsstadt mit einem Kreisgericht und einer Bezirkshauptmannschaft. Es zeugt von der Vitalität des polnischen Patriotismus, daß die Polen ihre seit dem 18. Jahrhundert andauernde Aufteilung unter die habsburgische, preußische und russische Oberherrschaft so gut verkrafteten und in ihrer Gesamtheit nie in Gefahr standen, ihr Polentum abzuschütteln. Allerdings lebten die Eltern von Karol Wojtyla im ruhigsten Teilgebiet Polens, eben im habsburgischen. In Warschau, wie überhaupt in dem Teil Polens, der unter russischer Herrschaft ächzte, führte der polnische Nationalismus zu mehreren blutig niedergeschlagenen Aufständen, und auch im preußischen Teil Polens erstarkte die Opposition gegen die Fremdherrschaft im Laufe der eineinhalb Jahrhunderte ihres Bestehens immer mehr.

Der Vater Karols, der übrigens denselben Vornamen trägt wie sein Sohn, steht dagegen, wiewohl er sich ebenfalls als Pole fühlt, absolut gehorsam-loyal zur habsburgischen Obrigkeit, und dieser pflichtbewußte, disziplinierte Gehorsam als hervorstechende Eigenschaft des Vaters macht auf den Sohn einen besonders nachhaltigen Eindruck und übt eine lebenslange Wirkung auf ihn aus. Noch als Papst Johannes Paul II. erinnert sich der Sohn im Gespräch mit dem französischen Philosophen André Frossard:

»Ich bewunderte meinen Vater. Fast alle meine Kindheits- und Jugenderinnerungen beziehen sich auf ihn ... Die einfache Tatsache, ihn niederknien zu sehen, war von entscheidendem Einfluß in meinen jungen Jahren. Er stellte so

8

hohe Ansprüche an sich selbst, daß er keinerlei Ansprüche an seinen Sohn zu stellen brauchte. Allein durch sein Beispiel lernte ich Selbstbeherrschung und Pflichtbewußtsein. Er war ein außergewöhnlicher Mensch«.[5]

Vater Wojtyla, geboren 1879 als Sohn eines Schneidermeisters im Dorf Czaniec südlich von Krakau, wird aufgrund seiner unerschütterlichen Loyalität gegenüber der Obrigkeit und seiner tiefen Verehrung für den Kaiser in Wien, Franz Joseph I., sogar Berufssoldat. Die Vorgesetzten loben sein stark entwickeltes Pflichtgefühl, seine Zurückhaltung, Ehrlichkeit und Bescheidenheit. Sein Ziel ist es, auf dem Weg über das Militär die gesicherte Position eines Beamten der k.u.k. Monarchie zu erreichen. Im Jahr 1900 kommt er als junger Berufssoldat nach Wadowice, 1904 wird er als Zugführer nach Lemberg versetzt und kehrt zwei Jahre später als Rechnungsunteroffizier nach Wadowice zurück. Seine guten Kenntnisse der deutschen und der polnischen Sprache sowie seine Fähigkeit zum schnellen Maschineschreiben bewirken, daß er 1914 bei Ausbruch des Ersten Weltkriegs nicht an die Front muß, er erlebt das grausame Völkermorden in der Schreibstube. Aber aufgrund seiner hervorragenden Pflichterfüllung und seines beispielhaften Fleißes, dazu seiner »Würdigkeit in außerdienstlicher Beziehung«, also sein ordentliches Privatleben, ernennt man ihn zum Rechnungsoffizier im kaiserlich-königlichen Offizierskorps. Er erhält obendrein für seine Leistungen das Eiserne Verdienstkreuz mit Krone. Nach dem Ende des Krieges wird er ohne Schwierigkeiten als Leutnant in die neugebildete polnische Armee übernommen.

Da der junge Wojtyla seinen Vater so sehr bewundert, findet er dessen Autoritarismus keineswegs anstößig. **Disziplin** und **Gehorsam** sind für den Vater die obersten Prinzipien bei der Erziehung seines Sohnes. Zu einem geistig und körperlich diszipliniert lebenden Menschen will er ihn machen, und diesem Zweck dient so manche uns heute brutal vorkommende Maßnahme, z.B., daß er ihn von Zeit zu Zeit in ein ungeheiztes Zimmer sperrt, damit er sich abhärte. Dieses Training im kalten Raum soll den Jungen auf das Leben vorbereiten, das nach Vater Wojtyla ein ständiger Kampf ist. Der Vater argumentiert und motiviert häufig mit dem Hinweis auf »unsere Christenpflicht«, merkt dabei aber wohl selbst nicht, daß er diese Pflicht mit dem militärischen Gehorsam verwechselt, der ihn so lange geprägt hat.

Bedürfnis- und **Anspruchslosigkeit** sowie **absolute Ordnung** sind weitere hohe Werte, die der Vater seinem Sohn beibringen möchte. Das schmale Leut-

---

5 Zit. n. Fröhling, S. 18. Vgl. auch die Lebensbeschreibungen dieses Papstes von Malinski, Krewerth, Trost, Englisch, Kramer von Reisswitz und Hülsebusch, die man allerdings kritisch lesen muß, da sie fast durchweg aus Jubelarien auf den Papst bestehen. In der Schwebe zwischen Jubelarie und einigen doch recht kritischen Anmerkungen zum Wojtyla-Papst hält sich Szulc. Mittlerweile (seit 1996) gibt es auch eine idealistisch geschönte Biographie von Johannes Paul II. selbst, mit dem Titel: Geschenk und Geheimnis – zum 50. Jahr meiner Priesterweihe.

nantsgehalt des Vaters erlaubt es der Familie allerdings auch nicht, große Sprünge zu machen. So ist der spätere Papst als Schüler meist ärmlich, wiewohl immer anständig gekleidet. Seine Jacken sind gewöhnlich aus dem abgetragenen Militärstoff des Vaters geschneidert. Vielleicht hat dieses permanente Lavieren an der Armutsgrenze beim späteren Papst genau das Gegenteil bewirkt, denn als solcher liebt Wojtyla nun den Reichtum und Luxus um sich herum, worauf im siebten Kapitel näher einzugehen sein wird.

Die Erziehung in Kindheit und Jugend ist also keine Determinante, sie kann auch das Gegenteil auslösen. Wenn der Papst mithin später Disziplin und Gehorsam als höchste Werte seiner Moralideologie verkündete und bei den Gläubigen durchzusetzen suchte, dann spielten Vorbild und Erziehung des Vaters dabei sicher eine große Rolle. Doch muß es da im Herzen Wojtylas trotzdem noch eine eigene Willensentscheidung zugunsten dieser doch eher sekundären Tugenden gegeben haben, sonst wäre sein späteres starrsinniges Beharren auf ihnen trotz großer Widerstände auch von Teilen des Kirchenvolks nicht ganz zu verstehen.

Auch das Beten bringt Vater Wojtyla seinem Sohn bei. Originalton des Papstes: »Ich erinnere mich, daß mir mein Vater eines Tages ein Gebetbuch gab, in dem das Gebet zum Heiligen Geist stand. Er trug mir auf, es täglich zu beten. Und seit jenem Tag versuche ich, dies zu tun ... Ich meine ..., daß hierbei die Worte meines Vaters eine entscheidende Rolle gespielt haben, weil sie mich dazu gebracht haben, ein wahrer Anbeter Gottes zu sein.«

Daß der spätere Papst als Junge tagtäglich vor dem Schulbesuch in die Kirche geht und nach der Schule nochmals vor dem Marienhochaltar dieser Kirche betet, ist auf den Einfluß des Vaters zurückzuführen. Bestimmt dachte der Papst auch besonders an seinen Vater und dessen Einfluß auf ihn, wenn er in seinem als sein persönlichstes apostrophierten, 1994 erschienenen Buch DIE SCHWELLE DER HOFFNUNG ÜBERSCHREITEN über die Jugendlichen sagt:

»Sie sind durchaus bereit, ermahnt zu werden; sie wollen, daß man ihnen ja oder nein sagt. **Sie brauchen Führungspersonen** ... Wenn sie bei Autoritätspersonen Beistand suchen, so tun sie es deshalb, weil sie in ihnen warmherzige Menschen vermuten, die in der Lage sind, gemeinsam mit ihnen die Wege zu gehen, denen sie folgen.«[6]

Während also der Einfluß des Vaters auf Karol nicht hoch genug eingeschätzt werden kann, ist vom Wirken der Mutter wenig zu berichten. Daß der Sohn seine Mutter überhaupt nicht erwähnt, wie manche Biographen behaupten, stimmt allerdings nicht.[7] Die Mutter, Emilia Kaczorowska, stammte aus Litauen und

---

[6] Johannes Paul II., Schwelle, S. 169f.

[7] *Vater*: Nach dem kirchlichen Jubelbiographen Fröhling, S. 31/57, hat Johannes Paul II. »die unbedingte Disziplin und den Sinn für Gehorsam ... sicherlich ihm zu verdanken ... Der Vater ist ... sein

arbeitete als Lehrerin in Wadowice, wo sie stets eine Fremde, eine »Zugewanderte« blieb. Im Februar 1906 heiratet sie den Unteroffizier Karl Wojtyla, wie sich der Soldat Wojtyla seit seinem Eintritt in die k.u.k. Armee nannte. Den ersten Sohn, Edmund, bekommt sie bereits am 27. August desselben Jahres, woraus hervorgeht, daß auch die Eltern des späteren Papstes sich nicht an das nachher von ihm so vehement verteidigte Verbot vorehelicher sexueller Beziehungen gehalten haben können. Das »Fleisch« des so disziplinierten Vaters muß zumindest einmal vor der Ehe schwach geworden sein, denn von einer Frühgeburt Edmunds ist nirgends die Rede.

Mutter Emilia hat offenbar ihren ersten Sohn besonders geliebt. Der zweite Sohn Karol, der, wie wir noch sehen werden, sehr ehrgeizig ist und immer die Hauptrolle spielen will, hat unter dieser Bevorzugung seines Bruders gelitten. Er ist neidisch auf Edmund, weil die Mutter sich viel mehr mit diesem befaßt, er ihr näher zu stehen scheint, ja, ihr regelrechter Vertrauter ist, mit dem sie lange Gespräche führt. Der wesentlich jüngere Sohn Karol fühlt sich zurückgesetzt, oft wird er von der kränkelnden Mutter seines Temperaments, seiner Lebhaftigkeit wegen hinausgeschickt. Er fühlt sich abgelehnt, in seiner Zuneigung zur Mutter zurückgestoßen. Der Eindruck verstärkt sich in ihm, daß die Mutter keine Zeit für ihn haben will. Er weiß ja nicht, kann vielleicht auch noch gar nicht verstehen, daß die Mutter fast immer krank ist und bald, gerade 45 Jahre alt, sterben wird. Noch im Gespräch des Papstes mit dem bereits erwähnten André Frossard klingt so etwas wie Enttäuschung über das eigene Mutter-Sohn-Verhältnis an.

»Er sagte mir«, so der französische Philosoph, »daß es einen Zeitpunkt gibt, an dem jungen Männern, die ihre Mutter früh verloren haben, schmerzlich bewußt wird, daß sie keine Mutter gehabt haben, auch wenn sie von ihrem Vater mit noch so viel Liebe und Güte erzogen worden sind.«[8]

Karol Wojtyla, der spätere Papst, hat über das Folgende nie gesprochen. Aber vielleicht trägt er der Mutter auch noch etwas anderes nach. Sechs Jahre vor seiner Geburt hatte sie eine Tochter zur Welt gebracht, die aber bei der Geburt oder kurz danach starb. Diese Enttäuschung hat Karols Mutter offenbar nie verwunden. Darauf weist der Umstand hin, daß sie den zweiten Sohn in den ersten Lebensjahren immer wieder einmal, wie auch auf Fotos zu sehen ist, in Mädchenkleider steckte. Da konnte sich Karol der Verdacht aufdrängen: »Sie wollte mich nicht als den, der ich bin, als Sohn, als Jungen, als Mann. Sie wollte mich als etwas anderes, als Mädchen, und sie ist nicht glücklich, daß ich es nicht bin.«

---

bester Freund … Bekannte werden später sagen, daß sie kaum jemals ein Vater-Sohn-Verhältnis angetroffen haben, das diesem ähnlich gewesen sei. Beide sind absolut vertraut miteinander … und die Achtung, die der Sohn dem Vater entgegenbringt, beantwortet dieser mit tiefer Liebe.« – *Mutter:* z.B. Herrmann, Johannes Paul II., S. 45; Bernstein/Politi, S. 27ff.

[8] Zit. n. Fröhling, S. 28.

Aber auch unabhängig von der eben vorgetragenen Vermutung reicht das über das defizitäre Verhältnis des jungen Karol zu seiner Mutter Gesagte aus, um seine lebenslange glühende, teilweise sogar überschwengliche Liebe und Verehrung für die Jungfrau und Gottesmutter Maria verständlich werden zu lassen. Mit dieser intensiven Verehrung beginnt er schon sehr früh. Bereits mit zwölf Jahren gehört er der ›Legio Mariae‹ an, jenem eifrig-eifernden Verein der katholischen Jugend, der die Verbreitung und Vergrößerung der Ehre Mariens auf seine Fahnen geschrieben hat. Und als frischgebackener Papst wird Karol Wojtyla das M, den Anfangsbuchstaben von Marias Namen, in sein Wappen setzen und die Inschrift TOTUS TUUS (Ganz der Deine) hinzufügen (was »sich wie die Unterschrift unter einen Liebesbrief liest«[9]).

Die Liebe des Karol Wojtyla zur himmlischen Frau Maria bedeutet aber nicht, daß er von der Zuneigung zu irdischen Inkarnationen des Weiblichen ganz unberührt geblieben wäre. Er brauchte sich in dieser Hinsicht ja auch keine Zügel anzulegen; den Wunsch oder gar den festen Willen, Priester zu werden und ein zölibatäres Leben zu führen, hat er bis kurz vor seinem 22. Geburtstag noch gar nicht. Bis dahin gilt seine Liebe vor allem der Schauspielkunst, aber auch seiner Jugendfreundin: Halina Królikiewicz. Ihr widmet der Lyriker Wojtyla seine ersten romantischen Verse; mit ihr, der Tochter des Wadowicer Gymnasialdirektors als weiblicher Partnerin, spielt Karol als männlicher Held viele Theaterstücke, die das Gymnasium veranstaltet. In einem dieser Theaterstücke spielt Karol Wojtyla den König und Halina die Geliebte des Königs. Und es ist in dieser züchtigen Zeit schon viel, daß er ihr dabei einen Kuß auf die Wange drücken darf. Hand in Hand wandern sie manchmal am Ufer der Skawa entlang, einem Nebenfluß der Weichsel, der ihre Stadt durchfließt. Er nennt das hübsche, sehr lebhafte, schwarzhaarige Mädchen »Królik« (Häschen) und trägt ihr ganz selbstverständlich die Schultasche, sie bewundert ihn wegen seiner großen schauspielerischen Begabung und der Fähigkeit, selbst die längsten Monologe absolut fehlerfrei, selbstsicher und mit großer romantischer Begeisterung vorzutragen.

Kein Zweifel, die beiden waren ein junges Liebespaar, wie alte Wadowicer noch heute zu berichten wissen. Ob sie ein richtiges, auch die leiblichen Freuden einschließendes Verhältnis miteinander hatten, läßt sich nicht beantworten. Beide verneinen es später unabhängig voneinander. Halina heiratet, nachdem sich Karol Wojtyla längst für das Theologiestudium entschieden hat, den Bühnenbildner Tadeusz Kwiatkowski. Sie bleibt auch, im Gegensatz zu ihrer Jugendliebe, dem Theater treu und wird sogar zu einer bekannten Bühnendarstellerin in Polen, sie arbeitet vor allem am renommierten Krakauer ›Stary Teatr‹. Aber den Kontakt zu ihr läßt Karol nicht abreißen. Als junger Priester wird er ihr Töchterchen taufen,

---

[9] »Maria, Leihmutter Gottes«, in: STERN 53/1992, S. 44.

und auch als Kardinal und Erzbischof von Krakau wird er sich noch oft mit dem Bühnenstar Halina Kwiatkowska treffen.

Es gab aber auch noch eine weitere Geschichte um eine »geheimnisvolle Frau des Papstes«, über die die Weltpresse rätselte. [10] Zeitungen lancierten das Gerücht von einer Verlobten des späteren Papstes, die dann im KZ umgekommen sei; andere dichteten ihm sogar eine Heirat mit einer später an einer unheilbaren Krankheit verstorbenen Frau an. Ganz sicher ist nur die oben geschilderte Jugendromanze des Papstes und die Tatsache, daß er sich gern mit weiblichen Fans umgab, wie z.B. Fotos beweisen, die ihn als jungen, schneidigen Kaplan inmitten begeistert zu ihm aufschauender Studentinnen der Jagiellonischen Universität Krakau zeigen. [11] Zweifellos aber gab es außerdem noch eine besondere Seelenverwandte und intellektuelle Freundin des Krakauer Kardinals Karol Wojtyla: die aus Polen stammende, in den USA lebende Philosophieprofessorin Anna-Teresa Tymieniecka. Die liest Wojtylas Buch OSOBA I CZYN (Person und Tat, 1969) und ist Feuer und Flamme. Sie erwirkt mit glühendem Eifer eine Audienz beim Kardinal und preist dann in seiner Gegenwart überschwenglich dessen Buch. Es ist das Jahr 1972, und dieses Jahr ist der Anfang einer intensiven freundschaftlichen Beziehung zwischen der 40jährigen zierlichen Blondine und dem damals 52jährigen Kardinal. In unzähligen gemeinsamen Stunden (er besucht sie in Amerika bei ihrer Familie in Vermont, sie besucht ihn oft in Krakau in seinem Palais) diskutieren sie über seine moraltheologischen Ideen. Frau Tymieniecka redigiert die amerikanische Ausgabe seines Buches, die unter dem Titel THE ACTING PERSON erscheint, und macht es mit höchstem Engagement in den philosophischen Kreisen der USA bekannt. Dem Vatikan bleibt die enge Freundschaft natürlich nicht verborgen. Man gibt Wojtyla zu verstehen, daß man dieser Beziehung ablehnend gegenüberstehe, weil man befürchten müsse, daß die Medien berichten könnten, eine persönliche Bekannte Wojtylas beeinflusse das Denken und Tun des Kardinals zu übermächtig und spiele eine zu wichtige Rolle in seinem Leben. Auch der Ehemann Anna-Teresas wird wegen der häufigen Kontakte seiner Frau mit dem Kardinal und ihrer sich daraus ergebenden Abwesenheit von zu Hause angesprochen. Es ist der Harvard-Professor Henrik Houthakker, ein Jude holländischer Abstammung und ehemaliger KZ-Häftling. Seine verständnisvolle, großzügig-gelassene Stellungnahme: »Ihr müßt verstehen, daß meine Frau und ich gänzlich verschiedene Interessen haben. Wir sehen uns kaum, höchstens am

---

[10] Vgl. z.B. SPIEGEL 21.5.1979.

[11] Vgl. auch das Foto, das von seiner Begegnung mit der alternden Brigitte Bardot geschossen wurde. Ein Journalist zog ironisch den Vergleich zwischen der mit dem Papst sich unterhaltenden Bardot und dem damals noch nicht zum Gespräch bei ihm vorgelassenen Bischof Gaillot: »Schon Jesus zog die Sünderinnen den Schriftgelehrten vor« (zit. n. KIRCHE INTERN 11/1995, S. 9). Zum Folgenden in diesem Absatz vgl. Bernstein/Politi, S. 155f., und KIRCHE INTERN 11/1996, S. 10f.

Wochenende, und dann gibt es eine Reihe von Dingen, die wir erledigen müssen. Meine Frau ist sehr weiblich, und ich bin sicher, daß sie an Wojtyla als Mann und als Priester dachte. Darüber besteht kein Zweifel.«

Wichtiger noch als die Frauenfreundschaften Wojtylas ist für die Charakterisierung des späteren Papstes die Feststellung, daß die Schauspielerei keineswegs nur eine kurze, nebensächliche Episode in seinem Leben war. Eine beträchtliche Zeit seiner Jugend und seines frühen Mannesalters hindurch bildete sie das eigentliche Motiv und den energetischen Motor seines Engagements, seiner Tatkraft. Er wollte – durchaus idealistisch – möglichst vielen Menschen mit den Mitteln der darstellenden Kunst große Gedanken, sittliche Einsichten und hohe patriotische Gefühle nahebringen, wobei allerdings auch der egozentrische Anteil als nicht gering einzuschätzen ist: stets mußte er in allen Theaterstücken die Hauptrolle spielen. Und man wird kaum fehlgehen in der Annahme, daß die Schauspielkunst, die einen Teil des innersten Wesens dieses Menschen ausmachte, danach auch als Strategiemittel im weltweiten Missionierungsfeldzug des um den Globus jettenden Papstes eine nicht unwesentliche Rolle spielte.

Aber zunächst sollen noch einige Episoden aus seiner Jugend und seinem frühen Mannesalter zeigen, wie sehr die poetische Rhetorik, die Deklamation und Schauspielkunst einen wesentlichen, permanenten Zug des Wojtyla-Charakters darstellen: Die jungen Leute von Wadowice versammeln sich jeden Samstagabend im Park, singen und tanzen um das Lagerfeuer herum, tragen Gedichte vor. Im Mittelpunkt wieder: Karol Wojtyla, der am besten Deklamierende, der Poet und Dramatiker. Besonders gern trägt er die Worte der großen polnischen Dichter vor, die alle von glühendem Patriotismus und nationalem Stolz erfüllt waren. Dann gründet Jan Królikiewicz, der bereits erwähnte Direktor des Wadowicer Gymnasiums und Vater der Jugendliebe Wojtylas, einen »dramatischen Zirkel«, der durch Lese- und Vortragsabende sowie durch Theateraufführungen die 1918 neuentstandene polnische Nation geistig-ideologisch stärken soll. Als Hauptperson in der Strategie dieses Zirkels fungiert für den Direktor der schauspielerisch und deklamatorisch begabte Schüler Karol Wojtyla, der obendrein auch noch selbst ein Theaterstück schreibt, das in Wadowice uraufgeführt wird.

Als dann auch noch Mieczyslaw Kotlarczyk, der Polnischlehrer am privaten Mädchengymnasium von Wadowice, das Jugendtheater der Stadt aufbaut, ist Karol Wojtyla natürlich wieder mit von der Partie, und dies nicht bloß so nebenbei: er ist der Star des Amateur-Ensembles. Selbstverständlich denkt Karol auch über seine Zukunft nach. Aber in der sieht er sich nicht als Priester oder Theologieprofessor, sondern als Literat und Schauspieler. Bezeichnend in diesem Zusammenhang ist die folgende Szene: 1937 kommt der Erzbischof Sapieha von Krakau in die Pfarrei Wadowice zur Visitation. Er wird von Karol Wojtyla im Namen aller Schüler begrüßt. Dem Fürstbischof gefällt die ganze Art des jungen

Mannes, seine Ausdrucksweise, sein Redestil. Er fragt ihn, ob er denn nicht Priester werden möchte. Karol verneint, nein, lieber wolle er Literatur, darstellende Kunst und Philosophie studieren. Tatsächlich tritt er 1938 nach bestandenem Abitur, der Matura, nicht ins Priesterseminar ein, sondern studiert zunächst einmal Polonistik an der philosophischen Fakultät der altehrwürdigen, 1364 gegründeten Jagiellonischen Universität zu Krakau.

Aber das reine Studium genügt ihm nicht. Er ist maßgeblich an der Gründung des Studententheaters ›Studio 39‹ beteiligt. Er schreibt für dieses Theater, spielt Rollen, inszeniert und trägt entscheidend dazu bei, daß es in der Krakauer Öffentlichkeit immer bekannter und renommierter wird. Mit von der Partie als junge Schauspielerinnen: Jugendliebe Halina Królikiewicz und eine weitere Freundin, Danuta Michalowska, die später ebenso wie Halina als große Bühnendarstellerin gelten wird.

Wie sehr das Schauspielerische ein tragendes Lebenselement des Karol Wojtyla war, beweist aber am meisten die Tatsache, daß er am Theaterspielen auch dann noch eisern festhält, als die Lebensumstände radikal und extrem dagegensprechen: Seit 1939 ist Krieg, es herrscht fast totale Unterdrückung. Die deutschen Besatzer Krakaus haben die Intelligentsia, die Professorenschaft der Universität, die Kulturschaffenden usw. gewaltig dezimiert. Nach der Ideologie der Besatzer haben Kultur und Wissenschaft für das »polnische Sklavenvolk« keine Rolle mehr zu spielen. Literatur- und Kulturzeitschriften dürfen nicht mehr gedruckt werden, Theaterbesuche und Radiohören sind verboten. Karol Wojtyla selbst, dessen Heimatort Wadowice nur dreißig Kilometer vom Konzentrationslager Auschwitz entfernt liegt, verrichtet Sklavenarbeit zunächst in einem Kalksteinbruch, später als Hilfsarbeiter in einer Speisesodafabrik. Vier lange Jahre dauert diese Schufterei. Und dennoch: Er findet sich damit und mit der Schließung der Universitäten und Theater nicht einfach ab, er nimmt die Kontakte zu seinen Schauspielerfreunden, insbesondere zu Mieczyslaw Kotlarczyk wieder auf – und sie gründen ein Untergrund-Theater! Das ›Teatr Rapsodyczny‹ ist geboren, das einen geradezu legendären Ruhm erwerben wird. Vor allem Kotlarczyk und Wojtyla sind überzeugt, daß dieses Theater ein besonders effektives Mittel sein wird, das Nationalbewußtsein der Polen am Leben zu erhalten. Es ist an sich eine verrückte Idee und Überzeugung, denn praktisch nichts steht zur Verfügung: keine Kino-, Konzert- oder Theatersäle, keine großen Hallen, nicht einmal Kostüme für die Darsteller. Man spielt in Wohnungen, Kellern oder Pfarrhöfen, immer in Angst vor der Entdeckung durch die Besatzer. Aber man spielt – und das ist, auch für Karol Wojtyla, das Allerwichtigste. Zweiundzwanzig Theaterproduktionen während der Okkupationszeit sind eine starke Bilanz.

Karol hat daraus fürs ganze Leben, auch für sein späteres hierarchisches und dogmatisches Denken gelernt. Johannes Paul II. urteilte rückblickend:

»Das Rhapsodische Theater erforderte ein großes Maß an Unterordnung des Schauspielers unter die Ansprüche großer Dichtkunst. Das wurde besonders deutlich, wo sich das Wort zu fehlerlos gesprochenen Chorszenen steigerte. Wenn sich eine Gruppe von Menschen einmütig, wie es bei uns gewesen ist, dem dichterischen Wort unterwirft, bekommt das einen ethischen Wert: Solidarität und Loyalität in bezug auf das gesprochene Wort.«[12]

Noch aber ist das gesamte Denken und Imaginieren des jungen Mannes Karol Wojtyla weit von Priester- und Papsttum entfernt. Noch immer ist es sein Ideal, Schauspieler, Literat und Philosoph in einer Person zu werden. Freilich will er schon damals diese drei Wesensfunktionen in sehr engagierter Form, nämlich als aktiver katholischer Laie verwirklichen, denn trotz der schweren Arbeit im Steinbruch und aller anderen Inanspruchnahmen beteiligt er sich noch rege am katholischen Vereinsleben, am Gottesdienst, Rosenkranzbeten usw. Seine Energie scheint unerschöpflich, wenn er an einer Sache Gefallen gefunden hat oder etwas durchsetzen möchte.

Wie aber kam es schließlich dazu, daß Karol Wojtyla Priester wurde? Begegnungen mit bestimmten Menschen einerseits und mit dem Tod andererseits trugen dazu wesentlich bei. Erwähnt wurden bereits seine Kontakte zu Altersgenossinnen: zu Halina Królikiewicz und Danuta Michalowska. Viel später urteilte der Wojtyla-Papst rückblickend darüber:

»Wenn man die menschliche Liebe liebt, so entsteht auch das lebendige Bedürfnis, alle Kräfte zugunsten der ›schönen Liebe‹ einzusetzen. Denn die Liebe ist schön. Die jungen Menschen suchen stets das Schöne in der Liebe; sie wollen, daß ihre Liebe schön ist.«

Als junger Priester habe er dann die Aufgabe, »die menschliche Liebe zu lieben«, als »eines der grundlegenden Themen« erkannt, auf das er sein Priesteramt, seine Prediger- und Beichtstuhltätigkeit konzentriert habe. [13]

Aber noch stärkere Einflüsse als von der Liebe gingen für das Werden des Priesters Wojtyla von der mystischen Frömmigkeit einiger seiner Freunde aus. Am Polytechnikum in Krakau studierte Jerzy Ciesielski. Nie zuvor hatte Karol Wojtyla einen jungen Menschen getroffen, der mit einem derart existentiellen Ernst das Heiligwerden als seine wichtigste Lebensaufgabe betrachtete, weit wichtiger noch als sein geliebtes Studium der Ingenieurwissenschaften. Welch tiefen Eindruck Ciesielski, der später bei einem tragischen Unfall ums Leben kam, auf Karol Wojtyla gemacht haben muß, beweist der Umstand, daß er als Papst die Seligsprechung Ciesielskis eingeleitet hat. [14]

---

[12] Zit. n. Fröhling, S. 53f.

[13] Johannes Paul II., Schwelle, S. 151.

[14] Vgl. ebd., S. 150.

Fast noch wichtiger war Wojtylas Begegnung mit Jan Tyranowski. Der ist zwanzig Jahre älter als Karol und arbeitet bescheiden als Schneider, obwohl er das Abitur hat und hochintelligent ist. Aber seine Lebensdevise lautet: Gott nahe zu sein durch äußerste Einfachheit. Durch Jan Tyranowski lernt Karol den spanischen Karmeliten und Mystiker Johannes vom Kreuz kennen und lieben, ebenso dessen Freundin, die berühmte Mystikerin Theresia von Avila. Jan ist von dem spanischen Mystiker des 16. Jahrhunderts so erfüllt, daß der mystische Funke auf Karol überspringt. Selbst dessen theologische Doktorarbeit wird später dem Thema DIE THEOLOGISCHE TUGEND DES GLAUBENS BEIM HEILIGEN JOHANNES VOM KREUZ gewidmet sein. So fasziniert ist Karol von diesem Mystiker, der alles aufgab, um ein Leben in äußerster Abgeschiedenheit zu führen, daß er eifrig Spanisch lernt, um dessen Werke im Original lesen zu können.

Es ist für den Glaubens- und Frömmigkeitstypus des Karol Wojtyla außerordentlich bezeichnend, daß er die Mystik des Johannes vom Kreuz zur spirituellen Richtschnur seines ganzen weiteren Lebens erkoren hat. Denn auf dieser Mystik ruht der Segen des kirchlichen Lehramts, sie gilt als die kirchlich absolut rechtgläubige Art mystischer Erfahrung (zusammen mit der der Theresia von Avila). An sich war die Mystik ja der Amtskirche nie ganz geheuer. Das Feuer der voll entfalteten Mystik hält sich nicht an die Grenzbarrikaden der Dogmen, es nivelliert auch den Unterschied zwischen Gott und den Menschen. Kein Wunder, daß so mancher christliche Mystiker als Ketzer verfolgt und verbrannt wurde, allen voran der Dominikanermönch Giordano Bruno, der zu Beginn der Neuzeit eine einzigartige, geniale Synthese von kosmischer Mystik und neuem philosophischem Bild des Universums entworfen, vorgelebt und mit seinem Leben bezahlt hat. Auch Meister Ekkehart, den wohl größten Mystiker des Okzidents, ebenfalls Dominikanermönch und von der Kirche der Ketzerei verdächtigt, erwählt Wojtyla nicht zu seinem mystischen Leitwolf. Er spürt, daß zwar ein Zuwenig an Mystik das kalte Dogmengebäude der Kirche erstarren und versteinern läßt, ein Zuviel an Mystik dieses Gebäude aber sprengen würde. Also wird er sich ein Leben lang an die kirchlich kanalisierte, streng in den Grenzen der Dogmen verbleibende Mystik des Johannes vom Kreuz halten, wird er auch als Papst den mystischen, nie zur vollen Flamme entfachten Funken in den absolut kirchentreuen charismatischen Bewegungen der Focolarini, der Neokatechumenalen usw. von höchster Warte aus bestätigen und autoritativ loben. »Mystik ja, weil sie Leben in die tote, institutionalisierte Religion bläst, aber eine Mystik, die immer unter Kontrolle, unter den Fittichen der hierarchischen Kirche verbleibt« – schon der junge Wojtyla muß intuitiv erfaßt haben, daß man nur so auf der Stufenleiter der Amtskirche aufsteigt und ihr am treusten dient. Der alte Wojtyla, seit langem Papst, wird dann zwar in seinen Schriften noch weitere christliche Mystiker wie Meister Ekkehart, Tauber, Seuse und Ruysbroek erwähnen, aber nirgendwo den Eindruck hinterlassen, sie wirklich gelesen zu haben. Auch die gesamte ostasiatische Mystik, insbesondere die buddhistische, kanzelt er vor allem mit dem Hinweis auf die normative Mystik des Johannes vom Kreuz ab. [15]

Auch dem mystisch entflammten Jan Tyranowski wäre es nicht im Traum eingefallen, dem jede menschliche und kirchliche Institution und Organisation hinter sich lassenden Urimpuls echter Mystik zu folgen und seine katholisch-orthodoxe, kirchlich kanalisierte Mystik abzuschütteln. Genau mit dieser eingeengten, kirchentreuen Spiritualität aber machte Jan auf Karol einen so tiefen Eindruck, daß dieser viel später über ihn urteilte:

»... ich denke an einen ganz einfachen Mann, einen jener unbekannten Heiligen, die mitten unter den anderen verborgen leben wie ein wunderbares Licht auf dem Grund der Existenz, in einer Tiefe, in der gewöhnlich nächtliches Dunkel herrscht ... Durch sein Wort, seine Spiritualität und sein ganz Gott hingegebenes Leben verkörperte er eine Welt, die ich bis dahin noch nicht gekannt hatte. Ich habe die Schönheit einer in der Gnade entfalteten Seele gesehen.«

In einem anderen Zusammenhang nannte Karol seinen Freund Jan einen »wahren Mystiker«, den er »für einen Heiligen halte«. [16]

Zunächst bewirkt Tyranowskis Spiritualität bei Karol noch nicht den Entschluß, Priester zu werden. Die beiden führen lediglich gemeinsame Aktionen durch, wie sie für eifrige katholische Laien typisch sind. Die zwei Seelenverwandten gründen z.B. den Kreis des ›Lebendigen Rosenkranzes‹, in dem nicht nur der Rosenkranz gebetet, nicht nur anhand desselben die Geheimnisse des Lebens und Leidens Jesu und Marias betrachtet, nicht nur in die Schriften der beiden spanischen Mystiker eingeführt werden soll, sondern die Beteiligten sich auch als Glieder einer den ganzen Planeten umfassenden Kette, eben als lebendigen Rosenkranz verstehen sollen, die Tag und Nacht von ihrem Kontakt mit Gott und ihrem Auftrag für die Welt erfüllt sind. Der mystisch entflammte Weltmissionar Johannes Paul II. kündigt sich schon hier an.

Es kann keinem Zweifel unterliegen, daß die Mystik Johannes' vom Kreuz und die Frömmigkeit Jan Tyranowskis wesentliche Stationen auf dem Weg Karol Wojtylas zum Priestertum darstellen. Den letzten Auslöser für den Entschluß, Priester zu werden, bilden dann aber zwei existentielle Begegnungen mit dem Tod: der Tod des eigenen Vaters 1941, des letzten Angehörigen seiner Familie (nachdem die Mutter und der Bruder schon vorher verstorben sind), und das knappe Vorbeischrammen am eigenen Tod. Ein Lastwagen, wahrscheinlich ein deutscher

---

[15] *Giordano Bruno:* Vgl. Mynarek, Gottesbild, S. 172ff. Ausführlich systematisch-philosophisch: Mynarek, Religion; ders., Vernunft; ders., Mystik. Brunos Schicksal unter der päpstlichen Inquisition ist am besten dargestellt in: Grigulevič, S. 399ff. – *Mystik und Dogma:* Mynarek, Verrat, S. 301ff. – *Johannes Paul II. und die Mystik:* Johannes Paul II., Schwelle, S. 112–118.

[16] Im Gespräch mit André Frossard, zit. n. Fröhling, S. 55, Johannes Paul II., Schwelle, S. 169.

Militär-LKW, hatte den nachts von der Arbeit heimkehrenden Karol angefahren und in den Straßengraben geschleudert, wo er dann bewußtlos und mit klaffender Kopfwunde liegenblieb. Er erfuhr nie, wer die Frau war, die ihn gefunden, verbunden und in den von ihr herbeigerufenen Krankenwagen gesetzt hat.

Wesentlich für den weiteren Lebensweg Wojtylas aber war, daß er jetzt, auf dem Krankenbett, die Berufung zum Priester ganz deutlich in sich zu spüren glaubte. Die Begegnungen mit tieferen, vergeistigteren Menschen, als er selbst es damals war (also mit Ciesielski und Tyranowski), das Betroffensein vom Tod des eigenen Vaters, schließlich die von ihm als wunderbar empfundene Rettung des eigenen Lebens nach dem Autounfall hatten den eher extrovertierten, immer auch ein wenig CORAM PUBLICO schauspielernden Karol stufenweise tiefer und ernster werden lassen.[17] Es war fast eine logisch-notwendige Konsequenz, daß er sich jetzt stark zum römisch-katholischen Priestertum hingezogen fühlte. Folglich trat er im Herbst 1942 ins Priesterseminar der Erzdiözese Krakau ein. Der erste entscheidende Schritt auf dem Weg zum künftigen Priester, Kardinal und Papst war getan.

Dieses Priesterseminar war allerdings kein normales, kein offizielles. Unter der deutschen Besatzung waren Universitäten und theologische Fakultäten geschlossen, das Theologiestudium verboten. Der Erzbischof von Krakau, Kardinal Sapieha, organisiert also ein Untergrundseminar, ein von Wojtyla so genanntes »Geheimseminar«[18], das Sapieha persönlich leitet. Die Seminaristen sitzen nicht in einem Vorlesungssaal, und vor ihnen sitzen keine dozierenden Theologieprofessoren. Diese sitzen vielmehr in KZ's oder sind schon liquidiert, während die Theologiestudenten am Tag eine unauffällige Arbeit als kirchliche Mitarbeiter in den Pfarreien verrichten und am Abend und in der Nacht das studieren, was Sapieha in Zusammenarbeit mit weniger bekannten Theologen der zweiten Kategorie erstellt und ihnen zum Einpauken aufgegeben hat. Karol Wojtyla ist auch hier wieder eine Ausnahme, weil er nicht in einer Pfarrei, sondern weiterhin in der Fabrik arbeitet. Auch von der Schauspielerei läßt er nicht ab. Immer noch führt er mit seinen Schauspielerkollegen die Dramen der großen polnischen Schriftsteller auf. Die Synthese von Untergrundtheater und Untergrundseminar gelingt ihm trotz aller Gefahren vorzüglich, ja er scheint sie zu genießen.

Natürlich kann in solch einem Notseminar nicht die ganze Breite des theologischen Studienprogramms durchgenommen werden. Und auch die feineren

---

[17] Im Rückblick auf sein Leben gibt der alternde Papst noch ein weiteres Motiv für seine Entscheidung, Priester zu werden, an: »... die Heldenhaftigkeit meiner Altersgenossen [Krieg, Konzentrationslager und ständige Gefahren] hat mir bei der näheren Bestimmung meiner persönlichen Berufung geholfen.« Johannes Paul II., Schwelle, S. 147f.; vgl. ebd., S. 202f.

[18] Ebd., S. 169.

Differenzierungen in den Inhalten dieses Studiums fallen weg. Die Seminaristen brauchen auch nicht besonders von der Wahrheit der vorgelegten theologischen Thesen überzeugt zu werden: Not und Gefahr schweißen zusammen, und der Haß gegen die auf jeden Fall im Unrecht befindlichen deutschen Okkupanten, später gegen die seit dem Ende des Zweiten Weltkrieges herrschenden Kommunisten, läßt über viele Schwachstellen der theologischen Argumentation hinwegsehen. Selbst noch viele Jahre nach dem Krieg wird die polnische Theologie der westeuropäischen erheblich nachhinken, insbesondere was die historisch-kritische Erforschungsmethode der Grundlagen des Christentums, der heiligen Schriften des Alten und des Neuen Testaments, betrifft.[19] Noch heute lebt die polnische katholische Theologie weitgehend von ihrem langjährigen monolithischen, monopolistischen Gegensatz zur kommunistischen Ideologie, obwohl es diese als beachtenswerte Strömung in Polen gar nicht mehr gibt. Der vermeintliche Sieg über diese Ideologie steckt noch heute in den Knochen der polnischen Theologie und trägt zu deren gleichzeitig antiquierten und triumphalistischen Charakter bei.

Wenn wir in späteren Kapiteln über Dogmatik und Morallehre des Pontifikats von Johannes Paul II. sprechen werden, darf diese Beschreibung des theologischen Milieus, aus dem Karol Wojtyla kommt, nicht unberücksichtigt bleiben. Obendrein hat Karol nur vier Jahre – und das mit Unterbrechungen – in Polen Theologie studiert. Im Herbst 1942 hatte er mit dem Theologiestudium begonnen, bereits am 1. November 1946 erhält er von Erzbischof Sapieha die Priesterweihe. Üblich sind für dieses Studium fünf bis sechs Jahre. Zwar wird Karol von seinem Förderer Sapieha nach der Priesterweihe nicht in die Seelsorge, sondern für ein zusätzliches Studium an die Dominikanerhochschule in Rom geschickt, an das Angelicum, die ›Pontificia Università S. Tommaso d'Aquino‹. Aber auch dort orientiert man sich immer noch wesentlich am Lehrsystem der mittelalterlichen Scholastik und ihrem Denkerfürsten Thomas von Aquin. Die *nouvelle théologie* der Jesuitentheologen Daniélou, Lubac etc. ebenso wie die gesamte, nach Modernismus riechende westeuropäische Theologie werden teils verdächtigt, teils strikt abgelehnt. Schließlich greift auch der Papst, damals Pius XII., ein und verurteilt auf Betreiben der Dominikaner die *nouvelle théologie*. Wie sehr auch Papst Johannes Paul II. auf die Theologie des Hochscholastikers Thomas von Aquin eingeschworen wurde und ihr weiterhin verpflichtet blieb, beweisen zahlreiche Aussagen von ihm. Vor allem bedauerte er, daß die Gedanken des Aquinaten

---

[19] Das Papst Johannes XXIII. zu Beginn des Konzils vom polnischen Kardinal Wyszynski stolz überreichte zweibändige Bibel-Lexikon ENCYKLOPEDIA BIBLIJNA polnischer Exegeten beweist das gerade Gesagte besonders anschaulich. In diesem Werk wird in maßloser Weise und oft ohne Quellenangabe wortwörtlich von deutschen und französischen Bibelkommentaren abgeschrieben. Die »Originalität« besteht lediglich in der Übersetzung der Texte ins Polnische.

»in der nachkonziliaren Zeit hintangestellt wurden, denn er ist immer noch der Meister des philosophischen und theologischen Universalismus«. Gerade dessen Hauptwerk, die SUMMA THEOLOGICA, finde »heutzutage leider wenig Beachtung«. Es sieht fast so aus, als ob über sechs Jahrhunderte kritischen philosophischen und theologischen Nachdenkens seit dem Tod Thomas von Aquins für Papst Johannes Paul II. keine nennenswerte Rolle gespielt haben.[20]

Zwar hat sich Karol Wojtyla durchaus mit Denkern und Mystikern beschäftigt, die nach Thomas von Aquin gelebt haben. Seine Doktorarbeit, mit der er 1951 in Theologie promoviert, befaßt sich, wie bereits erwähnt, mit dem Glauben des hl. Johannes vom Kreuz, der immerhin dem 16. Jahrhundert angehört; seine Habilitationsschrift unter dem Titel DIE BEURTEILUNG DER MÖGLICHKEITEN, DIE CHRISTLICHE ETHIK AUF DEN VORAUSSETZUNGEN DES SYSTEMS VON MAX SCHELER ZU GRÜNDEN sogar mit einem großen Philosophen des 20. Jahrhunderts. Aber man hat bei diesen Arbeiten nie den Eindruck, daß Wojtyla über den Denkhorizont des Aquinaten hinausgeht. Er integrierte alles, alle Denker, mit denen er in Berührung kam, in das von ihm so geliebte und bewunderte philosophische und theologische Universalsystem des »großen Theologen der Scholastik«.[21] Natürlich war solch ein Universalsystem die beste ideologische Basis für den brennenden, weltumfassenden Missionswillen Wojtylas.

Aber Karol Wojtyla war auch kein eigentlicher Denker und Wissenschaftler in dem Sinn, daß er in objektiver und umfassender Abwägung philosophische und theologische Entwürfe bzw. Systeme unter allen Gesichtspunkten verglichen und gewürdigt hätte. Die stark entwickelte Glaubens- und Seelsorgeperspektive seiner Persönlichkeit schob sich bei ihm schnell vor eine rein wissenschaftliche, kühl distanzierte Betrachtung, wie der Autor dieses Buches persönlich beim Anhören von Wojtylas Vorlesungen an der Katholischen Universität in Lublin in den Jahren 1955/56 feststellen konnte. Zwar war Karol Wojtyla, bevor er Bischof wurde, Professor an der Universität Lublin, wo er sich auch 1953 habilitiert hatte, und als Professor ist man ja sozusagen hauptamtlich für die reine Wissenschaft zuständig. Aber dieser Professor Wojtyla machte nie den Eindruck des ausschließlich der Forschung lebenden Wissenschaftlers.

---

[20] Johannes Paul II., Schwelle, S. 57, 59; vgl. ebd., S. 216. Wojtyla gewann allerdings auf dem II. Vaticanum ein positiveres Verhältnis zu dem Theologen Henri de Lubac, vgl. ebd. S. 186. Mehr dazu im 3. Kapitel über die Glaubensdoktrin des Papstes Johannes Paul II.

[21] *Scheler:* Max Scheler (1874–1928) erweiterte die Phänomenologie Edmund Husserls, indem er sie auch auf die Gegenstandsbereiche Ethik und Religion anwandte. Sein moralphilosophisches Hauptwerk: »Der Formalismus in der Ethik und die materiale Wertethik«; sein religionsphilosophisches Hauptwerk: »Vom Ewigen im Menschen«. – *Andere Denker:* Dazu gehören u.a. Martin Buber, Schopenhauer, Edith Stein, Mircea Eliade, Kant, Descartes, Husserl, Wittgenstein. – *Thomas von Aquin:* Johannes Paul II., Schwelle, S. 115; Bernstein/Politi, S. 108, 156, 164f.

Man will ja als Priester aus zweierlei Gründen Professor werden: entweder weil man wirklich den wissenschaftlichen Impuls hat oder weil man die theologische Professur als Sprungbrett zur Karriere in der kirchlichen Hierarchie benutzt. Sehr viele Bischöfe und Kardinäle der Kirche waren zuvor Professoren, und auch heute noch gilt ein Theologieprofessor im allgemeinen eher als EPISCOPABILIS denn nicht habilitierte Theologen. Bei Wojtyla hatte man während dessen Professorenzeit immer den Eindruck, daß er diese Zeit lediglich als Zwischenstation zu Höherem betrachtete. Vielleicht hielt er sich aber auch deshalb mit der radikalen Wissenschaftlichkeit zurück, die jede These zerpflückt, die dem Zweifel jede Tür öffnet, die vor keinem Dogma, keiner Norm der Kirchenmoral ehrfürchtig haltmacht, weil er in seiner Cleverneß längst erkannt hatte, daß es für eine Kirchenkarriere zwar gut ist, Theologie- oder Philosophieprofessor zu sein, daß es aber schlecht für eine solche Karriere ist, ein zu helles, zu stark leuchtendes, zu herausragendes Licht zu sein. Denn ein Professor mit überragendenden wissenschaftlichen Eigenschaften steht nach der Auffassung der Amtskirche ständig in Gefahr, zu kühne Theorien zu verkünden, vom Dogma abzuweichen, seiner wissenschaftlichen Eitelkeit zu frönen. »Professor ja, aber wissenschaftlich lieber kein zu hell strahlendes Licht« – das ist die günstigste Grundlage für eine hierarchische Karriere. Es ist auch das Rezept, das praktisch immer Erfolg hat und zum angestrebten Bischofsthron, zum Kardinals- oder sogar Papsttitel führt oder führen kann.

Auch eine andere Hürde auf dem Weg zur angestrebten Würde des Bischofsamtes entfernte Wojtyla mit leichter Hand: Solange er noch nicht Bischof war, legte er sich nicht mit den kommunistischen Behörden seines polnischen Vaterlandes an. Die hätten ja sonst ein Veto gegen seine Bischofsernennung einlegen können. Er verhielt sich loyal, diplomatisch, zurückhaltend.[22] Mutiger wurde er erst nach dem Ende des Stalinismus in Polen und dem Anbruch des politischen Tauwetters. So stand seiner schnellen und steilen Kirchenkarriere nichts mehr im Weg: 1958 ernennt Papst Pius XII. den frommen Professor Dr. Karol Wojtyla zum Titularbischof, wodurch er mit seinen eben erst 38 Jahren der jüngste Bischof in Polen wird; im Dezember 1963 wird er zum Erzbischof von Krakau ernannt, und bereits 1967 folgt die Kardinalswürde. Aus der Hand Papst Pauls VI. empfängt er das rote Birett des Kardinals. Es fehlt nur noch die Krönung des Ganzen, die Papstwürde. Doch auch auf die braucht Karol nur noch elf Jahre zu warten: eine relativ kurze Zeit in der Perspektive kirchlicher Spitzenkarrieren.

---

[22] Näheres dazu bei Mynarek, Gott, S. 291f. Vgl. Bernstein/Politi, S. 120, 122ff., 131ff.

Kapitel 2

Wie und warum der Erzbischof von Krakau Papst wurde

Vielen erschien es am Abend des 16. Oktober 1978 wie ein Wunder: ein Pole, ein Nichtitaliener als Papst! Den letzten nichtitalienischen Papst, den aus Utrecht stammenden Flamen Hadrian VI., hatten die Römer der Renaissance gehaßt und geschmäht, grausam und unbarmherzig verhöhnt, verspottet und verleumdet. Er hatte es gewagt, das bunte, verschwenderische Treiben am päpstlichen Hof einzudämmen; die Privilegien der Cliquen, die den Papst gemäß ihren egoistischen Interessen steuerten, zu beschneiden; Schauspieler, Tänzer und Maler aus dem päpstlichen Palast zu verjagen und das Papsttum selbst anzuprangern:

»Wir wissen, daß seit Jahren bei dem Heiligen Stuhl viel Verabscheuungswürdiges geschehen ist: Mißbräuche in geistlichen Dingen, Überschreitungen der Befugnisse; alles ist zum Bösen verkehrt worden. Von dem Haupte ist das Verderben in die Glieder, von dem Papste über die Prälaten ausgebreitet worden: wir sind alle abgewichen; es ist keiner, der Gutes getan, auch nicht einer ...«[1]

Noch auf dem Totenbett – und er starb, zermürbt durch die ständigen Anfeindungen, schon 21 Monate nach seiner Wahl, im September 1523 – belasteten ihn die Kardinäle mit ihrer Feindseligkeit und ersuchten ihn aufdringlich, ihnen seine Schätze zu überlassen. Sie konnten gar nicht verstehen, daß dieser einfach und bescheiden lebende Mann keine materiellen Güter besaß.

Im Jahre 1978 war es eigentlich nicht wahrscheinlicher als in den 455 Jahren davor, daß die Wahl wieder einmal auf einen Nichtitaliener fallen könnte. Oder doch? Einiges hatte sich zuletzt ja doch verändert. Ausgerechnet der vor allem wegen seiner »Pillen«-Enzyklika als stockkonservativ verschriene Papst Paul VI. hatte die Vorherrschaft der Italiener im Kardinalskollegium endgültig beendet. Mit seiner Apostolischen Konstitution ROMANO PONTIFICI ELIGENDO (1975) hatte er die Basis dafür geschaffen, alle über 80 Jahre alten Kardinäle aus der Wahlversammlung für den künftigen Papst auszuschließen. Sie durften nun nicht mehr wählen, konnten jedoch weiterhin zum Papst gewählt werden. So blieben nur ganz wenige Kardinäle übrig, die bereits von den Vorgängern Pauls VI. kreiert worden waren. Die anderen 1978, dem Todesjahr Pauls VI. und seines 33-Tage-Nachfolgers Johannes Paul I., Wahlberechtigten waren sämtlich von ersterem

---

[1] Zit. n. Trost, S. 34.

ernannt worden. Darunter waren nur noch 26 Italiener, aber 31 Amerikaner (zwölf aus Nord-, 19 aus Lateinamerika), zwölf Afrikaner, neun Asiaten, vier Australier und Ozeanier und 29 nichtitalienische Europäer. Paul VI. hatte also Wesentliches zur Internationalisierung des Kardinalskollegiums beigetragen und damit indirekt auch die Basis für die Wahl eines Nichtitalieners zum Papst geschaffen.

Deshalb hielten es manche Kollegiumsmitglieder, wie z.B. der Wiener Kardinal König, schon nach dem Tode Pauls VI. am 6. August 1978 für möglich, daß nun die Wahl auf einen Nichtitaliener, sogar auf einen Kardinal aus der Dritten Welt fallen könne. Diese Erwartung erwies sich dann doch als verfrüht. Gewählt wurde wieder ein Italiener: der Luciani-Papst Johannes Paul I. Doch der regierte nur knapp fünf Wochen bis zu seinem plötzlichen, überraschenden und von vielen als mysteriös eingestuften Tod.[2]

Nach diesem Tod begann in Vorbereitung der neuen Papstwahl das übliche Taktieren, Koalieren, Rivalisieren und Intrigieren im Vatikan und unter den Kardinälen. Manch einer von ihnen wollte selber Papst werden oder zumindest einen Mann seiner Richtung auf dem Papstthron wissen. Andere verabscheuten die kalte, steife Atmosphäre der römischen Kurie, das glatte Parkett ihrer bürokratischen, von Macht- und Einflußinteressen dominierten Gepflogenheiten, auf dem man so leicht ausrutschen konnte. Kardinal König z.B. erklärte der Presse ein paarmal ganz offen, daß er, fiele die Wahl auf ihn, kategorisch ablehnen würde. So mancher Erzbischof und Kardinal kann ja in seinem Bistum viel päpstlicher regieren als im Vatikan mit seinen vielen Interessengruppen und genießt dies entsprechend.

Es geht also auch vor und bei einer Papstwahl, ganz wie in der Welt und den säkularen Staaten, recht unheilig zu, auch wenn nach offizieller kirchlicher Lesart der Heilige Geist der Hauptfaktor ist, der letztendlich über die Wahl des neuen Papstes entscheidet. »Das neue Oberhaupt soll von Gott als Geschenk seiner Güte und Vorsehung erfleht werden«, wie das Paul VI. in der oben erwähnten Konstitution formuliert hatte. So mancher Gläubige fragte sich nach dem Tod Johannes Pauls I., was sich wohl der Heilige Geist bei der Bestellung eines Papstes für nur 33 Tage gedacht haben mochte. Aber die Wege Gottes und seines Geistes sind wunderbar, und vielleicht hatte dieser nachträglich erkannt, daß der physisch und psychisch viel robustere Pole Wojtyla das Kirchenschiff wahrscheinlich doch viel erfolgreicher durch die Zeitströmungen steuern würde als der unsichere und etwas unbeholfene Luciani-Papst. Zunächst einmal lobte man jedoch nach der Wahl Johannes Pauls I. einstimmig die wunderbare Tat der göttlichen Vorsehung, die sich in dieser Papstwahl manifestiert habe. Der englische Kardinal Hume von Westminster meinte, daß man bei dieser Wahl den Heiligen Geist geradezu mit

---

[2] Vgl. Yallop; Deschner, Jahrhundert, S. 541f.

der Hand habe greifen können, und der niederländische Kardinal Alfrink sprach von der deutlichen Führung der Kardinäle durch diesen Geist.

Nun aber stand man trotz der so deutlichen Intervention des göttlichen Geistes nach kurzer Zeit wieder da, wo man schon vor 33 Tagen gestanden hatte: vor der erneuten Notwendigkeit, einen Papst zu wählen. Und zunächst deutete nichts darauf hin, daß der neue Papst der Pole Karol Wojtyla sein würde; die italienischen Kardinäle schienen das Rennen wieder unter sich auszumachen. Große Chancen räumte man Giovanni Benelli, dem Kardinal von Florenz, ein. Der verfügte über enormen Einfluß im Vatikan, den er als Substitut im Staatssekretariat zehn Jahre lang kontrolliert hatte, bis seine Ausnahmestellung auch dem damaligen Papst, Paul VI., zu gefährlich erschien. Er machte ihn zwar zum Kardinal, komplimentierte ihn aber gleichzeitig als Erzbischof nach Florenz, angeblich, wie Eingeweihte wissen wollten, weil er dort »Seel«-Sorge lernen sollte, nachdem er im Vatikan zwar sehr modern und effektiv, aber wie ein eiskalter Manager fungiert hatte. Wer zum Papst vordringen wollte, mußte zuerst bei Benelli vorsprechen, und der behandelte so manchen Bischof wie einen kleinen Dorfvikar. Intelligenz, organisatorische Fähigkeiten und politische Cleverneß konnte diesem Benelli kein Kirchenfürst absprechen, aber fast alle fürchteten ihn, und der schlaue Benelli wußte das. Deshalb hatte er nach dem Tod Pauls VI. nicht sich, sondern den Patriarchen von Venedig, Albino Luciani, ins Rampenlicht gerückt und dessen Papstkandidatur nachhaltig unterstützt, was ja dann auch zum erwünschten Erfolg führte. Er selbst, Benelli, war ja damals noch relativ jung (57), wenn man das Ernennungsalter der meisten Päpste zum Vergleich heranzieht, und so konnte er annehmen, daß er auch noch nach dem Pontifikat des Luciani-Papstes PAPABILIS sein würde.

Und jetzt, nach dem schnellen Tod Johannes Pauls I., kam ihm entgegen, daß der autoritäre und erzkonservative Kardinal Giuseppe Siri, der Erzbischof von Genua, der viele Konzilsneuerungen als Teufelswerk verurteilte, sich immer wieder als Kandidat ins Gespräch brachte, wobei er mit der Unterstützung des »traditionalistischen Kerns« unter den Kardinälen ebenso rechnen konnte wie mit der der älteren, die Achtzig erreichenden Herren, die meistens gar nicht mit der neuen Altersgrenze für die Teilnahme an der Papstwahl einverstanden waren. Auch die 15 Kardinäle, die die Achtzig bereits überschritten hatten und nicht mehr wählen durften, intrigierten natürlich vor den für sie verschlossenen Türen der Sixtinischen Kapelle zugunsten von Kardinal Siri, weil dieser sich seinerzeit so vehement gegen die Altersgrenze eingesetzt hatte. Nun geschieht bei der Papstwahl offiziell zwar das Wichtigste, wie gesagt, durch Gottes Ratschluß, aber Kardinal Siri wollte der göttlichen Vorsehung doch etwas nachhelfen – und tat dabei des Guten zuviel. Er äußerte sich abfällig über Johannes Paul I. und dessen gerade abgelaufenes Ponitfikat sowie über die mangelnde Kollegialität unter

Kardinälen und Bischöfen, und er gab einer Zeitung ein entsprechendes, nach seiner Veröffentlichung sehr umstrittenes Interview, das allerdings ursprünglich erst nach dem Beginn des Konklaves veröffentlicht werden sollte.

Doch der umtriebige Benelli kam schnell dahinter und sah jetzt die Stunde gekommen, nun seinerseits ins Räderwerk der göttlichen Vorsehung einzugreifen und die Aufmerksamkeit des Heiligen Geistes auf sich selbst zu lenken. Er überredete den betreffenden Redakteur, das Interview mit Siri vorzeitig an die Öffentlichkeit zu bringen. Systematisch wie er nun einmal war, sorgte er auch noch dafür, daß alle Kardinäle am Morgen des Konklavebeginns das Blatt mit dem Siri-Interview in den Händen hielten. Siri war damit für die Mehrheit der Kardinäle als möglicher Nachfolger Johannes Pauls I. durchgefallen. Benelli konnte sich ihnen als Kompromißkandidat empfehlen. Doch so ganz ging seine Strategie nicht auf. In den ersten Wahlgängen kam es zu einem Zweikampf Siri – Benelli mit vielen verstreuten Stimmen, die z.B. auch auf den 85jährigen italienischen Kardinal Carlo Confalonieri und auf Pericle Kardinal Felici fielen. Noch lief also alles »inneritalienisch« ab, aber im Grunde neutralisierten sich die italienischen Papstkandidaten gegenseitig.

So wurde die Chance für die Wahl eines nichtitalienischen Kandidaten zum Papst immer größer und reeller. Nach den vier Wahlgängen des 15. Oktober 1978 hatte sich kein einziger Italiener als entscheidend mehrheitsfähig herauskristallisiert. Immer mehr nichtitalienische Kardinäle machten sich nun für Karol Wojtyla stark, so Kardinal König von Wien, die deutschen Kardinäle Höffner von Köln, Ratzinger von München, den der Wojtyla-Papst später zum Chef der einflußreichen Glaubenskongregation (des früheren ›Heiligen Offiziums‹) ernennen wird, und Volk von Mainz. Auch der aus Polen stammende Kardinal Krol von Philadelphia machte seine amerikanischen Kollegen nachhaltig auf die Vorzüge des Krakauer Metropoliten aufmerksam. Und auch der selbst hoch im Kurs stehende holländische Kardinal Willebrands forderte seine Wähler auf, für Wojtyla zu stimmen. Der greise Kardinal Wyszynski, Primas des polnischen Episkopats und hochgeachtet wegen seines Widerstandes gegen das kommunistische Regime in seiner Heimat, tat ebenfalls alles, um die Kardinäle zur Wahl Wojtylas zu bewegen. Im 5., 6. und 7. Wahlgang des nächsten Tages, des 16. Oktober, wird dann der Widerstand der Italiener immer schwächer. Der clevere Benelli erkannte seine Chancenlosigkeit zuerst, aber auch der Siri-Flügel gab schließlich nach. Im 8. Wahlgang war es soweit: Mindestens 99 der 111 Kardinäle wählten Karol Wojtyla zum neuen Papst. Manche behaupten, es seien sogar 106 Kardinäle gewesen, die sich für ihn entschieden haben. Wegen der Geheimhaltung alles dessen, was im Konklave geschieht, ist das aber nicht genau zu eruieren, wiewohl die *vaticanisti*, die auf die Vorgänge im Vatikan spezialisierten Journalisten, ständig neue »genaue« Zahlen herausbekommen haben wollen.

Den meisten Gläubigen in Rom und der katholischen Welt wird es, wie gesagt, als Wunder erschienen sein, daß nach mehr als vier Jahrhunderten ein Nichtitaliener, noch dazu ein Pole von hinter dem Eisernen Vorhang, also kein Mann aus der freien westlichen Welt, kein Nord- oder Südamerikaner und kein Westeuropäer, zum Papst gewählt worden war. Betreibt man jedoch eingehendere Ursachenforschung, dann wird diese Wahl kausal und rational viel einsichtiger, ja fast notwendig. Eines muß man sich dabei wohl zuallererst vergegenwärtigen: Spätestens nach der Pattsituation zwischen den italienischen Papstkandidaten sahen sich die Kardinäle nachhaltig veranlaßt, die Kriterien, die ein nichtitalienischer Papst erfüllen müßte, festzulegen. Auf jeden Fall wollte man einen über allen Zweifel erhabenen, systemtreuen, streng orthodoxen Papst. Andererseits war sich die Mehrheit der wahlberechtigten Kardinäle darüber im klaren, daß sich mit einem unsicheren, pessimistisch-grüblerischen Hamlet-Typ vom Schlage Pauls VI. das Desinteresse der säkularen Welt an der Kirche, die »innere Emigration« und der lautlose Auszug vieler Katholiken aus ihr noch verstärken würden. Also mußte ein Konservativer her, der – im Unterschied zum größtenteils müden, resignierten, defensiven, dauernde Beschwörungsappelle gegen das vermeintlich stets in der Offensive befindliche Böse in der modernen Gesellschaft richtenden Konservatismus der westeuropäischen katholischen Kirche – seine strenge Orthodoxie und Orthopraxie im kirchenamtlichen Sinne noch mit Begeisterung, Enthusiasmus, mit ungebrochener, nicht von Zweifeln angekränkelter Vitalität zu verbinden vermochte. Es mußte mit anderen Worten ein Osteuropäer her, denn in Osteuropa, genauer im katholischen Polen, ist diese Verbindung noch gegeben. Kardinal Wyszynski aber kam schon aus Altersgründen und mehr noch wegen seiner überragenden Bedeutung als unentbehrliche Integrationsfigur des polnischen Katholizismus nicht in Frage. So fiel die Wahl mit einiger Zwangsläufigkeit auf Karol Wojtyla.

Der gab sich total überrascht von seiner Wahl, so als habe er nie und nimmer damit gerechnet. Aber konnte er wirklich derart überrascht sein? So ganz mag man es nicht glauben. Natürlich gehört es zum üblichen Ritual, daß ein Kandidat nach der Ernennung bzw. Wahl zum Bischof, Kardinal oder Papst in Demut und Bescheidenheit seine Unwürdigkeit und die schwere Last des auf ihn zukommenden Amtes betont. Auf die Öffentlichkeit machen solche Erklärungen einen guten Eindruck – weshalb Karol Wojtyla nach seiner Wahl zum Papst denn auch beteuerte, daß er Angst habe, diese Entscheidung der Kardinäle zu akzeptieren, daß er die Berufung nur »im Geiste des Gehorsams zu unserem Herrn und im absoluten Vertrauen zu seiner Mutter, der heiligen Madonna« annehme und daß er um die »ungeheure Last« wisse, die mit dieser Berufung einhergehe.[3]

---

[3] Vgl. Fröhling, S. 14; Herrmann, Johannes Paul II., S. 53.

Sicher ist, daß Karol Wojtyla die kirchlichen Entscheidungsträger in den Jahren vor seiner Papstwahl mit ungeheurer Energie auf sich aufmerksam zu machen versuchte. Der Eiserne Vorhang, der es den Menschen im damaligen Ostblock normalerweise unmöglich machte, den Westen zu besuchen, existierte weder für den Theologiestudenten noch für den Krakauer Erzbischof Wojtyla. Er besuchte Belgien und Frankreich, Deutschland und Österreich, aber auch Kanada und die USA, Australien, die Philippinen und Neuguinea. Und überall brachte er mit polnischem Charme den jeweiligen Spitzenfunktionären der Kirche seine Vision einer missionarisch offensiven, dynamischen, aber gleichzeitig total rechtgläubigen Kirche nahe – und sich selbst. Es ist schier unglaublich, wie viele Kontakte mit wichtigen Kirchenmännern Wojtyla auf diese Weise knüpfte. Besonders oft tauchte er in Wien bei Kardinal König und dem dortigen Nuntius sowie in Rom auf. Die Kontaktaufnahmen wurden ihm erleichtert durch seine Sprachkenntnisse. Da er leidlich gut Italienisch, Spanisch, Französisch, Englisch und Deutsch spricht, kann er mit vielen Würdenträgern in deren Landessprache parlieren. Aber auch im Vatikan selbst kannte sich der Erzbischof von Krakau bald ebensogut aus wie im eigenen Bistum, und auch dieser Umstand sollte bei seiner Wahl zum Papst ins Gewicht fallen – war doch sein Vorgänger, der Luciani-Papst, manchen Herren im Vatikan wegen seiner Unangepaßtheit und Unbeholfenheit im Kurienbetrieb, seiner weitgehenden Fremdheit gegenüber der vatikanischen Bürokratie, nicht gerade sympathisch gewesen.

Das II. Vatikanische Konzil gab Karol Wojtyla eine besondere Chance, sich in den Vordergrund zu schieben. »Ich hatte«, wird er später vermerken, »das ganz besondere Glück, vom ersten bis zum letzten Tag am Konzil teilnehmen zu können«, und er sieht darin »eine besondere Gunst Gottes«. Zunächst sitzt er, da er erst Weihbischof ist, ziemlich weit hinten in der erlauchten Konzilsversammlung, nahe dem Eingang des Petersdoms, ab der dritten Sitzungsperiode rückt dann der inzwischen zum Erzbischof von Krakau Avancierte mehr in die Nähe des Altars. Entsprechend dieser räumlichen Verschiebung werden auch seine Konzilsbeiträge immer lebhafter und dezidierter. »Zu Beginn befand ich mich, weil ich eben jung war, eher in einer Art Lernphase, nach und nach vermochte ich jedoch einen reiferen Beitrag zu leisten und mich schöpferisch am Konzil zu beteiligen.« Und er beteiligt sich tatsächlich aktiver und intensiver als viele bischöfliche Kollegen. Selbst im ersten Konzilsjahr, in dem sich viele von ihnen noch bescheiden im Hintergrund halten, tritt er zweimal auf und bezieht Stellung zu Problemen der Liturgie und den Quellen der Offenbarung. Insgesamt hält er acht Ansprachen im Konzilsplenum, er spricht zur Struktur des neuen »Schemas über die Kirche«, zur Erklärung über die Religionsfreiheit, zum Laienapostolat und zum »Schema XIII«, also zu jenem Dokument, das dann zur Pastoralkonstitution GAUDIUM ET SPES werden sollte, die der Kirche in der Welt von heute gewidmet ist. Hinzu kommen seine schriftlichen Konzilsinterventionen, nicht weniger als dreizehn an der Zahl. Es sind darunter ganze Listen von Verbesserungsvorschlägen und gut ausformulierte längere Texte zur dogmatischen Konstitution über die Kirche, zur Religionsfreiheit sowie zum »Schema XIII« und den sozialen Kommunikationsmitteln. Gerade die konservativsten unter den am Konzil teilnehmenden Kardinälen werden dankbar vermerkt haben, daß Wojtyla in seinem Beitrag zur Debatte über die Kirche am 21.10.1963 weiterhin an der strikten Trennung von Klerikern und Laien festhielt und die traditionalistisch-triumphalistische Definition der Kirche als SOCIETAS PERFECTA mit ihren hierarchischen Unter- und Überordnungen dem demokratischen Begriff der Kirche als pilgerndes »Gottesvolk« vorzog. Und geschmeichelt wird allen Konzilsteilnehmern haben, was Wojtyla 1966, also schon nach Beendigung des Konzils, zum berühmten »Schema XIII« äußerte, nämlich daß die »Urheber der Ideen die Konzilsväter, Autoren der Texte dagegen die Theologen« gewesen seien. [4]

Diese Schmeichelei entsprach zwar kaum der Wahrheit, weil in den meisten Fällen führende Theologen nicht nur die Formulierer der Texte, sondern auch die Ideengeber waren, aber sie brachte Wojtyla sicher die gewünschten Pluspunkte bei den Spitzenfunktionären der Kirche ein. Der Mann aus Polen mußte im übrigen selbst am besten um die Fragwürdigkeit seiner Äußerung wissen, da er sich ja während der dritten Sitzungsperiode in der Gruppe befand, die das »Schema XIII« vorbereitete. Und er gibt auch zu:

»Auf diese Weise konnte ich an den äußerst interessanten Arbeiten dieser Gruppe teilnehmen, die sich aus Vertretern der theologischen Kommissionen und des Laienapostolats zusammensetzte«, wobei er sich »zu großem Dank« nicht bloß gegenüber den Bischöfen, sondern auch »den Theologen« verpflichtet wisse, »mit denen ich das große Glück hatte, den Arbeitstisch teilen zu dürfen. Vieles verdanke ich Pater Yves Congar und Pater Henri De Lubac ... Seit diesem Moment verbindet mich mit Pater De Lubac eine ganz besondere Freundschaft.« [5]

Nun waren gerade Congar und De Lubac anerkanntermaßen Theologen, deren Intelligenz kein Bischof oder Papst der katholischen Kirche das Wasser reichen konnte, auch wenn sie nicht, wie diese, irgendeine Art von Unfehlbarkeit für sich beanspruchten.

Auffallen sollte der polnische Bischof den Konzilsvätern auch durch seine Beiträge zu einem Dialog mit Juden und Atheisten sowie zu den sich aus den Philosophien des Humanismus und des Marxismus ergebenden Problemen für die Kirche. Alles in allem muß man konstatieren, daß Karol Wojtyla die Chance des Konzils trefflich dafür nutzte, seine vorwiegend traditionelle Konzeption der Kirche

---

[4] *Konzil:* Johannes Paul II., Schwelle, S. 184f. – *»Schema XIII«:* zit. n. Herrmann, Johannes Paul II., S. 70.
[5] Johannes Paul II., Schwelle, S. 185f.

und sich selbst ins Zentrum der Aufmerksamkeit der Konzilsväter zu rücken, womit er einen weiteren Baustein für seine spätere Wahl zum Papst bereitstellte.

Auch nach dem Ende des Konzils (1965) blieb Wojtyla im römischen Zentrum der Weltkirche auffallend präsent. Gleich in drei Kongregationen entfaltete der Kardinal eine rege Tätigkeit: in der wichtigen Klerus-, der Erziehungs- und der Gottesdienstkongregation. Noch stärker empfahl er sich der wohlwollenden Aufmerksamkeit der katholischen Bischöfe und Kardinäle durch seine Aktivitäten in der Bischofssynode, jener internationalen Repräsentanz der Bischöfe des ORBIS CATHOLICUS, die als Frucht des Konzils das kollegiale Prinzip in der kirchlichen Hierarchie betonen und die autokratische Alleinherrschaft des Papsttums relativieren und reduzieren sollte, was freilich nicht gelingen konnte. Der innerhalb des Klerus längst über große Popularität und einen hohen Bekanntheitsgrad verfügende polnische Kardinal Wojtyla wurde 1974 von den übrigen Bischöfen in den 16köpfigen Rat des Generalsekretariats der Bischofssynode gewählt. Er stand unter den Mitgliedern dieses wichtigen Gremiums sogar an erster Stelle, weil für ihn die meisten Stimmen abgegeben worden waren. Längst hatte er sich ja bei den vorherigen Bischofssynoden (1967, 1969 und 1971) durch seine ständige Präsenz und seine Diskussionsbeiträge vor den bischöflichen Kollegen profiliert und zur Anerkennung gebracht.

Und auch Papst Paul VI. war längst von den großen kirchlichen Qualitäten Karol Wojtylas überzeugt. Nicht nur ernannte er ihn 1963 zum Erzbischof von Krakau und 1967 zum Kardinal, er ließ sich als besonderes Zeichen seiner Anerkennung von ihm auch noch Exerzitien geben: Der künftige Papst Wojtyla, den man jetzt allerdings noch kaum vorhersehen kann, erteilte dem Montini-Papst und seinem ganzen obersten Troß, den Kardinälen und Monsignori der römischen Kurie, im Jahr 1976 eine Woche lang meditative Lektionen in Frömmigkeit und Spiritualität, in Christusnachfolge und priesterlicher Lebensführung, über östlichen Kollektivismus und westlichen Konsumismus. Und der Papst, ebenso wie seine Gefolgschaft, waren tief beeindruckt – ein weiterer Schritt auf dem Weg Wojtylas von Krakau nach Rom. Begründet sind auch u.a. auf Textanalysen basierende Vermutungen, daß der Moraltheologe Wojtyla der eigentliche Verfasser der so umstrittenen »Pillenenzyklika« Papst Pauls VI. von 1968 gewesen ist.[6]

Der Pole versäumt es auch nicht, sich nachhaltig im Gedächtnis der hohen Herren im Vatikan festzusetzen. Zu diesem Zweck gibt er seine Exerzitien-Vorträge in Italien als Buch heraus, denn der Eindruck des mündlich Vorgetragenen bleibt ja nicht lange erhalten. Auch bei seinen anderen Büchern sorgt Karol dafür, daß sie in italienischer Übersetzung erscheinen.[7] Er hält zahlreiche Vorträge in

---

[6] Vgl. Bernstein/Politi, S. 134ff.

[7] Wojtyla, Segno; ders., Amore; ders., Educazione; ders., Pastore; ders., Fede.

Rom und ganz Italien, u.a. auch an der Mailänder Universität. Gleichzeitig betont er seine Volksnähe, indem er eifrig italienische Marienwallfahrtsorte besucht. Und selbst auf dem Eucharistischen Weltkongreß im fernen Manila taucht er auf und ist dort sogar einer der Hauptredner.

Doch alle diese bisher erwähnten Aktivitäten werden durch sein Engagement für den Bau einer Kirche in Nowa Huta weit in den Schatten gestellt. Diesem Engagement verdankt er, daß er weltweit als Symbol des erfolgreichen, religiös motivierten Widerstandes gegen den kommunistischen Atheismus gefeiert wird. Denn Nowa Huta (wörtlich: Neue Hütte) sollte ursprünglich das triumphale Symbol einer »Stadt ohne Gott« sein. Auf einem riesigen Gelände östlich von Krakau legten die kommunistischen Machthaber Polens einen monumentalen Industriekomplex an. Riesige Fabikhallen entstehen, als größte die Lenin-Hütte. 20 000 Familien aus ganz Polen werden hier angesiedelt. Sie wohnen in eigens hergerichteten grauen Betonsilos. Durch emsige »Ameisen«-Arbeit in der gewaltigen neuen Industriestadt sollen sie einem wirtschaftlich erfolgreichen Sozialismus im bisher vorwiegend landwirtschaftlich orientierten Polen endgültig zum Sieg verhelfen und den sozusagen experimentellen Beweis erbringen, daß man gut ohne Religion leben kann, wenn es den betreffenden Menschen materiell gutgeht. Deswegen darf nach der Planung und dem Willen der kommunistischen Machthaber auf dem riesigen Industriegelände keine Kirche entstehen.

Aber man verrechnet sich gründlich. Mit ihrer ungeheuer vitalen, irrationalen Religiosität[8] begehren die polnischen Arbeiter in Nowa Huta vehement gegen die gottlose Programmatik auf. Und die Priester ziehen mit. Wie in einer permanenten magischen Beschwörungszeremonie lesen sie ununterbrochen von 6 Uhr morgens bis 20 Uhr abends Messen auf freiem Feld, denen Tausende beiwohnen. Und sie richten ein großes Kreuz auf, das alles überragt. Noch aber wehrt sich das Regime gegen den Bau einer Kirche. Im Gegenteil: Es befiehlt, das Kreuz niederzureißen und an seiner Stelle eine Schule zu bauen. Der Versuch mißlingt. Die gläubigen Arbeitermassen schäumen vor Wut. Sie stürmen das Rathaus von Nowa Huta und vertreiben die kommunistischen Funktionäre. Drei Tage lang beherrschen sie die »Stadt ohne Gott«. Dann rücken Spezialeinheiten der Miliz aus Warschau und Kattowitz an. Es kommt zu regelrechten Straßenschlachten. Zwei Milizianten werden getötet, ein junger Arbeiter erliegt seinen Verletzungen. Der Aufstand wird niedergeschlagen, viele werden verhaftet, ganze Familien aus Nowa Huta ausgesiedelt – aber das Kreuz bleibt.

Während des Aufstandes hält sich der Klerus zurück. Auch der Bischof Wojtyla. Offene Rebellion, gar Revolution waren seine Sache nie, solange er in Polen lebte. Er zieht den diplomatischen Umgang mit dem Regime vor. Zum Aufstand

---

8   Ein Fallbeispiel dieser ungestümen religiösen Vitalität in: Mynarek, Gott, S. 217ff.

in Nowa Huta erklärt er, das sei zwar »ein Sieg für den Glauben« gewesen, aber dieser Sieg sei »zu teuer erkauft«. Selbst ein kirchlicher Jubelkommentator gesteht Wojtylas enorme politische Flexibilität in dieser Angelegenheit ein: »Wendig ringt er den örtlichen Parteifunktionären einen Kompromiß nach dem anderen ab. Und am Ende steht dann ein unblutiger Sieg!« Fast zwanzig Jahre dauert es, bis das sozialistische Musterprojekt Nowa Huta im Oktober 1967 eine Kirche genehmigt bekommt. Der Bau wurde dann 1977 fertiggestellt. [9]

Fast die ganze katholische Welt beteiligte sich begeistert am Bau dieser Kirche. Studenten aus dem Westen halfen tatkräftig mit, riesige Geldspenden kamen von Exilpolen aus den USA, ein Teil des Stahls wurde von einem Werk in Oberösterreich geliefert, die USA stifteten als Schmuck für den Tabernakel eine Probe Mondgestein, das die Astronauten zur Erde mitgebracht hatten. Der tief beeindruckte Papst Paul VI. übergab dem Krakauer Kardinal ein Mauerstück vom angeblichen Grab Petri, um es als Teil des Grundsteins einmauern zu lassen.

Und als Kardinal Wojtyla am 15. Mai 1977 die neue Kirche von Nowa Huta »Maria, der Königin von Polen« weiht und dabei den andrängenden Zehntausenden von Menschen zuruft: »Ihr ließet nicht zu, daß Gott hier stirbt, sondern ihr habt dem lebendigen Gott die Kirche gebaut« [10], da ist er endgültig für die gesamte katholische Welt zum leuchtenden, herausragenden Symbol des heldenhaften Widerstandes gegen die atheistische Staatsgewalt geworden – und dies, obwohl die Marx'sche These, wonach die Massen und nicht die Einzelnen die Revolution machen, vielleicht nirgends so zutraf wie im Fall Nowa Huta. Die Helden waren die aufständischen Arbeiter, die Früchte ihrer Rebellion erntete der Klerus, vor allem sein Chef: Karol Wojtyla!

In seinem systematischen Bemühen, allen alles zu sein, vor allem aber allen alles zu werden – d.h. möglicherweise auch Papst –, schien Wojtyla nichts, aber auch nichts ihm wichtig Erscheinendes auslassen zu wollen. Er wußte, wieviel Einfluß der deutsche Episkopat in Rom und bei den Kardinälen und Bischöfen der Dritten Welt genießt. Beachtliche Spendenströme der deutschen katholischen Kirche fließen ja in den stets geldhungrigen Vatikan und auch in die armen Kirchen der Dritten Welt, besonders nach Südamerika. Und die Erzdiözese Köln, an deren Spitze damals Kardinal Höffner stand, war und ist mit einem Jahresetat von über einer Milliarde DM das reichste Bistum der Welt. [11] Entsprechenden Einfluß dürften die deutschen Kardinäle auf die Papstwahl ausüben.

---

[9] *Wojtylas politische Flexibilität:* Fröhling, S. 90; Bernstein/Politi, S. 120, 142 – *Bau der Kirche:* Trost, S. 141ff.; Bernstein/Politi, S. 142f.

[10] Zit. n. Trost, S. 172.

[11] Vgl. Mynarek, Diener, S. 90f.

Also unternimmt Kardinal Wojtyla zusammen mit Primas Wyszynski im September 1978 (einen Monat vor seiner Wahl zum Papst!) seine berühmt gewordene, historische Versöhnungsreise zu den deutschen Bischöfen. Schon 1965 hatte es – nach der Feindschaft zwischen den beiden Völkern aufgrund des Hitler'schen Überfalls auf Polen, der Vertreibung von 12 Millionen Deutschen nach 1945 und der Phase des Kalten Krieges in den beiden Dezennien danach – einen wichtigen Schritt zur Versöhnung der polnischen und der deutschen katholischen Kirche gegeben. Die polnischen Bischöfe richteten im November 1965 einen Versöhnungsbrief an ihre deutschen Kollegen, den vor allem der Erzbischof von Wroclaw (Breslau), Kardinal Kominek, konzipiert hatte, an dessen Redaktion aber auch Wyszynski und Wojtyla beteiligt waren. In diesem Brief sparte man zwar nicht mit der Aufzählung der Verbrechen, die Deutsche an Polen begangen hatten, aber das Ganze endete äußerst versöhnlich: »In diesem allerchristlichsten und zugleich sehr menschlichen Geist strecken wir unsere Hände zu Ihnen hin … gewähren Vergebung und bitten um Vergebung.« Auf die Kontakte zwischen polnischen und deutschen Bischöfen während des II. Vatikanischen Konzils wird in dem Brief hingewiesen, und an ihnen dürfte Karol Wojtyla maßgeblichen Anteil gehabt haben. Von ihm sagten auch deutsche Vatikanbeamte, daß er ihnen immer dadurch aufgefallen sei, daß er bei allen Begegnungen mit ihnen stets gleich Deutsch gesprochen habe.

Natürlich waren einige deutsche Bischöfe der in dem Versöhnungsbrief ausgesprochenen Einladung zur Millenniumsfeier, also zum tausendjährigen Bestehen der katholischen Kirche in Polen gefolgt, was eine Basis für weitere enge Kontakte zwischen den Bischofskollegien beider Länder schuf. Aber nun – im September 1978 – erfolgte die Krönung des Ganzen: Die Pilgerfahrt Wojtylas und Wyszynskis zum Grab des hl. Bonifatius, des Apostels der Deutschen, nach Fulda, die Teilnahme an der Herbst-Vollversammlung der deutschen Bischofskonferenz daselbst und dann die wichtigen Besuche bei Kardinal Höffner in Köln, bei Kardinal Ratzinger in München und bei Kardinal Volk in Mainz, wo die theologische Fakultät der Universität Wojtyla feierlich die Ehrendoktorwürde verleiht. Kein Zweifel, die intensiven Gespräche, die Wyszynski und Wojtyla mit den drei einflußreichen deutschen Kardinälen geführt haben, waren ein auf keinen Fall zu unterschätzender weiterer Baustein auf dem Weg des Krakauer Metropoliten zum höchsten Amt in der Kirche.

Dabei zeigte sich auch wieder die diplomatische Geschmeidigkeit Karols. Während der glühende Patriot Wyszynski bei den Auftritten und Gesprächen in Deutschland stolz und steif wirkte und die geschichtliche Schuld Deutschlands an Polen immer wieder ansprach, stimmte der nicht weniger nationalbewußte Erzbischof von Krakau viel versöhnlichere Töne an und fand sogar Worte des Mitgefühls für die vertriebenen Deutschen. Das haben ihm die Spitzenfunktionäre der deutschen katholischen Kirche nie vergessen! Sie erwiesen ihm ihren Dank bei seiner Wahl zum Papst, und sie hatten ja auch allen Grund, für den großen »Akt des Ausgleichs« zwischen dem polnischen und dem deutschen Volk dankbar zu sein, weil dieser Akt hauptsächlich der Initiative der polnischen Kollegen entsprungen war. Und es ist auch mit an Sicherheit grenzender Wahrscheinlichkeit anzunehmen, daß der sehr einflußreiche Kardinal Höffner von Köln schon 1978 bei der Wahl Wojtylas zum Papst genauso dachte, wie er es 1980 beim Besuch des Papstes in Deutschland ausdrücklich formulierte:

»Es ist providentiell, daß Sie, Heiliger Vater, gerade in dieser geschichtlichen Stunde, die für die Kirche Chance und Herausforderung ist, zu uns gekommen sind ... Ihr Glaube stärkt unseren Glauben. Ihr Mut macht uns Mut ... Sie sind Zeuge und Bürge der Reinheit unseres Glaubens.«[12]

Den in ihrem Glauben verunsicherten Bischöfen Deutschlands, wo neuzeitliche Aufklärung und Religionskritik wesentlich radikaler und breiter wirkten als in Polen, mußte der DEFENSOR FIDEI gegen den atheistischen Kommunismus in Polen, der mystisch glühende Glaubensmissionar Wojtyla geradezu wie der von Gott in eine immer glaubensschwächer werdende Welt gesandte letzte Nothelfer erscheinen, dessen Wahl zum Papst sie als unbedingte Pflicht erachteten.

Ähnlich sahen es auch einige US-Bischöfe und -Kardinäle; und nicht nur sie, sondern auch hinter ihnen stehende politisch und ökonomisch einflußreiche Kreise in den USA. Schon lange war diesen ein Dorn im Auge, daß der Kapitalismus mit seinem zwangsläufig globalen, alle Grenzen überschreitenden Profitimpuls am Eisernen Vorhang haltmachen mußte, daß die dem Kapitalismus zugeordnete Ideologie des Liberalismus hinter diesem Vorhang durch die Ideologie des Kommunismus blockiert wurde. In dem Polen Wojtyla sahen diese Kreise einen geistigen Führer, der zur Aufhebung der Spaltung Europas und der Welt in zwei Machtblöcke entscheidend beitragen konnte. Stets hatte ja Wojtyla die für die meisten seiner Landsleute selbstverständliche Westbindung Polens betont: »Wir Polen haben seit tausend Jahren den westlichen Weg gewählt.«[13] Seit der Polenherzog Mieszko I. 966 getauft worden war, hatte sich Polen stets als Bollwerk Westeuropas gegen Asien, gegen Tartaren, Russen und Türken, als Verteidiger des Abendlandes empfunden, und auch als vorderste Front des Katholizismus gegen die stets im Dienst der Zaren, der weißen wie der roten, stehende russisch-orthodoxe Kirche. Die Bischöfe Wyszynski und Wojtyla versäumten es auch nicht, immer wieder auf die Bollwerkfunktion des polnischen Katholizismus gegen den marxistisch-leninistischen Atheismus hinzuweisen. Sie hatten nie einen Hehl daraus gemacht, daß sie den Atheismus dieser Prägung für die Hauptgefahr unse-

---

[12] Zit. n. Herrmann, Johannes Paul II., S. 75.
[13] Zit. n. Krims, S. 1204.

rer Zeit halten und allein in der Wiedervereinigung Europas unter christlichem Vorzeichen den effektiven Weg zur Überwindung des sowjetischen Atheismus sehen.

In vielen Punkten stimmte also die Konzeption Wojtylas mit der Ideologie einflußreicher politisch-ökonomischer Lobbies in den USA überein. Bei Besuchen in den USA konnte er sein Konzept in zahlreichen Gesprächen mit Kirchenmännern und Politikern noch zusätzlich erläutern, auch wenn es dessen kaum mehr bedurfte, nachdem die oben geschilderten Ereignisse in Nowa Huta ihn als siegreichen Verteidiger des Glaubens gegen den »gottlosen« Kommunismus berühmt gemacht hatten. Insbesondere für die CIA und die US-amerikanische Sektion des ›Souveränen Malteser-Ritterordens‹, dem einflußreiche Politiker und Unternehmer angehören,[14] verkörperte Karol Wojtyla die Hoffnung, der eiserne Ostblock lasse sich aufsprengen. Die US-amerikanischen Kardinäle als direkte Wähler des Papstes wurden entsprechend inspiriert und motiviert, wenn sie nicht ohnehin schon die polnisch-katholische Westideologie so in sich trugen wie der polnischstämmige Kardinal Krol von Philadelphia, der zusätzlich auf seine amerikanischen Kardinalskollegen einwirkte. So war es kein Wunder, daß das meist sehr gut informierte US-amerikanische Nachrichtenmagazin TIME Karol Wojtyla vor dem Konklave als Papstkandidaten bezeichnete. Auch einige spanische und südamerikanische Kardinäle hatten offenbar schon mitbekommen, woher der Wind wehte, denn sie besorgten sich noch vor dem Einzug ins Konklave alle vorrätigen Publikationen Wojtylas aus den Buchhandlungen.

Nach seiner Wahl zum Papst bezeigte Wojtyla den USA gegenüber denn auch permanent seine Dankbarkeit für die ihm erwiesene Unterstützung. Seine »Außenpolitik« stimmte er, nicht nur in bezug auf Lateinamerika, mit den USA ab, und überall förderte er deren Interessen, ob in Europa oder in Übersee. Als erster Papst überhaupt besuchte er gleich 1979 das Weiße Haus und war dabei voll des Lobes für die hohen sittlichen und geistigen Werte im Leben des modernen Amerika, für die Unterstützung der Armen, Bedürftigen und Unterdrückten. Als die US-Bischöfe 1984 einen Hirtenbrief vorbereiteten, der im Gegensatz zu den lobenden Worten des Papstes die fatale Sozial-, Wirtschafts- und Auslandshilfepolitik der Reagan-Administration anprangern wollte, erreichte der US-Präsident beim Wojtyla-Papst, daß der Brief erst nach Reagans Wiederwahl erscheinen durfte, also zu einem Zeitpunkt, wo er ihm kaum mehr schaden konnte. Als 1982 die US-Bischöfe ein Dokument gegen die atomare Strategie und für den Verzicht auf Erstschlagwaffen vorbereiteten, intervenierte der ehemalige CIA-Vizechef Vernon Walters, seines Zeichens zugleich ›Souveräner Malteser-Ritter‹, beim Papst, der sofort eine Abschwächung und Verwässerung des Dokuments durchsetzte. Den

---

[14] Vgl. Herrmann, Johannes Paul II., S. 148.

deshalb aufmuckenden Teil der Bischöfe wies Wojtyla scharf zurecht. [15] Erst viele Jahre später, Anfang 1998, übte Johannes Paul II. bei seinem Kuba-Besuch verhaltene Kritik an der Embargo-Politik der USA. Trotzdem verband ihn auch bei diesem Besuch, wie während seines gesamten Pontifikats, ein großes Ziel mit den USA: Die vollständige Tilgung des Kommunismus vom Antlitz der Erde.

Reagan zeigte sich seinerzeit dankbar: Seine Administration nahm volle diplomatische Beziehungen zum Vatikan auf, wie sie seit über hundert Jahren, seit 1867, nicht mehr in dieser Form bestanden hatten, und ernannte einen US-Botschafter beim Heiligen Stuhl. Natürlich spielte hierbei auch eine Rolle, daß die beiden Exschauspieler Reagan und Wojtyla so ähnliche Ansichten über das Sowjetimperium hegten, das der erstere bekanntlich als »Reich des Bösen« apostrophiert hatte. Wojtyla seinerseits war fest vom Eintreffen der Prophezeiung der Muttergottes von Fatima überzeugt, nach der die atheistische Sowjetunion sich bekehren werde. Doch wenn Kirchenführer an eine Prophezeiung glauben, dann warten sie nicht einfach still und leise wie ihre gläubigen Schafe auf ihre Erfüllung, sondern helfen mächtig nach. Der Wojtyla-Papst tat das auch. Kräftig unterstützte er die polnische ›Solidarność‹-Bewegung mit Lech Walesa an der Spitze moralisch, politisch und finanziell. Ähnliches taten die USA und insbesondere die CIA. Sie setzten Moskau mit Nachrüstung und Drohungen unter Druck und unterstützten die Streiks der Gewerkschaft ›Solidarität‹ mit Dollarmillionen. Man kann ohne Übertreibung sagen, daß der revolutionäre Erdrutsch, den die ›Solidaritäts‹-Bewegung in Polen und seinen sozialistischen Nachbarstaaten bis hin nach Rußland ausgelöst hat, ohne die tatkräftige und massive Unterstützung des polnischen Papstes nicht erfolgt wäre. Vielleicht war schon das Attentat vom 13. Mai 1981 die Revanche eines aus dem Hintergrund agierenden östlichen Geheimdienstes für die Einflußnahme der CIA auf die Wahl dieses Papstes und für dessen antikommunistische und proamerikanische Haltung. Originalton Wojtyla: »Als ich von der Kugel des Attentäters getroffen wurde, beachtete ich zunächst nicht, daß sich gerade an diesem Tag das Ereignis jährte, da Maria den drei Kindern aus Fatima in Portugal erschienen war und die Worte zu ihnen gesprochen hatte, die nun, am Ende des Jahrhunderts, in Erfüllung zu gehen scheinen.« [16]

---

[15] *Förderung von US-Interessen:* vgl. Deschner, Jahrhundert, S. 542f.; ders., Moloch, insbes. 12., 13., 14. Kap.; Krims, S. 1212f. – *Erstschlagwaffen-Dokument:* vgl. Herrmann, Johannes Paul II., S. 149f.

[16] *Unterstützung für Gewerkschaft Solidarität:* vgl. auch Oschwald, S. 348 (im Anschluß an Bernstein/Politi); beim Papstbesuch in Warschau betont Wojtyla vor einer ungeheuren, ihm zujubelnden Menschenmenge das Recht des polnischen Volks auf Selbstverteidigung, lobt seinen Durst nach Freiheit und Gerechtigkeit und spricht zwei Priester selig, die mit der Waffe in der Hand gegen die zaristische Unterdrückung in Polen gekämpft hatten. Überschwenglich feiert er die »heldenhafte Vaterlandsliebe« der beiden und ruft »bei dieser Gelegenheit Polen ›zum Sieg‹ auf. So erklang mitten in Warschau die Kampfansage. Politik durch Heiligsprechung?« (Herrmann, Johannes Paul II., S. 151) – *Attentat:*

Doch damals ahnten die Machthaber im Kreml noch nicht, daß mit Unterstützung dieses Papstes in nicht einmal zehn Jahren das gesamte Sowjetimperium auseinanderbrechen würde. Der Wojtyla-Papst sollte alle Erwartungen, die die US-Politik mit seiner Wahl verbunden hatte, geradezu übererfüllen.

Zu Hilfe kam dem polnischen Papst bei seinen Bemühungen, seine Heimat mit Unterstützung der Amerikaner von den kommunistischen Herrschern zu befreien, auch der Umstand, daß Präsident Reagan sich mit strenggläubigen Katholiken umgeben hatte. CIA-Chef William Casey z.B. war ein papstergebener Katholik, der schon erwähnte spätere Sonderbeauftragte Vernon Walters ebenfalls. Es gab Geheimdienstkontakte der CIA mit dem Papst. CIA-Chef Casey besuchte ihn einige Male, und Walters erläuterte dem Papst geheime Satellitenfotos des US-Geheimdienstes. Die Bigotterie ging so weit, daß Casey und sein damaliger Stellvertreter Robert Gates gemeinsam mit dem Papst beteten und Walters sich sogar Rosenkränze von ihm weihen ließ. Die Zusammenarbeit IN POLITICIS gedieh denn auch prächtig: Die CIA berichtete dem Papst Geheimes über Schwierigkeiten, Schwächen und Pläne der Sowjets. Der Papst gab Informationen über Stimmungen und Bewegungen im Volk, die er vom »besten Geheimdienst«, den Priestern im Ostblock, erhalten hatte, an die US-Geheimdienste weiter. Gates: »Ich denke, der Papst wußte mehr als wir.«

Die Sowjets waren nicht so dumm, daß sie von dieser Connection »Vatikan – CIA« nichts wußten. Sie waren z.B. überzeugt, daß auch US-Sicherheitsberater Zbigniew Brzezinski, ein antisowjetischer Falke, seine Hände bei der Wahl Wojtylas zum Papst im Spiel gehabt habe. Nachdem der Ostblock zusammengebrochen war, schrieb Michail Gorbatschow 1992, daß »ohne die gewaltige politische Rolle des Papstes die Ereignisse im Osten undenkbar gewesen wären«. [17] »Wojtylas Wahl zum Papst war der entscheidende Moment«, bestätigt der ehemalige polnische Innenminister und Chef des Geheimdienstes, General Kiszczak. »Das war der Anfang vom Ende.« [18]

Die entscheidende Bedeutung der Verbindung zwischen Vatikan und USA haben inzwischen auch maßgebende Vertreter dieser *Holy Alliance* selbst bestätigt – ihr verbindendes Ziel der Unterwerfung des Ostblocks war ja nun unwiderruflich erreicht. In einem Interview mit den Journalisten H. Blondiau und U. Gümpel berichtete vor wenigen Jahren der seinerzeitige Beichtvater Lech Walesas, der Danziger Prälat Henryk Jankowski: »Johannes Paul II. war von Anfang an derjenige, der die Zersetzung des gesamten kommunistischen Systems verursacht hatte. Als Priester stand ich Pate, als Solidarnosc geboren wurde. Man mußte sie wie

---

Johannes Paul II., Schwelle, S. 246.
[17] Focus 41/1996, S. 348; SPIEGEL 41/1996, S. 204ff. Vgl. Bernstein/Politi, S. 380ff.
[18] Blondiau/Gümpel, S. 165.

ein Kind behandeln.«[19] (Witzigerweise eine durchaus zweideutige Bemerkung angesichts der Tatsache, daß der Prälat gegenwärtig wegen Kindesmißbrauchs angeklagt ist ...) Auch die Finanzierung der Solidarnosc durch den Vatikan gibt Jankowski mit bewußter Anknüpfung an barocke Vorgänger unumwunden zu: »In der Situation, in der sich Polen damals befand, wäre es kaum vorstellbar gewesen, daß der Papst seine eigenen Nächsten, seine armen, gequälten Landsleute, die im Gefängnis saßen und interniert wurden, im Stich gelassen hätte. Er hat alles unterstützt, was auch der Expansion der Kirche diente. Wenn man Kriege führen will, muß man Geld dafür haben. Wenn man sie fortsetzen will, braucht man ebenfalls Geld. Und wenn man einen Krieg gewinnen will, braucht man noch mehr Geld.«

Knapp 20 Jahre nach diesem »Krieg« bemerkte der CIA-Vize Vernon Walters: »Was wir damals unternommen haben, unterliegt noch immer der Geheimhaltung.« Fest steht für ihn aber, daß »die Sowjets eine Schlacht verloren« haben, als Wojtyla zum Papst gewählt worden war. Auf die Frage, welche Zuwendungen Solidarnosc damals erhielt, wird der Ex-Geheimdienstler dann doch konkreter: »Alles mögliche. Solidarnosc bekam beispielsweise Faxgeräte, Druckmaschinen und andere Sachen. Jedenfalls Dinge, die sie vorher nicht hatten. Die begriffen schon, daß das nicht vom Himmel fiel – jedenfalls nicht direkt vom Himmel. Es war überwältigend, Solidarnosc an die Macht gebracht zu haben. Die Zusammenarbeit zwischen dem Vatikan und den USA, zwischen dem Papst und Reagan, das war der entscheidende Faktor für die Befreiung Polens und den Zusammenbruch des sowjetischen Regimes.« Und Reagans Außenminister Alexander Haig resümiert: »Wenn ich an diese Situation von damals zurückdenke, dann kann ich nur eines feststellen: Dieser Papst, mit seiner Persönlichkeit, er brachte das meiste mit. Er hatte den größten Anteil am Sieg. Und wenn wir uns heute alle gegenseitig auf die Schultern klopfen, dann gebührt dem Vatikan, dem Papst, eindeutig der stärkste Klaps auf die Schultern.«

Erfüllt hatte der Wojtyla-Papst auch die Erwartungen des antikommunistischen Ordens ›Opus Dei‹. Dieser gegenwärtig mächtigsten, einflußreichsten, aber auch rigorosesten, reaktionärsten und fundamentalistischsten Geheimorganisation in der katholischen Kirche, die der Studienleiter einer katholischen Akademie als »Katholische Mafia« charakterisiert, paßte es ganz und gar nicht, daß ihre universalistisch-totalitäre Strategie der Unterwanderung aller Machteliten in Politik, Wirtschaft, Banken, Wissenschaft, Medien und Kirche sich jenseits des Eisernen Vorhangs nicht voll entfalten konnte. Während jedoch Päpste wie Johannes XXIII. und Paul VI. dem Opus Dei mit Vorsicht und Mißtrauen gegenüberstanden, obwohl es sich auch ihnen als »mobiles Corps« und »Kampftruppe des

---

[19] Dazu und zum Folgenden ebd. S. 141ff.

38

Papstes« mit straffster Disziplin und größter Effizienz angeboten hatte, unterhielt Wojtyla bereits als Erzbischof von Krakau enge Kontakte zu ihm und überschüttete es als Papst mit Gunstbeweisen und einzigartigen Privilegien bis hin zur im Eiltempo durchgesetzten Seligsprechung seines charakterlich äußerst umstrittenen Gründers, des Spaniers José Maria Escrivá de Balaguer. Der Zuwachs an innerkirchlicher Macht für Opus Dei, das Johannes Paul II. systematisch förderte, beweist, daß auch die Opus-Dei-Mitglieder und -Sympathisanten unter den den Papst wählenden Kardinälen für Wojtyla gestimmt haben müssen. Mehr zu Opus Dei aus systematischen Gründen aber erst im Kapitel über die kirchliche Innenpolitik des Papstes. [20]

Das »Wunder der göttlichen Vorsehung«, für welches viele gläubige Menschen die Wahl eines Polen zum Papst hielten, erweist sich also bei eingehenderer Prüfung als recht systematisch bewerkstelligte Aktion verschiedener, sehr weltlicher, die Kardinäle aus dem Hintergrund beeinflussender Interessengruppen.

---

[20] *Katholische Mafia«*: Mettner; pikanterweise erschien dieses Buch, das Opus Dei und die Papstkontakte zu ihm einer vernichtenden Kritik unterwirft, im selben Verlag (Hoffmann & Campe) wie Johannes Pauls II. Werk DIE SCHWELLE DER HOFFNUNG ÜBERSCHREITEN. – *Vgl. zu Opus Dei auch:* Mynarek, Denkverbot.

Bilanz eines Pontifikats:
Johannes Paul II.
1978–2005

Kapitel 3

Marienkult und Teufelsfurcht

Die Glaubensdoktrin des Papstes

Stellen wir gleich die Hauptfrage dieses Kapitels: Hat Johannes Paul II. in seiner Eigenschaft als Chef der katholischen Kirche am Ende des zweiten und zu Beginn des dritten Jahrtausends das Glaubens- und Dogmengebäude dieser Kirche aktualisiert, modernisiert, evtl. korrigiert, seinen antiquierten, komplizierten, den meisten Gläubigen nicht oder nicht mehr einsichtigen Überwuchs reduziert? Hat er in seinen offiziellen päpstlichen Verlautbarungen oder wenigstens in seinen zahlreichen theologischen Büchern den Ertrag der neuzeitlichen Aufklärung, der modernen Religionskritik, die Ergebnisse der Psychoanalyse der Mythen, des Glaubens, der Gottes- und Jenseitsprojektionen usw., die Resultate der historisch-kritischen Bibelforschung angemessen berücksichtigt? Hat er die innerkirchliche Dogmengeschichte ernst genommen, die bereits ausreichend Aufschluß darüber gibt, welche ideologischen, ökonomischen und politischen Machtinteressen bei der Formulierung und Proklamierung vieler Dogmen Pate gestanden haben? Hat er, der sich doch hauptsächlich als Seelsorger und Missionar der ganzen Welt versteht, den Glauben seiner Kirche und seine eigene Glaubensüberzeugung den Menschen außerhalb der Kirche attraktiver gemacht?

Beim Versuch, diese Fragen zu beantworten, sollen die wichtigsten Glaubenssätze des Christentums und der Kirche in der Formulierung des Wojtyla-Papstes einer kritischen Prüfung unterzogen werden. Das offizielle Hauptdokument, das als eine der wesentlichen Grundlagen dieser Prüfung dienen soll, ist der KATECHISMUS DER KATHOLISCHEN KIRCHE. Zwar hat der Papst dieses Glaubenslehrbuch nicht selbst geschrieben, so wie auch kein Papst seine Enzykliken und anderen offiziellen schriftlichen Verlautbarungen selber verfaßt. Die höchste päpstliche Approbation dieser offiziellen Dokumente macht aber den Papst gleichwohl zum amtlichen Hauptverfasser dieser Schreiben. Beim KATECHISMUS DER KATHOLISCHEN KIRCHE ist dies ganz besonders der Fall, weil er dem Wojtyla-Papst höchstes Herzensanliegen war. Nicht nur, daß er ihn am 25. Juni 1992 approbiert und seine Veröffentlichung kraft seines apostolischen Amtes angeordnet hat, er lobt ihn auch in seiner persönlich unterzeichneten Einleitung in den höchsten Tönen als ein durch und durch seinen eigenen Intentionen und Überzeugungen entsprechendes Dokument:

»Wie sollen wir nun dem Herrn nicht aus ganzem Herzen an diesem Tag danken, da wir der ganzen Kirche unter dem Titel KATECHISMUS DER KATHOLISCHEN KIRCHE den Bezugstext für eine aus den lebendigen Quellen des Glaubens erneuerte Katechese vorlegen können!« Dieser Katechismus leistet »einen sehr wichtigen Beitrag zum Werk der Erneuerung des gesamten kirchlichen Lebens«.

Er sei, unter Berücksichtigung der eingeholten beratenden Beiträge der Bischöfe und Bischofskonferenzen, eine »Symphonie des Glaubens« und bezeuge »die Katholizität der Kirche«. »Ich«, Johannes Paul II., »erkenne ihn als gültiges und legitimes Werkzeug im Dienst der kirchlichen Gemeinschaft an ... als sichere Norm für die Lehre des Glaubens ... als sicheren und authentischen Bezugstext für die Darlegung der katholischen Lehre und in besonderer Weise für die Ausarbeitung der örtlichen Katechismen.« Die Herausgabe des Katechismus stelle »einen Dienst dar, den der Nachfolger Petri der heiligen katholischen Kirche und allen Einzelkirchen erweisen möchte ... den Dienst nämlich, alle Jünger des Herrn Jesus im Glauben zu stärken«.[1]

Neben der neuen Kodifizierung des kanonischen Rechts sieht der Wojtyla-Papst die Herausgabe des KATECHISMUS DER KATHOLISCHEN KIRCHE als einen weiteren Höhepunkt seines Pontifikats an.[2] Grundlage der folgenden Analyse seiner Glaubensdoktrin sind aber selbstverständlich auch die von ihm im Laufe seines Pontifikats herausgegebenen Enzykliken und Apostolischen Schreiben sowie seine Ansprachen, Predigten und Botschaften.

Darüber hinaus soll aber auch der persönliche, sozusagen private Glauben des Papstes vorgestellt werden, wie er sich in seinen Büchern ausdrückt. Das erscheint mir im Rahmen eines Kapitels, das an sich der Bilanz der **offiziellen** päpstlichen Glaubensdoktrin gewidmet ist, insofern legitim, als alle sogenannten privaten Glaubensaussagen des Papstes inhaltlich, oft sogar der Form nach, mit den Dogmen der offiziellen kirchlichen Glaubenslehre identisch sind und auch nie darüber hinaus gehen, sondern im Grunde stets nur sehr brave Kommentierungen dieser Lehre darstellen. Diese Charakterisierung gilt selbst für sein exemplarisches Spätwerk mit dem leicht maoistisch klingenden Titel: DIE SCHWELLE DER HOFFNUNG ÜBERSCHREITEN (1994), das der herausgebende Verlag im Klappentext als »sehr persönliches Werk« des Papstes bezeichnet, in dem »erstmals ein amtierender Papst die großen Glaubensfragen an der Schwelle zum dritten christlichen Jahrtausend behandelt«.

---

[1] Katechismus, S. 29–35. Der Katechismus erschien in vier Verlagen: Oldenbourg in München und Wien; Benno in Leipzig; Paulusverlag in Freiburg i.d. Schweiz und Veritas-Verlag in Linz; die lat. Urausgabe erschien in der Città del Vaticano, 1993.

[2] *Neue Kodifizierung des kanonischen Rechts:* Codex Iuris Canonici, im folgenden: CIC – *Katechismus als weiterer Höhepunkt:* Katechismus, S. 31.

Die Umstände der Entstehung dieses Buches sind aufschlußreich. Ursprünglich sollte der Papst anläßlich des 15jährigen »Dienstjubiläums« im Oktober 1993 lediglich ein Fernsehinterview geben. Der Vorschlag kam von der staatlichen italienischen Fernsehgesellschaft RAI, und der Papst hatte an sich eingewilligt, eine Stunde lang auf Fragen des Interviewers zu antworten. Aber obwohl man als Fragesteller einen sehr gläubigen, sehr frommen, ja devot-ergebenen Mann ausgesucht hatte, der überdies der rechtskatholischen Organisation Opus Dei nahestehen soll,[3] sagte der Wojtyla-Papst das Interview dann doch wegen Terminschwierigkeiten ab. Dabei wäre dies das erste Fernsehinterview eines Papstes überhaupt gewesen, und man mag gar nicht so recht an den angegebenen Grund für die Absage glauben, wenn man bedenkt, wie sehr der »Große Kommunikator« Wojtyla Fernsehauftritte ansonsten genoß. Maßgebend für die Absage müssen wohl andere Gründe gewesen sein: Dieser Papst, der so gern und so oft die ihm zujubelnden Massen ermahnte, sich nicht zu fürchten, hatte schlicht und einfach Angst, im Interview etwas Falsches zu sagen, zu wenig souverän zu wirken, eine ungünstige Figur zu machen. Denn die Zeit für die viel aufwendigere schriftliche Beantwortung der Interviewfragen fand er dann doch.

Der verhinderte Fernsehinterviewer Vittorio Messori, der die Fragen an den Papst formuliert hatte und auch als Herausgeber des Papstbuchs DIE SCHWELLE DER HOFFNUNG ÜBERSCHREITEN fungierte, in dem nun das schriftliche Frage- und Antwortspiel zwischen ihm und dem Papst festgehalten ist, hat sich in seiner Einleitung zum Buch ebenfalls seine Gedanken darüber gemacht, warum der Papst das Fernsehinterview abgesagt haben mag. Und man darf ziemlich sicher sein, daß Messori mit diesen Gedanken recht nahe an die Beweggründe des Papstes herankommt, das Interview letztlich doch auszuschlagen:

»Als Glaubender frage ich mich vor allem, ob es richtig war, daß sich ein Papst einem Interview, und noch dazu einem Fernsehinterview, hatte stellen wollen. Geriet er damit nicht ... in den unerbittlichen Mechanismus des Mediensystems und damit in die Gefahr, seine Stimme mit dem chaotischen Lärm einer Welt zu vermischen, die alles banalisiert und aus allem ein Spektakel macht, die alles mit gegensätzlichen Meinungen und unerschöpflichem Geschwätz belegt?«

Nun, vor der Vermischung mit dem chaotischen Lärm der Fernsehwelt hatte dieser ohnehin ständig auf dem Bildschirm erscheinende TV-Papst sicher keine Angst. Angst aber hatte er vor dem, was Messori so formulierte:

»Ist es denn wirklich angebracht, daß sich auch ein römischer Papst an das ›Meiner-Meinung-Nach‹ des Gesprächs mit einem Interviewer anpassen und die Form des feierlichen ›Wir‹ ablegen sollte, in dem die Stimme des tausendjährigen Geheimnisses der Kirche erklingt?«

---

[3] Herrmann, Johannes Paul II., S. 19, der sich auf FOCUS 24.10.1994 bezieht.

Stimmt! Mit der geheimnisvollen, mysteriös-numinosen Aura der Einzigartigkeit, die einen Papst – auch im Fernsehen – über der Masse schweben läßt, wäre es tatsächlich vorbei gewesen, wenn er schlicht und einfach, d.h. gegenstandsbezogen und logisch-rational, auf vernünftig gestellte Fragen vernünftig hätte antworten müssen, wie ein Gleicher zum Gleichen. Das also konnte man dem von Messori so apostrophierten »Meister im Glauben«, »dem Apostel des Evangeliums«, »dem Vater und zugleich universalen Bruder« der Menschen, dem »Nachfolger des hl. Petrus«, vor allem aber »dem einzigen Menschen, in dem andere Menschen eine direkte Verbindung zu Gott sehen: als ›Stellvertreter‹ Jesu Christi, der Zweiten Person der Dreifaltigkeit«, doch nicht zumuten. Er war ja »nicht nur ein Großer unter den Großen der Erde«,[4] sondern mehr als sie alle.

Ich werde bei der Untersuchung der päpstlichen Glaubensdoktrin immer wieder auf dieses Papstbuch DIE SCHWELLE DER HOFFNUNG ÜBERSCHREITEN zurückkommen, weil man, nach den Worten seines Herausgebers Messori, »hier ... unmittelbar, schemenlos und ungefiltert eine Enthüllung des religiösen und intellektuellen Universums von Johannes Paul II.«, einen »Schlüssel zur Lektüre und Auslegung seines ganzen Lehramtes« vor sich hat. Es zeige sich in diesem Buch »auf außergewöhnlich wirksame Weise nicht nur das Denken, sondern auch das Herz jenes Menschen« Wojtyla.

»Hier finden wir die Wurzel für alles: Es ist daher ein Dokument für die Welt von heute, aber auch für die Geschichte ... Künftige Historiker werden nicht umhin können, auf diese Seiten zurückzugreifen, wenn sie das erste polnische Pontifikat verstehen wollen.«[5]

Ziehen wir also in der in diesem Rahmen angemessenen Kürze Bilanz bezüglich der einzelnen Hauptpfeiler des Glaubensuniversums von Johannes Paul II.:

Gottesfrage und Theodizee

Für viele Menschen, nicht nur Atheisten, sondern auch echt Religiöse, ist der dogmatisch genau definierte, monotheistische Gottesbegriff im Sinne eines unendlich vollkommenen, allmächtigen und allgütigen personalen Geistes nicht mehr glaubwürdig. Man spricht deshalb auch in der modernen westlichen Theologie von der »Existenzkrise Gottes«, der »Gotteskrise« oder »Gottesverdunstung«, ja vom »Tode Gottes«. Auch die meisten derer, die noch an Gott glauben, halten sich nicht an den exakt dogmatisch fixierten, kirchenrechtlich abgesicherten Gottesbegriff, sondern meinen eher eine freischwebende, alles durchdringende göttliche

---

[4] Johannes Paul II., Schwelle, S. 12, 17, 19.

[5] Ebd., S. 22f.

Energie. [6] Spätestens seit Auschwitz, Nagasaki und Hiroshima, Vietnam, Bosnien und den Hunger-, Aids- und Kriegskatastrophen in Afrika sowie der Tsunami-Katastrophe in Südostasien steht auch das alte Axiom des englischen Philosophen John Stuart Mill wieder mit vielfach erhöhter Evidenz vor unseren Augen: »Entweder ist Gott allmächtig, dann ist er nicht allgütig. Oder er ist allgütig, dann ist er nicht allmächtig – sonst könnte er derart ungeheuerliches Unrecht und Leid in der Welt nicht zulassen.«

Auch manchen Katholiken, den Intelligenteren unter ihnen, dämmert langsam, daß das kirchliche Alibi-Argument, nicht Gott, sondern der freie Wille des Menschen sei für alles Übel in der Welt verantwortlich, so nicht stimmen kann. Zum einen sind viele Katastrophen auf unserem Planeten (Erdbeben, Vulkanausbrüche, Überschwemmungen etc.) sicher nicht das Werk des Menschen. Zum anderen durchwirkt und durchdringt Gott als Erstursache und absolutes Sein im Sinne des kirchlichen Gottesbegriffs alle geschöpflichen Zweitursachen, alles Seiende, so daß auch alle Sünden, Untaten und Verbrechen der Geschöpfe erst- und hauptursächlich auf ihn zurückgehen. Calvin, neben Luther der größte christliche Reformator, war also nur konsequent, wenn er behauptete, daß der christliche Gott von vornherein und ohne Rücksicht auf ihre künftigen Verdienste und Taten einen Teil der Menschheit für den Himmel, einen anderen für die Hölle vorherbestimmt habe.

Das Problembewußtsein des heutigen Menschen wird noch vertieft durch die philosophische Gotteskritik der letzten drei Jahrhunderte, insbesondere durch den »Alleszermalmer der Gottesbeweise«, Immanuel Kant, der die theoretisch-rationale Nichterreichbarkeit der letzten Ursache alles Seienden unwiderlegbar dargetan hat. Nach Kant kann Gott nur noch als »regulatives Prinzip der Vernunft« gelten, sozusagen als Notbehelf für den Menschen vor dem Abgrund des Unbedingten. Man kann, ein wenig über Kant hinausgehend, am Ende einer Kette aller kosmischen Ursächlichkeiten vielleicht sogar das Postulat eines letzten, alles tragenden Prinzips aufstellen. Aber ob dieses letzte Prinzip das Sein oder das Nichts, die Fülle oder die Leere, Gott oder der Teufel ist, kann von unserer Vernunft nicht mehr entschieden werden – wir müssen beide als gleichberechtigte Alternativen respektieren. Zudem hängen sowohl die Gottesbeweise, die sogenannten QUINQUE VIAE des Thomas von Aquin, die die Kirche übernommen hat, als auch das Dogma von der sicheren Erkennbarkeit Gottes durch die geschaffenen Dinge, vom Kausalitätsprinzip ab, von dem der berühmte englische Logiker und Philosoph Bertrand Russell mit Recht sagt:

---

[6] *»Existenzkrise Gottes«*: Mynarek, Existenzkrise – *»Gottesverdunstung«*: Metz – *»Tod Gottes«*: Begriff, den z.B. die amerikanischen Theologen Th. Alitzer, W. Hamilton und P. M. van Buren benutzen; vgl. Mynarek, Tod-Gottes-Theologie, S. 349–367 – *göttliche Energie*: vgl. Mynarek, Gottesbild.

»Wenn alles eine Ursache haben muß, dann muß auch Gott eine Ursache haben. Wenn es etwas geben kann, das keine Ursache hat, kann das ebensogut die Welt wie Gott sein, so daß das Argument bedeutungslos wird.«[7]

Hinzu kommt die naturwissenschaftliche Problematik. Auf Grund gewisser fundamentaler mathematischer Gesetzmäßigkeiten in der Entwicklung des Kosmos könnte man eventuell einen Gott als »mathematisches Superhirn« oder auch als genialen Würfelspieler postulieren, dem aber nach dem Urteil der dieser Hypothese anhängenden Naturwissenschaftler moralische Attribute völlig fehlen. Die biologische Evolution auf unserem Planeten beweist zudem, daß schon im subhumanen Bereich Grausamkeit in Gestalt der unbarmherzigen Selektion und des Lebens der ökologisch (»trophisch«) höheren Arten auf Kosten der niederen zwar nicht einziges, aber doch wesentliches Prinzip der biologisch-organischen Höherentwicklung ist.[8] Auch diese Grausamkeit müßte dann also schon im »liebenden Plan« Gottes mit der Welt enthalten sein.

Das also ist der in aller Kürze skizzierte Stand der Dinge. Und es stellt sich die Frage: Spiegelt sich ein Bewußtsein dieser schwierigen und differenzierten Gottesproblematik in Lehramt und Verkündigung Johannes Pauls II. wider? Die Antwort muß leider ganz eindeutig lauten:

Nein, absolut nicht. Völlig unberührt von allen Katastrophen, Erschütterungen und Unmenschlichkeiten des 20. Jahrhunderts proklamiert das Lehramt des Papstes die heile Gotteswelt:

»Gott ist in sich unendlich vollkommen und glücklich. In einem aus reiner Güte gefaßten Ratschluß hat er den Menschen ... erschaffen, damit dieser an seinem glückseligen Leben teilhabe. Deswegen ist er dem Menschen jederzeit und überall nahe.« Der Mensch »existiert ... nur, weil er von Gott aus Liebe geschaffen, immer aus Liebe erhalten wird«. »Gott schaut auf uns mit besonderer Zuneigung, da wir seine geliebten Kinder sind ... Wie könnte er das einzige Geschöpf der Erde verlassen, das er um seiner selbst willen geliebt hat? ... Gott will das Glück seiner Kinder, auch hier in dieser Welt.« »Gott wirkt in unserer Welt voll Liebe.«[9]

Angesichts einer derart triumphalistischen, vom menschlichen Leid in keiner Weise in Zweifel gestürzten Gotteslehre muß man mit dem jüdischen Publizisten Günther Bernd Ginzel den Vorwurf erheben:

»Wer nach Auschwitz keine Probleme, keine Zweifel, keine offenen Fragen an den Menschen und an Gott hat, ist für mich entweder naiv oder unehrlich.

---

[7] Kant, S. 650–652; Russell, S. 20.

[8] *Mathematische Gesetzmäßigkeiten in der Entwicklung des Kosmos:* vgl. Mynarek, Vernunft, 2. Teil – *Evolution durch Selektion:* vgl. Mynarek, Religion, S. 42ff.

[9] *»Gott ist in sich ...«:* Katechismus, Nr. 1 – *Der Mensch »existiert ... nur ...«:* Katechismus, Nr. 27 – *»Gott schaut auf uns ...«:* Johannes Paul II., Predigt in Tuxtla Gutierrez, S. 456 – *»Gott wirkt in uns ...«:* Johannes Paul II., Kraft, S. 36.

Er muß, will er sich wirklich von allen Zweifeln, allen Frage befreien, entweder verdrängen, ausweichen, verharmlosen oder gar leugnen.«

Das Bild eines Gottes, der alles lenke, alles vorherbestimme, alles »so herrlich regiert« (wie es in einem alten Kirchenlied heißt), sei zu verwerfen. Statt dessen müsse vom biblischen Gott gesagt werden, daß ihm seine Schöpfung mindestens in einem wesentlichen Punkt mißlungen ist, dem Menschen. [10]

Hält man mit dem päpstlichen Lehramt aber weiterhin an einem makellosen Monotheismus, also an »der unendlichen Vollkommenheit Gottes« fest, die dann folgerichtig auch Allwissenheit, Allmacht und Allgüte einschließt, dann kommt man am widersprüchlichen Gottesbegriff eines »universalen Sado-Masochisten« nicht mehr vorbei. Denn dieser Gott entwirft in seinem Universalhirn den Plan einer Welt, in der das Leid, der Schmerz, das Unrecht eine fatale, dominierende Rolle spielen. Genau diese Welt will er und erschafft sie demgemäß. Mit der so geschaffenen Welt leidet er dann aber nach der amtlichen Lehre der Kirche, aber auch nach dem Urteil aller Theologen, der konservativen wie der progressiven, schmerzvoll mit, zwar nicht in seiner unberührbaren Transzendenz, wohl aber in seiner Weltimmanenz, d.h. in seinem auf die Erde entsandten göttlichen Sohn. Sadistisch erschafft also Gott die Welt, masochistisch erleidet er sie. Eine makabre Vision! Aber Johannes Paul II. findet es richtig, daß das Leiden »auf so organische Weise zur Menschheitsgeschichte gehört«. Er tröstet uns durch den Hinweis auf »die Solidarität Gottes mit dem leidenden Menschen ... Gott stellt sich auf die Seite des Menschen.« [11]

Ungerührt und unerschüttert durch die negativen Konsequenzen und Widersprüche des christlich-kirchlichen Gottesbegriffs verkündet der Papst offiziell wie inoffiziell (d.h. auch als privater Philosoph und Theologe) die QUINQUE VIAE, die fünf Gottesbeweise des Thomas von Aquin:

»Aus der Bewegung und dem Werden, aus der Kontingenz, der Ordnung und der Schönheit der Welt kann man Gott als Ursprung und Ziel des Universums erkennen ... Die menschliche Vernunft ... kann durch ihre natürlichen Kräfte und ihr Licht tatsächlich zur wahren und sicheren Erkenntnis des einen persönlichen Gottes, der die Welt durch seine Vorsehung schützt und leitet, ... gelangen.«

Wenn die menschliche Vernunft nicht dahin gelangt, dann liegt das nach dem Wojtyla-Papst keineswegs am widersprüchlichen Gottesbegriff, sondern am Menschen:

»Der menschliche Verstand aber ist sowohl wegen des Antriebes der Sinne und der Einbildung als auch wegen der verkehrten Begierden, die aus der Ursünde

---

[10] Zit. n. Serup-Bilfeldt, S. 51.

[11] *»Vollkommenheit Gottes«:* Katechismus, Nr. 41 – *Solidarität Gottes:* Johannes Paul II., Schwelle, S. 91 – *Ausführlicher zur gesamten Theodizeeproblematik:* Mynarek, Denkverbot, letztes Kapitel.

herrühren, beim Erwerb solcher Wahrheiten Schwierigkeiten unterworfen. So kommt es, daß die Menschen sich in solchen Dingen gerne einreden, es sei falsch oder wenigstens zweifelhaft, von dem sie selbst nicht wollen, daß es wahr sei.«[12]

Wo der Papst nicht in so amtlich-feierlicher Form, sondern als privater Philosoph und Theologe in seinen Büchern zu diesem Thema schreibt, führt er zwar eine ganze Reihe angesehener Philosophen an. Aber nirgendwo zeigt sich, daß er sich auch deren Problembewußtsein bezüglich der Gottesfrage zu eigen gemacht hätte. Man kann eben auch die modernsten, kritischsten Denker zitieren, ohne sich durch sie im geringsten in Frage gestellt zu fühlen. Voraussetzung: Man nimmt von vornherein den fundamentalistischen Glaubensstandpunkt ein und filtert gleichsam schon vorbewußt aus der Lektüre alles heraus, was nicht in den eigenen Weltanschauungsrahmen paßt. So behauptet der Papst beispielsweise: »Jesus Christus bleibt, so sagt der deutsche Philosoph Karl Jaspers, der maßgebendste unter den Maßgebenden der Geschichte.« In Wirklichkeit hat Jaspers stets betont, daß er die vier für ihn maßgebendsten Persönlichkeiten der Geschichte – Buddha, Jesus, Konfutse und Sokrates – als absolut gleichwertig, wenn auch nicht aufeinander reduzierbar oder auseinander ableitbar, betrachtet. Jeder dieser vier stelle einen originellen Daseinsentwurf dar, der uns ebensoviel, aber eben anderes zu sagen habe wie bzw. als der der übrigen drei. Außerdem hat Jaspers nicht nur die Gottheit Jesu bestritten, er hat sie als Nonsens und Absurdität dargestellt. Und an anderer Stelle behauptet der Wojtyla-Papst, daß »kein Klassiker der Philosophie, weder Platon noch Aristoteles, ... bezweifelt« habe, »daß die menschliche Erkenntnis zuallererst sinnliche Erkenntnis ist«, daß sich alle Klassiker an das scholastische Axiom NIHIL EST IN INTELLECTU, QUOD PRIUS NON FUERIT IN SENSU (Nichts ist im Verstand, was nicht vorher im Sinne war) gehalten hätten. Die Wahrheit aber ist, daß gerade Platon (auch der von ihm abhängige hl. Augustinus) im Gegensatz zu Aristoteles die intuitive, geistige Schau der Ideen als primär ansetzte. Ohne diese intuitive Erkenntnis könne gar keine sinnliche Wahrnehmung stattfinden. Wenigstens gibt aber der Papst indirekt zu, daß er von der naturwissenschaftlichen Seite der Gottesproblematik keine Ahnung hat, weil »ich nie eine besondere Vorliebe für die Naturwissenschaften hatte«. Er hat das nach dem Urteil seines fromm-devoten Interviewers Messori aber auch gar nicht nötig:

»Er ... hat es nicht nötig zu ›glauben‹: Für ihn sind die Inhalte des Glaubens spürbar und offensichtlich ... Als früherer Philosophieprofessor kennt er den Kampf des menschlichen Geistes, der nach Beweisen für die christliche Wahrheit

---

[12] Katechismus, Nr. 32, 37; vgl. auch Johannes Paul II., Schwelle, S. 55–69. In Nr. 37 zitiert der Katechismus aus der Enzyklika HUMANI GENERIS von Pius XII.; vgl. Johannes Paul II., Schwelle, S. 247, wo Wojtyla zu seinem Interviewer sagt: »Sie können beobachten, wie der heutige Mensch nur mit Mühe zum Glauben zurückkehrt, weil ihn die moralischen Ansprüche dieses Glaubens abschrecken.«

sucht ..., doch gewinnt man den Eindruck, daß diese Themen für den Heiligen Vater nur die offenkundige Bestätigung einer gegebenen Wirklichkeit sind.«[13]

»Offenkundig«, »offensichtlich« war für den bei all seiner mystischen Frömmigkeit stets auf Machtstabilisierung und Machtzuwachs ausgerichteten Wojtyla-Papst wohl aber auch, daß die Papstmonarchie auf Erden ihre kräftigste und sicherste Legitimation durch Herleitung aus der Transzendenz, durch die Gott-Monarchie im Himmel erhält. An ihr mußte er mit gläubigem Enthusiasmus feierlich und ohne Anzeichen des geringsten Zweifels festhalten, wenn er seine Herrschaft aufrechterhalten wollte. Von allen pompösen päpstlichen Titeln (»Heiligster Herr«, »Heiligster Vater«, »Apostolischer Herr«, »Heiligkeit«, »Eure Seligkeit«, »allerseligster Vater« usw.) ist der des »Stellvertreters Gottes bzw. Christi auf Erden« sicher der wichtigste, weil er die magisch-numinose Scheu der Massen vor dem überirdisch-transzendenten Hintergrund des Papstes am effektivsten gewährleistet.[14] Der Atheismus bzw. Agnostizismus vieler moderner Menschen speist sich ja auch aus der Tatsache, daß der Gott der Kirche immer als Gott klerikaler Machtphantasien erkennbar war. Mit dem Kampf gegen klerikale Bevormundung und Machtallüren mußten sie fast notwendigerweise auch diesen Gott der Priester ablehnen.

Die Gotteslehre und -verkündigung von Papst Johannes Paul II. entspricht weder der heutigen Problemlage noch unserem aktuellen Wissensstand, noch der von Naturkatastrophen, Hunger, Krankheiten, Elend und dem sonstigen Leid Unschuldiger geprägten Wirklichkeit. Sie ist die Ideologie eines falschen, von Machtinteressen geleiteten Bewußtseins. Der Papst hat es in seiner ganzen Amtszeit versäumt, auch nur die geringsten Korrekturen an dieser kirchenamtlichen Gotteslehre anzubringen. Damit ist sie verstaubtes Buchwissen für das Antiquariat, kein Impuls für lebendige, denkende Menschen. Daran ändert auch der Umstand nichts, daß sowohl der vom Papst edierte KATECHISMUS DER KATHOLISCHEN KIRCHE wie das wichtigste »private« Buch seines Pontifikats DIE SCHWELLE DER HOFFNUNG ÜBERSCHREITEN theologische Bestseller geworden sind. Zum einen wurde für diese Bücher ungeheuer aufwendige und teure Reklame gemacht, zum anderen ist es mit ihnen ungefähr wie mit der Bibel: Sie gehört zu den meistgekauften, aber auch am wenigsten gelesenen Werken. Aber sie muß selbstverständlich im Bücherschrank möglichst jedes Kirchenmitgliedes stehen. Das gehört sich eben so.

Was von der Gotteslehre des Papstes gesagt worden ist, gilt auch von allen anderen Grund- und Haupt-»Wahrheiten« der päpstlichen Verkündigung.

---

[13] *Jaspers:* Johannes Paul II., Kraft, S. 26; Jaspers, Menschen – *Platon und Aristoteles:* Johannes Paul II., Schwelle, S. 61 – *Naturwissenschaften:* ebd., S. 224 – *Messori:* ebd., S. 26f.

[14] *Zum Funktionsmechanismus religiös-transzendentaler Legitimierung von Herrschaft überhaupt:* vgl. Mynarek, Denkverbot, S. 38ff. – *Papsttitel:* Johannes Paul II., Schwelle, S. 37ff.; der Papst versucht hier, die Titel zu relativieren, doch er nimmt keinen von ihnen zurück; vgl. auch Mynarek, Verrat, S. 35ff.

Sie sind hoffnungslos veraltet und mit dem, was wir historisch-kritisch bzw. philosophisch-vernünftig wissen, einfach nicht in Einklang zu bringen.

Die päpstliche Lehre von der Erbsünde

Johannes Paul II. betont, daß »die Erbsünde eine wesentliche Glaubenswahrheit« ist. Aber die Befleckung eines jeden mit einer Sünde, die zwei Menschen vor vielen Tausenden, wenn nicht Millionen von Jahren begangen haben sollen, ist absurd. Ganz abgesehen davon, daß die Menschheit nicht aus einem einzigen Ur-menschenpaar, in der Bibel Adam und Eva genannt, entstanden sein kann. An der Wiege des Menschengeschlechts stand nicht ein einziges Urpaar, sondern wie bei allen anderen nicht durch Verdriftung auf Inseln entstandenen Arten auch eine ganze Population sich paarender Individuen (nach neueren Wahrscheinlich-keitsrechnungen etwa 10 000). Der Übergang vom Tier zum Menschen war auch kein einmaliger Erschaffungsakt eines Gottes, sondern ein langwieriger Vorgang, der sich über Jahrmillionen und über viele Stationen und Stadien hinzog. Die ersten Menschen konnten auch nicht so beschaffen sein, wie Johannes Paul II. sie charakterisiert: Nach ihm lebten sie im »ursprünglichen Stand der Heiligkeit und Gerechtigkeit«, besaßen die »Teilhabe am göttlichen Leben«, mußten »weder sterben noch leiden«, waren »frei ... von der dreifachen Begierlichkeit«, d.h. »der Sinneslust, der Gier nach irdischen Gütern und der Selbstbehauptung gegen die Weisungen der Vernunft«, und die Arbeit war für sie Lust, »nicht Fron«.[15] Die Wahrheit klingt sehr viel nüchterner: Langsam, ganz allmählich und mit allen Roheiten und Unvollkommenheiten eines mühsamen Aufstiegs behaftet, trenn-te sich der zum Menschen führende Ast der Evolution von der zu den heutigen Schimpansen und Bonobos führenden Entwicklungslinie, und zwar in einem sich über Jahrmillionen hinziehenden Prozeß.

Auch der Papst kann nicht erklären, warum wir mit der Sünde Adams und Evas behaftet sein sollen. Aber wo die Erklärungsmöglichkeit fehlt, bringt die Kir-che stets, brachte auch der Wojtyla-Papst das unergründliche göttliche Geheimnis ins Spiel: »Die Weitergabe der Erbsünde ist jedoch ein Geheimnis, das wir nicht völlig verstehen können.« Selbst das Gottesvolk der Juden habe »den letzten Sinn dieser Geschichte nicht erfassen können«, obwohl doch der Bericht über den Sün-denfall der Thora, im Buch Genesis, steht. Vielmehr muß man »Christus als den Quell der Gnade kennen, um Adam als den Quell der Sünde zu erkennen«.[16] (Eva

---

[15] *Erbsünde:* Katechismus, S. 129, Überschrift über Nr. 388ff. – *Charakterisierung der ersten Menschen:* ebd., Nr. 375–377.

[16] *Weitergabe der Erbsünde:* ebd., Nr. 404 – *Christus als Quell der Gnade:* ebd., Nr. 388.

spielt offenbar weder beim Ursprung der Sünde noch beim Urakt der Erlösung von ihr wirklich eine Rolle!)

Hier stehen wir aber vor der Auflösung des Geheimnisses, freilich nicht im Sinne des Wojtyla-Papstes: Die Kirche machte sich selbst arbeitslos und überflüssig, wenn sie nicht an der Erbsünde festhalten würde. Denn nur die Erbsünde (und die in ihrem Gefolge begangenen persönlichen Sünden) begründet und »beweist« die Erlösungsbedürftigkeit aller Menschen:

»Die Lehre von der Erbsünde (oder Ursünde) ist gewissermaßen die ›Kehrseite‹ der frohen Botschaft, daß Jesus der Retter aller Menschen ist, daß alle des Heils bedürfen und daß das Heil dank Christus allen angeboten wird. Die Kirche, die den ›Sinn Christi‹ hat, ist sich klar bewußt, daß man nicht an der Offenbarung der Erbsünde rühren kann, ohne das Mysterium Christi anzutasten.«

Bitter beklagt sich der Papst in seinem Buch DIE SCHWELLE DER HOFFNUNG ÜBERSCHREITEN, daß aufgeklärtes Denken »die Realität der Sünde und vor allem der Erbsünde nicht annimmt ... Der Papst, der die Welt von der menschlichen Sünde zu überzeugen sucht, wird aufgrund dieser Haltung zur PERSONA NON GRATA.« Dabei hänge doch »die Mission der Kirche« an »der Enthüllung des Heilswillens Gottes«, der nun einmal die Erbsünde zur Vorbedingung der Erlösung hat. »Der Sünde überführen bedeutet, die Grundlagen für das Heil zu schaffen. Die erste Voraussetzung für das Heil ist die Erkenntnis der eigenen, auch der ererbten, Sündhaftigkeit.«[17] Mit der Indoktrinierung dieser »Erkenntnis« in die Gehirne der Menschen hat die Kirche in allen Jahrhunderten ihres Bestehens geradezu gewuchert: Sie trichterte ihren Schäflein systematisch Sündenbewußtsein ein, sie machte sie krank, um sie heilen zu können. Das uferlose Sündenbewußtsein, das sie den Menschen oktroyiert hatte, war die unerschöpfliche Basis für ihr weitgefächertes Therapieprogramm von Taufe, Beichte, Buße, Sühne, Ablaß, Wallfahrten etc. Davon lebte die Kirche, das war ihre RATIO EXISTENDI. Aber der polnische Papst wollte nicht zur Kenntnis nehmen, daß die meisten Menschen sich längst anderen Therapieprogrammen zugewandt haben, die zur Heilung der menschlichen Seele die Erbsünde und ihre Folgen nicht voraussetzen.

Zwar konzedierte auch der Papst, daß die Erbsünde »bei keinem Nachkommen Adams den Charakter einer persönlichen Schuld« habe, daß sie einen Zustand, keine Tat darstelle, allerdings einen negativen Zustand, der »einem jedem eigen« sei. Sie sei Sünde »in einem übertragenen Sinn«. Aber im krassen Widerspruch dazu bewirkt diese doch gar keine persönliche Schuld beinhaltende, »metaphorische« Sünde etwas ganz schrecklich Reales in allen Nachkommen Adams, nämlich den »Tod der Seele«, der nun gar nichts Übertragenes, keine

---

17 »*Die Lehre von der Erbsünde ...*«: ebd., Nr. 389 – »*Realität der Sünde*«: Johannes Paul II., Schwelle, S. 85f.

Metapher mehr ist, sondern für alle bereits im Mutterleib Sterbenden, wie etwa die abgetriebenen Kinder, die Konsequenz hat, daß sie in die Hölle kommen. Das ist sehr weise gedacht von der göttlichen Vorsehung, denn »wegen dieser Glaubensgewißheit spendet die Kirche die Taufe zur Vergebung der Sünden selbst kleinen Kindern, die keine persönliche Sünde begangen haben«.[18] Man kann jetzt viel besser verstehen, warum die Kirche und auch Papst Johannes Paul II. derart gegen die Abtreibung waren und sind. Im Mutterleib kann man die Kleinen ja schlecht taufen; getauft sollten sie aber schon sein, ehe sie das Zeitliche segnen, weil sie sonst in die Hölle kommen. Auf die Idee, die sinnlos-absurde Konstruktion der Erbsünde aufzugeben, kam der Herr der Kirche nicht. Das ging schon deshalb nicht, weil dann auch das von der Kirche gespendete Sakrament der Taufe weggefallen wäre. Und ohne die Taufe ist man kein Mitglied der Kirche und damit auch kein künftiger Kollekten- bzw. Kirchensteuerzahler.

Es wäre doch an der Zeit gewesen, daß ein moderner Papst zu Beginn des dritten Jahrtausends die völlig undemokratische und kirchengeschichtlich späte, die Entscheidungsfreiheit des menschlichen Individuums total verneinende Zwangsrekrutierung von Kirchenmitgliedern durch die Taufe unmündiger Kinder abgeschafft hätte. Er hat es nicht getan, und er hielt auch eisern die ganze Mytho-Theologie der Erbsünde, des Urelternpaares und der Hölle aufrecht, um dieser Zwangsrekrutierung die nötige ideologische Basis zu verleihen. Eigens betonte der Papst, daß es keine Legende, kein Märchen, kein Mythos ist, sondern »ein Urereignis, das zu Beginn der Geschichte des Menschen stattgefunden hat«.[19]

Es wird, im Gegenteil, dieser Mytho-Theologie noch ein weiteres abstruses Element hinzugefügt: der Satan oder Teufel. Ohne diesen furchteinflößenden Gesellen kommt die »frohe Botschaft« der Päpste, auch die Johannes Pauls II., nirgendwo aus:

»Hinter der Entscheidung unserer Stammeltern zum Ungehorsam steht eine verführerische widergöttliche Stimme, die sie aus Neid in den Tod fallen läßt ... Die Macht Satans« sei zwar »nicht unendlich«, aber »sein Tun bringt schlimme geistige und mittelbar selbst physische Schäden über jeden Menschen und jede Gesellschaft.«

Wer fragt, wieso die All- und Erstursache Gott ein solches Monster schaffen konnte und wirken läßt, wird wieder an das »Geheimnis« verwiesen: »Daß Gott das Tun des Teufels zuläßt, ist ein großes Geheimnis.«[20]

Mit Satan, dem »Fürsten der Finsternis«, bekommen es nach dem Willen des

[18] *Erbsünde und Taufe:* Katechismus, Nr. 404, 405.
[19] Ebd., Nr. 390.
[20] *Teufel:* ebd., Nr. 391, 395; vgl. Johannes Paul II., Schwelle, S. 89.

Kirchengottes, wie ihn der Wojtyla-Papst sah, schon die ganz Kleinen zu tun. Sie stehen am Uranfang ihres Lebens unter seiner Oberherrschaft:

»Da die Kinder mit einer gefallenen und durch die Erbsünde befleckten Menschennatur zur Welt kommen, bedürfen auch sie der Wiedergeburt in der Taufe, um von der Macht der Finsternis befreit und in das Reich der Freiheit der Kinder Gottes versetzt zu werden … Die Kirche und die Eltern würden dem Kind die unschätzbare Gnade vorenthalten, Kind Gottes zu werden, wenn sie ihm nicht schon bald nach der Geburt die Taufe gewährten.«[21]

Auch die Eltern sollen also Angst haben und schon aus Angst die Kinder so schnell wie möglich nach deren Geburt taufen lassen, damit sie bei deren frühem, unvorhergesehenem Tod nicht schuld an ihren Höllenqualen sind. Denn ohne Taufe kein Himmel, nicht einmal für die Allerjüngsten! Auch Johannes Paul II. hat nichts dazu beigetragen, die Drohbotschaft der Kirche zu entschärfen und ein wenig froher zu gestalten, wenigstens für die Jüngsten und Kleinsten, die zu lieben er doch ständig betont.

Die Mariologie

Auch dieses Strukturelement der päpstlichen Glaubensdoktrin, die Lehre von der Bedeutung Marias, der Mutter Jesu, im Heilsgeschehen, trägt hoffnungslos anachronistische Züge. Die meisten Menschen, auch viele in der katholischen Kirche selbst, haben keinerlei Verständnis für die päpstliche Lehre von der unbefleckten Empfängnis Marias, wonach sie »im ersten Augenblick ihrer Empfängnis … von jeglichem Makel der Urschuld unversehrt bewahrt wurde«. Die allermeisten katholischen Theologieprofessoren an staatlichen Universitäten behandeln dieses Thema in ihren Vorlesungen gar nicht mehr. Nur die konservativsten Theologen geben vor, an das Dogma der unbefleckten Empfängnis Marias zu glauben. Selbst der Papst wußte, daß das früheste, »das Markusevangelium und die Briefe des Neuen Testamentes nichts von der jungfräulichen Empfängnis Marias sagen«, daß auch Gläubige sich fragen, »ob es sich hier nicht um Legenden oder um theologische Konstrukte handelt, die nicht Anspruch auf Geschichtlichkeit erheben«. Doch wischte er ganz offiziell alle Bedenken mit dem Hinweis auf das göttliche Geheimnis hinweg: »Der Sinn dieses Geschehens ist nur für den Glauben erfaßbar, der es aufgrund des Zusammenhanges der Geheimnisse selbst untereinander … im Ganzen der Mysterien Christi … sieht.«[22] Also: ein Geheimnis –

---

[21] Ebd., Nr. 1250.
[22] *Unbefleckte Empfängnis*: Katechismus, Nr. 491, 498. Johannes Paul II. übernimmt hier total bejahend die Formel des Dogmas, das Pius IX. 1854 verkündigte.

nämlich das der unbefleckten Empfängnis einer Frau, die durch die herausgehobene Qualität dieser Empfängnis alle anderen Frauen desavouiert, weil diese ja sündig empfangen worden sind – wird »erklärt« durch den Hinweis auf andere Geheimnisse, auf deren Zusammenhang. Eine merkwürdige, aber sehr praktische Methode!

Der Papst perpetuierte auch ganz offiziell alle weiteren Attribute, die die Amtskirche Maria in unüberbietbarer Emphase zuschreibt: die »Gottesmutterschaft«, die »Jungfräulichkeit«, die »Fülle der Gnade«, wodurch sie »die erhabenste Frucht der Erlösung« ist, die Rangstellung als »neue Eva«, als neue Mutter aller Lebendigen, die Rolle »als Vertreterin der gesamten Menschennatur«, die höchste Vorbildlichkeit im Gehorsam dem Willen Gottes gegenüber, das Freibleiben von jeglicher persönlicher Sünde ihr Leben lang.[23]

Ganz besonders lag dem Marien-Papst aus Polen am Herzen, die »ewige Jungfräulichkeit« Marias zu preisen. Sie war »allzeit Jungfrau«: »Maria ist Jungfrau geblieben, als sie ihren Sohn empfing, Jungfrau, als sie ihn gebar, Jungfrau, als sie ihn trug, Jungfrau, als sie ihn an der Brust nährte.« Sie habe Jesus, ihren Sohn, »ohne Samen aus Heiligem Geist empfangen«. Jesus sei »einzig durch die Kraft des Heiligen Geistes im Schoß der Jungfrau Maria empfangen« worden. Hier strickte der Papst munter und unbekümmert weiter an einem jahrhundertealten mythologischen Muster amtskirchlicher Verkündigung, das dem Glauben vieler heutiger Christen und der Vernunft ihrer nichtchristlichen Zeitgenossen nicht mehr akzeptabel, ja absurd erscheint. Man kann sich auch kaum einen größeren Gegensatz denken als den zwischen der faktischen Mutter Jesu, wie sie selbst die kanonischen Evangelien der Kirche schildern, und dem Gegenstand des katholischen, von Johannes Paul II. noch einmal intensivierten Marienkultes. Hier die Frau mit den vielen Töchtern und Söhnen, von denen der erste, Jesus, allem Anschein nach einem Seitensprung entstammt, die Frau, die ihren Erstgeborenen für religiös überspannt, für verrückt hält und an seine messianische Sendung nicht glaubt – dort die Frau, die als Gebärerin des Christus, der zweiten Person der Gottheit, als Gottesmutter und Gottesgebärerin, als geradezu göttlich verehrt wird.[24] Für Johannes Paul II. war sie als einzige ewig sünden-

---

[23] Ebd., Nr. 484–511; Johannes Paul II., Kraft, S. 146–166; Johannes Paul II., Schwelle, S. 237–242; MULIERIS DIGNITATEM, v.a. Nr. 7, 11, 15, 18, 19, 27, 30; Johannes Paul II., Enzyklika REDEMPTOR HOMINIS, S. 275ff., mit einer bezeichnenden Hinwendung zur Größe Marias am Schluß dieser Enzyklika; Johannes Paul II., Enzyklika EVANGELIUM VITAE, S. 123ff.

[24] *Jungfrauschaft Marias:* Katechismus, Nr. 510, unter Verwendung eines Ausspruchs des hl. Augustinus (serm. 186,1); ebd., Nr. 496 – *Seitensprung Marias:* vgl. Mynarek, Jesus, S. 104ff. Seriöse jüdische Schriftforscher und der Talmud vertreten die begründete Meinung, daß Jesus unehelich geboren sei. Vgl. Ben-Chorin, S. 28; vgl. auch Koestler, S. 97 – *Marias Einschätzung von Jesus:* »Er ist von Sinnen« (Mk. 3,21), vgl. Joh. 7,5.

lose Jungfrau, als unbefleckt Empfangene, von der Erbsünde Freie, mit Leib und Seele nach dem Tod in den Himmel Aufgefahrene die Hauptwaffe und -garantie für die Durchsetzung der Weltmission der Kirche. Diese Frau hat das Patronat, die Schirmherrschaft über alles übernommen, was ihr »geliebter« Sohn durch die Vermittlung der Päpste in der Welt tut.

Man kann es noch einigermaßen verständlich finden, daß in den Anfängen des Christentums dem farbigen, bunt schillernden Himmel der vielen jungfräulichen Göttinnen des Heidentums eine Frau entgegengesetzt werden mußte, die es mit diesen aufnehmen konnte. Aber daß auch noch die Päpste des 19. und 20. Jahrhunderts bis zum Wojtyla-Papst, und dieser wieder besonders, Maria als Archetypus der numinos-jungfräulichen Königin des Universums, der Wärme und Geborgenheit spendenden Allmutter des Lebens auf- und ausbauten, überschreitet schon die Grenzen der Normalität. Denn auch der Glaube vernünftiger Christen wird hier vor die atemberaubende Verrücktheit gestellt, anzuerkennen, daß die Mutter eines unehelichen Sohnes und von vier weiteren Söhnen sowie mindestens drei Töchtern [25] zur unbefleckten, sündelosen und allerreinsten Jungfrau hochstilisiert wird, die außer vom Heiligen Geist nie von einem Mann in erotischer oder sexueller Absicht berührt worden sei. Mit dieser Erhöhungsstrategie traten die Päpste im Laufe der jahrhundertelangen Herausbildung ihrer kirchenamtlichen Lehre auch erfolgreich dem Vorwurf der illegitimen Geburt Jesu entgegen. Das war eine Überkompensation ohnegleichen, wenn man an die unscheinbare und entgegengesetzte Ausgangsposition der ganzen Geschichte denkt. Dahinter steht bis heute die Angst der Päpste davor, den Stifter des Christentums, der sich in Wirklichkeit der Religion Israels zugehörig fühlte, sozusagen nackt und entblößt vor den Augen der Weltöffentlichkeit als uneheliches Kind überführt zu sehen. Der Stifter des Christentums ein illegitimer Sohn Marias – unmöglich! Dagegen mußten die Päpste den Mythos der Jungfrau und Gottesmutter Maria aufbauen.

Einen glühenderen Verfechter dieser marianischen Mythologie als den polnischen Papst kann man sich kaum vorstellen. Er war, und das wußten die ihn zum Papst wählenden Kardinäle, geradezu prädestiniert, diese Mythologie mit glühendem Eifer zu verteidigen und ihr sogar neue Offensiv- und Expansivkraft einzuflößen. Gründe für diesen Eifer liegen schon in seiner Biographie, insbesondere seiner schweren Jugendzeit und seiner Nationalität. Diese biographisch-patriotischen Gründe kann man noch verstehen. Was man nicht verstehen kann und wissenschaftskritisch auch nicht darf, ist, daß der Papst aus seiner irrational-emotionalen Marienfrömmigkeit eine objektive Wahrheit machte:

»Was die Marienfrömmigkeit angeht, so müssen wir uns alle im klaren darüber sein, daß es sich hierbei nicht nur um ein Bedürfnis des Herzens, um eine

---

[25] Mk. 6,3; Mt. 13,55ff.; zu Jesus und seinen Brüdern vgl. Maccoby, S. 140f.

sentimentale Neigung handelt, sondern daß sie der objektiven Wahrheit über die Muttergottes entspricht.«

Auch der Wahlspruch seines Pontifikats Totus tuus (Ganz der Deine, o Maria) ist nach des Wojtyla-Papstes eigenen Worten »nicht nur ein Zeichen von Frömmigkeit und auch nicht einfach nur Ausdruck der Hingabe. Er besagt mehr«, eben die vorhin erwähnte »objektive Wahrheit« und eine »reife Form der Muttergottesverehrung«, eine Erfahrung von höherer Realität in Gestalt eines »besonderen Bandes, das mich in ständig neuen Formen mit der Muttergottes vereint«. Früchte dieses neuen Wahrheitsbewußtseins der Marienfrömmigkeit sind nach des Papstes eigenen Worten seine Apostolischen Schreiben Redemptoris Mater und Mulieris dignitatem. Mit diesen Schreiben wollte er einer »authentischen Theologie der Frau« den Weg bereiten. Für eine solche Theologie »erweisen sich die Gestalt Marias und die in aller Intensität erlebte Hingabe an sie ... als große und schöpferische Inspiration«.[26]

Es war letztlich wiederum biographisch und national bedingt, daß Johannes Paul II. seine mariologischen »Wahrheiten« mit größerem Feuer, glühenderer Inbrunst und stärkerem Enthusiasmus verkündete als alles andere, auch als die **Christologie** und **Soteriologie**, also die Lehre von der Menschwerdung Gottes in Jesus Christus und der Erlösung der Menschheit durch ihn, obwohl diese Lehre als das Zentrale und Primäre in der christlichen Theologie gilt. In Polen ist der Marienkult weit stärker entwickelt als der Jesus- oder Christuskult und auch die Gottesverehrung. Ich selbst habe auf Demonstranten eindreschende polnische Polizisten, die sogenannten Milizianten erlebt, die wüste Gottes- und Christusverfluchungen ausstießen, aber auf Maria nichts kommen ließen. Zwar widmete der Papst der Christologie und Soteriologie rein quantitativ gesehen durchaus viel Raum,[27] aber hier bewegte sich sein Denken mehr noch als anderswo ganz in

---

[26] *Jugendzeit:* vgl. das 1. Kapitel dieses Buches sowie Johannes Paul II., Schwelle, S. 237ff., und Bernstein/Politi, S. 25ff. – *Nationalität:* »Die Jungfrau von Jasna Góra«, die »Schwarze Madonna« von Tschenstochau »wird seit Jahrhunderten als Königin Polens verehrt. Es ist die Wallfahrtsstätte der ganzen Nation. Bei ihrer Herrin und Königin sucht die polnische Nation seit jeher Hilfe und Kraft für die geistige Wiedergeburt. Jasna Góra ist ein Ort besonderer Evangelisierung. Die großen Ereignisse im Leben Polens sind stets auf irgendeine Weise mit ihm verbunden: Sowohl die frühe als auch die heutige Zeitgeschichte meiner Nation hat dort oben, auf dem Hügel von Jasna Góra, ihren wichtigsten Konzentrationspunkt.« (Johannes Paul II., Schwelle, S. 239f.) – *Marienfrömmigkeit:* ebd., S. 237ff.; vgl. Enzyklika Redemptor hominis, Nr. 22: »Erhabene Mutter der Kirche! Dir weihe ich mich nochmals als Knecht Deiner mütterlichen Liebe: ›Totus tuus‹ – ›Ganz dir zu eigen!‹ Dir weihe ich die ganze Kirche – bis an die Grenzen der Erde! Dir weihe ich die Menschheit und alle Menschen ... alle Völker und Nationen. Dir weihe ich Europa und alle anderen Erdteile. Dir weihe ich Rom und Polen, durch deinen Diener mit einem neuen Band der Liebe vereint. Mutter, nimm uns an! Mutter, verlasse uns nicht! Mutter, führe uns!«; mehr zu dieser Theologie im 6. Kapitel.

[27] *Milizianten:* Mynarek, Gott – *Raum für Christologie und Soteriologie:* siehe z.B. die Enzykliken Johannes Pauls II.: Redemptor hominis (in der er zwar betont, daß die Wahl zum Papst »im Glau-

den ausgefahrenen Gleisen der überkommenen amtskirchlichen Lehre, fast völlig ohne verlebendigende persönliche Nuancen und Zutaten, wie das besonders in seiner Mariologie der Fall ist.

Dementsprechend hat der Papst während seines Pontifikats auch nicht die so notwendigen Korrekturen an der Christologie und Soteriologie angebracht. Nicht an der philosophisch unmöglichen, historisch-kritisch und vernunftmäßig inakzeptablen Konzeption eines Gottmenschen Jesus Christus. Nicht an der blutrünstigen, ethisch abstoßenden Ideologie und Mythologie des Opfertodes Jesu, wonach der doch angeblich allmächtige, allgütige und allwissende Gottvater kein anderes Mittel weiß, die vermeintlich durch Erbsünde und Folgesünden verdorbene Menschheit mit sich zu versöhnen, als das Hinschlachtenlassen seines Sohnes. Ohne die gravierende moralische Problematik auch nur zu erahnen, pries der Wojtyla-Papst ganz offiziell den »göttlichen Plan, durch den gewaltsamen Tod des ›Knechtes, des Gerechten‹ … Heil zu schaffen«. Dieser gewaltsame Tod sei »nicht zufällig durch ein bedauerliches Zusammenspiel von Umständen« zustande gekommen. Er gehört, deklarierte der Papst autoritativ, vielmehr »zum Mysterium des Planes Gottes … Jesus wurde nach Gottes festgesetztem Ratschluß ausgeliefert.« Der polnische Papst hat keine Hemmungen, in diesem Plan Gottes dessen unendliche Liebe zu sehen: »Indem er seinen Sohn für unsere Sünden dahingab, zeigte Gott, daß, was er für uns plant, ein Ratschluß wohlwollender Liebe ist.«[28] Was aber, wenn Menschen von heute auf so blutrünstige, brutale Weise gar nicht erlöst werden wollen und mehr Mitleid mit dem Gottessohn haben als der eigene Vater? Dann ist es um den soteriologischen Mittelpunkt des amtskirchlichen Christenglaubens geschehen!

---

bensgehorsam gegenüber Christus« angenommen habe, aber im selben Atemzug hinzufügt: »und im Vertrauen auf die Mutter Christi«. Dem Christus ist er gehorsam, aber das viel herzlichere Vertrauen hat er zu Maria!); VERITATIS SPLENDOR (Glanz der Wahrheit), vor allem Einleitung, Kapitel I, Kapitel III; EVANGELIUM VITAE, besonders Kapitel II; CENTESIMUS ANNUS (Das hundertste Jahr), S. 57,1,2; das Apostolische Schreiben TERTIO MILLENIO ADVENIENTE (etwa: Anläßlich der Ankunft des 3. Jahrtausends), bes. Kapitel I, IV, V; des weiteren Katechismus 1993, besonders. Nr. 422–682; Johannes Paul II., Kraft, PASSIM; Johannes Paul II., Schwelle, S. 70ff.

[28] *Konzeption des Gottmenschen Jesus Christus:* Der Existenzphilosoph Karl Jaspers faßt die philosophische Kritik an dieser Konzeption gut zusammen: Eine »zwischengeschaltete raumzeitliche Realität« könne die philosophische Vernunft niemals als Gott anerkennen. »Jesus selber soll Mensch und als Christus zugleich Gott sein. Das ist nach Spinoza ebenso gut verstehbar, vielmehr so widersinnig wie der Satz: der Kreis ist Quadrat.« Im philosophischen Glauben weiß ich zwar »mich mir geschenkt, aber unmittelbar, nicht durch irgendeine Vermittlung, die als Vermittlung selber schon Gott sein soll«. Gegenüber einer solchen zu Gott erhobenen Vermittlung gelte dann nicht mehr die Freiheit des Menschen, sondern der kirchlich befohlene Gehorsam. »Der menschgewordene Gott Christus ist philosphisch unmöglich.« Der Grund, weswegen Gott ins Menschsein herabgezogen wird, sei in der Sinnlichkeit, der Leibhaftigkeitssehnsucht der Gläubigen zu suchen (Jaspers, Glaube, S. 175f., S. 225f.). – *Gottmensch und Opfertod:* Katechismus, Nr. 599, 601–608.

Auch das **Hauptsakrament der Eucharistie**, die Jesus gar nicht eingesetzt hat, partizipiert dann fatalerweise und folgerichtig am blutrünstigen Charakter der soteriologischen Opfertheorie. In einem Akt von pneumatisch-spirituell nur wenig erhöhtem, d.h. kosmetisch geschöntem primitivem Kannibalismus sollen ja die Gläubigen das Blut des geopferten Gottessohnes trinken, sein Fleisch essen, wobei die Magie der »wunderbaren« Verwandlung von Wein in Blut, von Brot in Fleisch als Vorbedingung dieses Essens und Trinkens zusätzlich bedenklich stimmt. »In der Eucharistiefeier werden Brot und Wein durch die Worte Christi und die Anrufung des Heiligen Geistes zu Leib und Blut Christi gewandelt ... Durch die Konsekration vollzieht sich die Wandlung (Transsubstantiation) von Brot und Wein in den Leib und das Blut Christi.« Christus ist danach »wirklich, tatsächlich und substantiell gegenwärtig mit seinem Leib, seinem Blut, seiner Seele und seiner göttlichen Natur«.[29]

Aber auch dieser **Heilige Geist** kommt als eigenständige Person neben Gottvater nicht in der Bibel, sondern nur in der kirchenamtlichen und päpstlichen Verkündigung vor, so wie auch die gesamte Konstruktion eines **Gottes in drei Personen** (Gottvater, Gottsohn, Gott Hl. Geist) durch die kirchliche Theologie und Dogmatik im Lauf der Geschichte bis hin zu den diesbezüglichen Verlautbarungen Johannes Pauls II. künstlich, unbiblisch und in sich widersprüchlich ist. Der Monotheismus soll hier mit unzureichenden Mitteln gerettet werden, indem man von einer einzigen göttlichen Substanz spricht, die in drei göttlichen Personen (im Grunde drei Göttern) subsistiere. Streng monotheistische Religionen wie die jüdische und die moslemische sehen daher in der komplizierten christlich-kirchlichen Trinitätslehre auch schlicht und einfach Polytheismus, der einem Dialog mit diesen Religionen im Wege steht.[30]

Zur abschließenden Charakterisierung der Glaubensdoktrin Johannes Pauls II. wäre demnach zu sagen: Vor uns steht ein komplexes, unter museal-archäologischen Gesichtspunkten sogar hochinteressantes Glaubensgebäude, dessen einzelne Elemente (Dogmen, Glaubens-»Wahrheiten«) in gar keiner Weise der Wirklichkeit entsprechen, sondern mythisch-legendäre Vorstellungen aus längst vergangenen Epochen darstellen, die von den Päpsten bzw. kirchlichen Konzilien

---

[29] *Eucharistie:* »Die Eucharistie ist die Mitte und der Höhepunkt des Lebens der Kirche. In ihr nimmt Christus seine Kirche und alle seine Glieder in sein Leben und Dankopfer hinein, das er am Kreuz seinem Vater ein für allemal dargebracht hat. Durch dieses Opfer läßt er die Gnaden des Heils seinem Leib, der Kirche, zuteilwerden« (Katechismus, Nr. 1407). Ähnlich Katechismus, Nr. 1322: »... durch die Eucharistie nimmt« der Christ »mit der ganzen Gemeinde am Opfer des Herrn teil«. – *Christi Blut und Fleisch:* »In der Kommunion ... empfangen die Gläubigen den Leib und das Blut Christi, der sich hingegeben hat ›für das Leben der Welt‹« (Katechismus, Nr. 1355; vgl. Nr. 1323, 1329, 1333, 1339, 1416; Johannes Paul II., Kraft, S. 171, 173–180). – *Gegenwart Christi:* Katechismus, Nr. 1333, 1413.

[30] *Heiliger Geist:* ebd. Nr. 683–747; vgl. Johannes Paul II., Kraft, S. 168ff. – *Trinitätslehre:* Katechismus, Nr. 232–267, zur eingehenderen Kritik an der Trinitätsdoktrin s. Mynarek, Diener, S. 163ff.

dogmatisiert wurden. Das »Verdienst« oder »Werk« des polnischen Papstes besteht lediglich darin, die dogmatische Lehre und Verkündigung seiner päpstlichen Vorgänger fortgesetzt und mit einigen Farbtupfern, z.B. in der Mariologie, versehen zu haben. Das starke Idealisationsvermögen dieses Papstes, seine enthusiastisch-mystische Kraft hat es allerdings, besonders in der Anfangsphase seines Pontifikats, vermocht, vor allem in einigen charismatischen Gruppen innerhalb der Kirche ein Strohfeuer zu entflammen, nüchterner gesprochen: eine (Schein-)Begeisterung für die veraltete Glaubensideologie zu entfachen. Auch der Fundamentalismus kann ja, wie es heute besonders eklatant fundamentalistische Gruppierungen im Islam beweisen, ich-schwache, labile, Geborgenheit und Sicherheit suchende Individuen berauschen und scheinbar stärken.[31]

Man muß allerdings einräumen, daß Korrekturen an den Dogmen, die der polnische Papst ja nicht einmal versucht hat, die Sache des Christentums für das dritte Jahrtausend auch nicht mehr retten könnten. Allein ein konsequent »dogmenloses Christentum«, das seine wuchernde Ideologiebefrachtung abschüttelt und auf Spiritualität, Ethik und Sozialität setzt, hätte überhaupt eine Chance, wieder ernst genommen zu werden und im Konzert und Konkurrenzkampf der Weltreligionen, der neuen religiösen Gruppierungen und New-Age-Sekten sowie der psychotherapeutischen Heilsangebote mitzumischen. Noch verläßt sich die Kirche, verließ sich besonders intensiv gerade wieder Papst Johannes Paul II. auf den starken Schutz der Staaten, die Absicherung der offiziellen christlichen Religion durch Konkordate, durch Staatskirchenverträge. Aber wenn dieser Schutz wegfällt, steht der »Kaiser« ohne Kleider und hilfos da, weil er im Kampf der konkurrierenden Religionsangebote ohne (staatliches) Netz und doppelten Boden gar nicht geübt ist, gar keine Erfahrungen gesammelt hat.

Auf jeden Fall stellt sich das Pontifikat Johannes Pauls II. in bezug auf die Glaubensdoktrin am Ende dar, als ob der Papst die dogmatisch-ideologische Pleite des Unternehmens Kirche nur noch mit Mühe und Not und ständigen Beschwörungen des heilsnotwendigen Glaubensgehorsams hinauszögern wollte. Selbst etwa 70 % der Kirchenmitglieder fühlen sich ja nicht mehr durch eine konfessionell geprägte Glaubensüberzeugung an ihre Institution gebunden. Sie sind »Kunden«, die für ihre Kirchensteuer eine Dienstleistung zu bestimmten biographischen Wendepunkten ihres Lebens wie Taufe, Hochzeit und Beerdigung erwarten, ohne aber den dogmatisch-liturgischen Inhalt dieser Zeremonien zu verstehen. Dem säkularisierten Menschen aber außerhalb der Kirche, der ja teilweise wieder religiös sein möchte, jedoch eben ohne ideologische Zwangsformulierungen, ohne eisernes dogmatisch-institutionelles Korsett, bringt die päpstliche

---

[31] *Charismatische Bewegungen:* s. Kapitel 5 – *Fundamentalismus:* vgl. Mynarek, Denkverbot, besonders Kapitel 1–3.

Lehre und Verkündigung schon rein gar nichts mehr. Im Gegenteil beweist gerade der polnische Papst, daß auch der mitreißendste Enthusiasmus, die stärkste Massenbegeisterung die veralteten, verkrusteten Dogmen der Kirche nicht mehr zu neuem Leben erwecken kann. Ohne Verzicht auf sie hat nicht nur die Kirche,[32] sondern auch das gesamte Christentum in der Welt von morgen keine Chance. Um die Orthodoxie, die (vermeintlich) rechte Lehre kümmern sich die meisten nicht mehr, zum Kriterium des Wertes eines religiösen oder ethischen Systems wird vielmehr immer ausschließlicher die Orthopraxie, das richtige Verhalten und Handeln. Prüfen wir also im folgenden Kapitel, wie es um die Moral der Kirche und die päpstliche Moraldoktrin bestellt ist.

---

[32] *70 % haben keine Glaubensüberzeugung:* so der katholische Soziologe M. Ebertz; vgl. DER CHRISTUS-STAAT Nr. 9/1996, S. 2 – *ideologische Zwangsformulierungen:* Zur Art und Weise, wie die Dogmen als exklusiv-heilsnotwendige Formulierung religiöser bzw. mythischer Erfahrungen den Machtinteressen der Kirche dienten, vgl. Mynarek, Verrat, S. 302ff. – *Verzicht auf Dogmen:* Zur Frage, ob ein Papst so gravierende Änderungen in der Kirche überhaupt durchführen könnte, lese man die Ausführungen im Schlußkapitel dieses Buches.

Kapitel 4

»Kultur des Lebens«?

Die Moraldoktrin des Papstes

In seiner Enzyklika EVANGELIUM VITAE (die Frohbotschaft vom Leben) stellte Johannes Paul II. die von ihm verkündete kirchliche Moraldoktrin enthusiastisch als »Kultur des Lebens« dar und setzte sie der »Kultur des Todes« entgegen. Diese Kultur des Todes charakterisiere heute viele und weite Bereiche der menschlichen Gesellschaft, sie sei eine ausgeprochene »Anti-Solidaritätskultur« und geradezu als strukturelle Sündhaftigkeit zu bezeichnen. Der Papst verstieg sich sogar dazu, von einer Art »Verschwörung gegen das Leben« zu sprechen.[1]

Prüfen wir also, ob die Moraldoktrin des Papstes wirklich eine »Kultur des Lebens« darstellt und praktiziert, ob sie der von ihm verbal so vehement bekämpften »Kultur des Todes« tatsächlich derart diametral entgegengesetzt ist. Und prüfen wir auch, ob es sich bei dieser Doktrin, wie der Papst behauptet, um die höhere, allen weltlichen Morallehren überlegene Ethik handelt. Beginnen soll diese Überprüfung anhand der im vorigen Kapitel ausführlicher behandelten und belegten Erbsündenlehre des Papstes, denn damit tangiert er ja den Ursprung eines jeden Menschenlebens.

Es wäre doch anzunehmen, daß eine kirchliche »Kultur des Lebens« das erste Aufwachen eines neuen Menschenlebens freudig begrüßt, als gottgeschenktes Leben in seiner ganzen ursprünglichen Vitalität, Novität, Spontaneität und Unschuld preist und feiert. Das Gegenteil jedoch ist der Fall: Jedes Menschenkind kommt nach der offiziellen Doktrin des Papstes Johannes Paul II. schuldbeladen, sündenbehaftet, verfinstert, verdorben, in seinen positiven Vermögen und Eigenschaften geschwächt zur Welt. Es verkörpert nicht das heile, sondern das unheile Leben. Es ist kein Kind Gottes, sondern ein Kind Satans. Die sich selbst als »Kultur des Lebens«, als »Frohbotschaft des Lebens« preisende Moraldoktrin dieses Papstes verkündete als Uranfang des menschlichen Individuums nicht das gesunde, sondern das kranke; nicht das volle, sondern das defizitäre; nicht das starke, sondern das schwache; nicht das hell leuchtende, sondern das verfinsterte; nicht das heilige, sondern das der Hölle verfallene Leben. Begleitet wird der

---

[1] *Kultur des Todes:* Nach Johannes Paul II. »stehen wir einer viel weiter reichenden Wirklichkeit gegenüber, die man als wahre und ausgesprochene **Struktur der Sünde** betrachten kann«. EVANGELIUM VITAE, S. 12; vgl. ebd., S. 87.

Einzug der menschlichen Geistseele in die Materie des Leibes bei der Empfängnis nicht etwa von guten Geistern (= Engeln), die es doch nach päpstlicher Lehre massenhaft gibt, sondern von einem metaphysisch-negativen Wesen, Satan oder Teufel genannt, der das Kind bis zur kirchlichen Taufe in seiner Macht behält und sich freut, wenn es ungetauft stirbt, weil es dann in die Hölle kommt, in die Gemeinschaft aller bösen Geister.[2]

Die Kirche und die Päpste bis zu Johannes Paul II. brauchen die Krankheit und das Schuldigsein am Anfang jeden Lebens, um es heilen, lossprechen und erlösen zu können; sie setzen den verkrüppelten Menschen voraus, der die Arme nach den Krücken ausstreckt, die ihm die Kirche hinhält. Daß sich kaum Protest erhebt gegen die kalte »anti-life-mentality« der kirchlichen Erbsündenlehre, wie sie in Wojtylas Weltkatechismus noch einmal ausführlich dargestellt und bekräftigt wird, ist offenbar nur noch mit der totalen Unwissenheit sogar der zur Kirche Gehörigen in dogmatischen Dingen zu erklären. »Sie wissen nicht, was sie glauben!«[3]

Liegt aber nicht vielleicht doch eine tiefe Pädagogik in der Papstlehre von der Erbsünde, indem sie der menschlichen Hybris, aller Überheblichkeit und Vergottung des Menschen gleich zu Beginn des Lebens eines jeden einen Riegel vorschiebt? Diese Frage muß verneint werden. Es würde zu diesem Zweck, zur Wahrung der Bescheidenheit und des menschlichen Maßes, durchaus genügen, auf die Kontingenz jedes menschlichen Individuums, seine naturgegebene Sterblichkeit, seine Verwiesenheit auf und Relativierung durch andere, seine vielfältigen Abhängigkeiten von Kosmos und Gesellschaft zu verweisen. Die Proklamierung einer mythischen, jedoch alle real belastenden Urschuld ist zu diesem Zweck völlig überflüssig. Statt aber auf die notwendige Kontingenz jedes menschlichen Daseins hinzuweisen, betonte der Papst unmißverständlich, daß man die Erbsünde nicht »lediglich als eine Wachstumsstörung, eine psychische Schwäche, einen Fehler oder als die notwendige Folge einer unrichtigen Gesellschaftsstruktur ... erklären« dürfe. Und auch die Sterblichkeit des Menschen sei nicht einfach eine Folge der menschlichen Kontingenz, eine Notwendigkeit der Natur, des Lebens und seiner Evolution, sondern Folge des Ungehorsams, der Sünde: »Durch den Ungehorsam des einen Menschen wurden ›die vielen (das heißt alle Menschen) zu Sündern‹ ... Durch einen einzigen Menschen kam die Sünde in die Welt und durch die Sünde der Tod, und auf diese Weise gelangte der Tod zu allen Menschen ...« Der »Universalität der Sünde« entspreche die »Universalität des Todes«.[4]

[2] *Gute Geister:* Katechismus, Nr. 328–352 – *Böse Geister:* ebd., Nr. 391–395, 397, 398, 407, 414.
[3] *Kirchliche Erbsündenlehre:* vgl. ebd., Nr. 385–421 – *Unwissenheit der Kirchenmitglieder:* Buggle; der Autor kritisiert aber nicht die Ignoranz der Christen IN DOGMATICIS, sondern IN PUNCTO Bibel.
[4] Katechismus, Nr. 387 und 402, im Anschluß an Röm. 5,12; 5,19.

Großen Nachdruck legte die Papstdoktrin auf den **Ungehorsam** als Wesen der Sünde: Der Mensch im Paradies »mißbrauchte seine Freiheit und **gehorchte** dem Gebot Gottes **nicht**. Darin bestand die erste Sünde des Menschen. Danach wird jede Sünde Ungehorsam gegen Gott ... sein.« Damit ist statuiert, daß auch die katholische Primär- und Zentraltugend nicht etwa die ständig von allen Kanzeln verkündete Liebe ist, die ja tatsächlich das Elixier und der höchste Wert einer »Kultur des Lebens« wäre, sondern der Gehorsam gegenüber Gott und der ihn auf Erden vertretenden Kirche. Man kann ohne Übertreibung sagen, daß der 1983 mit und unter der Autorität Johannes Pauls II. promulgierte neue Codex Iuris Canonici (CIC) mit seinen 1752 Gesetzesvorschriften (Canones) nur die detaillierten, komplizierten und differenzierenden Ausführungsbestimmungen der **einen** kirchlichen Grund- und Fundamentaltugend des Gehorsams darstellt. Nach des Papstes eigenen Worten repräsentiert und exemplifiziert dieses Gesetzbuch in unüberbietbarer Weise »die Bedeutung der Disziplin in der Kirche Gottes«; er habe ihn zu dem Zweck herausgegeben, damit »die lebendige Disziplin der Kirche wieder erstarke«. »Dieses erstrangige Corpus kirchlicher Gesetze« zeige die »Richtlinien« für die Mitglieder der Kirche auf, »damit ihre hierarchische ... Struktur sichtbar wird und die Ausübung der ihr von Gott anvertrauten Dienste, insbesondere der geistlichen Gewalt und der Verwaltung der Sakramente ordnungsgemäß geregelt wird ... Was das Haupt anordnet«, soll »vom Leib eingehalten« werden.[5]

Demgemäß ist Gehorsam die erste Bürgerpflicht in der Kirche: »Was die geistlichen Hirten in Stellvertretung Christi als Lehrer des Glaubens erklären oder als Leiter der Kirche bestimmen, haben die Gläubigen ... in christlichem Gehorsam zu befolgen« (Can. 212, §1). Das gilt nicht nur für die Laien, sondern auch für die Geistlichen, also Pfarrer, Kapläne, Diakone usw.: »Die Kleriker sind in besonderer Weise verpflichtet, dem Papst und ihrem Ordinarius Ehrfurcht und Gehorsam zu erweisen« (Can. 273). Natürlich haben auch die Theoretiker der Gotteslehre, die Theologen, zu folgen: Von denen, »die sich theologischen Wissenschaften widmen, ... ist der schuldige Gehorsam gegenüber dem Lehramt der Kirche zu wahren« (Can. 218). Die Oberen in den Orden der Kirche haben gegenüber ihren Untergebenen die »Autorität, zu entscheiden und vorzuschreiben, was zu tun ist« (Can. 618). Alle Mitglieder der »Institute des geweihten Lebens ... sind gehalten, dem Papst als ihrem höchsten Oberen auch kraft der heiligen Gehorsamsbindung Folge zu leisten« (Can. 590, §1 und 2). Selbstverständlich müssen auch die künftigen Priester in allen Priesterausbildungsstätten ihrem Rektor »bei der Erfüllung ihrer eigenen Aufgaben Gehorsam leisten« (Can. 260). Selbst wo

---

[5] *Ungehorsam:* Katechismus, Nr. 397 – *Disziplin:* Einleitung des Papstes zur Promulgation des neuen CIC, S. XVII, XXIII–XXVII.

der Papst oder das Bischofskollegium eine »Lehre nicht definitiv als verpflichtend zu verkünden beabsichtigen«, sondern nur ihr »authentisches Lehramt« in Glaubens- oder Sittenfragen ausüben, ist ihrer Lehre »religiöser Verstandes- und Willensgehorsam ... entgegenzubringen« (Can. 752).

Wie ein Netz umgibt die Gehorsamspflicht gegenüber den geistlichen Hirten alle Klassen und Gruppierungen der Kirche. Die universale Zwangsjacke des Gehorsams verfestigt und verewigt die »Schafsnatur« des Menschen, die zu überwinden doch die Forderung eines ethisch-spirituellen Lebens und des Gewissens ist: »Ursprünglich ist der Mensch ein Herdentier. Seine Handlungen bestimmt ein instinktiver Impuls, dem Führer zu folgen und mit seinesgleichen engen Kontakt zu haben. Soweit wir ›Schafs-Naturen‹ sind, gibt es keine größere Bedrohung unserer Existenz als den Verlust des Kontakts mit der Herde und die daraus folgende Isolierung. Was recht und unrecht, wahr und falsch ist, entscheidet die Herde«, genauer: ihr Führer. Deswegen haben auch die Führer der Kirche, die Päpste und Bischöfe, so gern die Waffe der Exkommunikation, des Ausschlusses der Gläubigen aus der Gemeinschaft der Kirche, angewandt.[6] In früheren Jahrhunderten konnten sie damit Angst und Schrecken verbreiten.

Die notwendige Korrelation zwischen Erbsünde und Gehorsam in der Moraldoktrin Johannes Pauls II. sticht ins Auge:

Wegen der Erbsünde ist der Mensch ohne innere »Harmonie«, »die Herrschaft der geistigen Fähigkeiten der Seele über den Körper ist gebrochen«, die Beziehungen zwischen Mann und Frau »sind gezeichnet durch Begierde und Herrschsucht. Auch die Harmonie mit der Schöpfung ist zerbrochen ... eine wahre Sündenflut überschwemmt die Welt ... Der Teufel hat eine gewisse Herrschaft über den Menschen erlangt ... Der Mensch hat eine verwundete, zum Bösen geneigte Natur ... Die Welt als Ganze (ist) in einer sündigen Verfassung«, die »ganze Welt ... steht unter der Gewalt des Bösen«.

Was der Papst mit der auch von ihm verkündeten und noch ausgebauten Ideologie der Erbsünde und ihrer Folgen zementiert, ist die Heteronomie und Beschränkung des menschlichen Lebens. Leben auf der humanen Stufe seiner Evolution will freies, autonomes, selbstbestimmtes und sich selbst verwirklichendes Leben sein. Der Papst aber attestiert dem Menschen Verstandes- und Willensschwäche als Folge der Erbsünde. Somit ist die eigenständige ethische Tat aus sich heraus von vornherein zum Scheitern verurteilt. Gerade noch den Akt des Gehorsams, der Unterwerfung unter die führende Hand der Kirche kann der Mensch in seinem geschwächten Daseinszustand vollziehen. Indem die Kirche durch »die Taufe das Gnadenleben Christi spendet, tilgt sie die Erbsünde und richtet den

---

[6] *Herdentier:* Fromm, Psychoanalyse, S. 55 – *Zu den verschiedenen Arten der auch heute noch angewendeten Exkommunikation:* s. CIC, Sachverzeichnis unter Exkommunikation, S. 841.

Menschen wieder auf«. Aber wer jetzt dächte, daß der Mensch ja nun aufrecht steht und von diesem Zeitpunkt an selbständig das Wahre und Gute suchen und realisieren darf, der irrt. Denn dann wäre ja die Kirche nach der Taufe überflüssig. Deshalb der Papst in seinem Weltkatechismus: »Aber die Folgen für die Natur, die geschwächt und zum Bösen geneigt ist, verbleiben im Menschen« und belassen ihn in seiner kirchlich gewollten Schwäche und Unmündigkeit, die der Heilmittel der Kirche bedarf. Diese Heilmittel aber erhält nur der Gehorsame, der die Mutter Kirche als Heilsvermittlerin, als zwischengeschaltete Instanz zwischen Mensch und Gott (ein Unding für jede echte religiöse Erfahrung!) brav akzeptiert und sich ihr in allem unterwirft, weil er sonst exkommuniziert, aus der kirchlichen Heilsgemeinschaft ausgeschlossen wird. Das heißt: Ohne Gehorsam gegen Papst und Kirche kein Leben. EXTRA ECCELESIAM NULLA SALUS! Leben aber in der Zwangsjacke des alles bis ins Detail regelnden kirchlichen Gehorsams ist willkürlich kanalisiertes, eingeschränktes, fremdbestimmtes, nie zur vollen Entfaltung gelangendes Leben, das sich dann entsprechend rächt: mit einem »unglaublichen Ausmaß an seelischer Selbstzerstörung und neurotischer Verkrampfung, das sich insbesondere im Umgang mit der Gehorsamsforderung der Kleriker der katholischen Kirche beobachten läßt«.[7]

Diese mit dem schrankenlosen, unbedingten Gehorsam in der Kirche verbundenen ekklesiogenen Neurosen werden noch durch die einschüchternden Drohungen mit der Hölle und dem Teufel verstärkt und vertieft. Papst Johannes Paul II. hat es sich nicht nehmen lassen, die Lehre von der Hölle in seinem Pontifikat zu erneuern und wieder kraftvoll ins Bewußtsein der Gläubigen zu rücken. Er besteht unerschütterlich darauf, »daß es eine Hölle gibt und daß sie ewig dauert. Die Seelen derer, die im Stand der Todsünde sterben, kommen sogleich nach dem Tod in die Unterwelt, wo sie die Qualen der Hölle erleiden, ›das ewige Feuer‹.« Der polnische Papst weiß auch ganz genau, daß »Jesus nicht in die Unterwelt hinabgestiegen ist, um die Verdammten daraus zu befreien, und auch nicht, um die Hölle, den Ort der Verdammung, aufzuheben«. Am »ewigen Tod in der Hölle«[8] läßt Wojtyla nicht rütteln.

Das also ist sein »EVANGELIUM VITAE«, seine »Frohbotschaft vom Leben«, die den »ewigen Tod in der Hölle« androht, die einen Teil der Menschheit gründlichst und irreversibel zugrunde gehen läßt. Dafür nimmt der Höllensadismus auch dieses Papstes, wie der seiner Vorgänger, den eklatanten Widerspruch in Kauf, daß das nach ihren Lehren in seiner geistigen Entscheidungsfähigkeit so eingeschränkte, mit der Erbsünde so schwer belastete Wesen Mensch in seinem

---

[7] *Erbsünde und Taufe:* Katechismus, Nr. 400, 401, 405, 407, 408; zur Ethik humanen Lebens vgl. Mynarek, Kunst – *seelische Selbstzerstörung:* Drewermann, Kleriker, S. 427.
[8] *Hölle und Teufel:* Katechismus, Nr. 633, 1035, 1861.

fragwürdigen, rätselhaften und kurzen Leben eine einmalige, absolute, endgültige, über Zeit und Ewigkeit entscheidende Wahl treffen können soll. Plötzlich soll der Mensch »durch eigenen freien Entschluß« sich dafür entscheiden können, »für immer von ihm (d.h. von Gott, H. M.) getrennt zu bleiben«, plötzlich soll er sich »freiwillig entscheiden« können, soll »die Todsünde ... eine radikale Möglichkeit« sein, »die der Mensch in Freiheit wählen kann«, soll »es in der Macht unseres Willens stehen, endgültige und unwiderrufliche Entscheidungen zu treffen«.[9]

Wenn die unerhört große Liebe zum Leben, die der Wojtyla-Papst sich selbst – vor allem im Zusammenhang mit seinem Verbot der Abtreibung – attestierte und die ihm auch von seinen kirchlichen Huldigern ständig bescheinigt wurde, ihre Grenze, ihr Ende an den Pforten der Hölle findet und die »Verdammten« ausschließt, dann ist sie äußerst fragwürdig, ja sie hebt sich im Grunde selbst auf, denn wahre Liebe ist unteilbar. Das wußte in anderem Zusammenhang auch der Papst:

»Der Dienst der Liebe gegenüber dem Leben muß zutiefst einheitlich sein: er darf keine Einseitigkeiten und Diskriminierungen dulden, denn das menschliche Leben ist in jeder Phase und in jeder Situation heilig und unverletzlich; es ist ein unteilbares Gut. Es geht also darum, **sich des ganzen Lebens und des Lebens aller ›anzunehmen‹**. Ja, noch tiefgründiger: es gilt, bis an die eigentlichen Wurzeln des Lebens und der Liebe zu gehen ...«[10]

Man sieht auch an diesem Text, daß es eine Kluft nicht nur zwischen der Lehre und der im folgenden zu verdeutlichenden Praxis des Wojtyla-Papstes gibt – die Diskrepanz besteht sogar schon innerhalb der Lehre selbst, die noch nicht einmal des Widerspruchs zwischen Hölle und unteilbarer Liebe zum Leben gewahr wurde. Wie steht es da mit dem Dogma der päpstlichen Unfehlbarkeit?

Es ist auch nicht so, daß der Papst überhaupt nicht gewußt hätte, daß »die Frage der Hölle von Origines bis in unsere Zeit ... schon immer die großen Denker der Kirche beunruhigt hat«. Aber selber beunruhigen ließ sich der Fundamentalist Wojtyla durch derartiges nicht: »Die Worte Christi sind eindeutig. Im Matthäusevangelium spricht er klar von denen, die die ewige Strafe erhalten werden (vgl. 25,46).« Punkt, basta! Und auch die Sprache der Konzilien sei eindeutig. Der große Theologe Origines hatte ja im Frühchristentum die sogenannte »finale Apokatastasis« gelehrt, also die totale Wiederherstellung der Welt nach ihrer Zerstörung und die Errettung aller Geschöpfe, auch der bösen, von Gott abgefallenen Geister. Dagegen opponierte der Papst, denn »diese Theorie schaffte indirekt die Hölle ab«, und schon »die ersten Konzile hatten diese Theorie ... zurück-

---

[9] Ebd., Nr. 1033, 1861.
[10] Evangelium vitae, S. 87 (Hervorhebung im Original).

gewiesen«. Damit ist die Angelegenheit für den Wojtyla-Papst erledigt. Er mußte ja die »ewig« unverändert gebliebene Lehre der Amtskirche ein- und beibehalten. Und so verkündete er denn apodiktisch: »Es gibt ... die Bestimmung zur ewigen Verdammnis, die nichts anderes ist als die endgültige Verweigerung Gottes, der endgültige Bruch der Gemeinschaft mit dem Vater, dem Sohn und dem Heiligen Geist ... Gott verweigert sich dem Menschen, verdammt ihn auf Ewigkeit als Folge davon, daß der Mensch sich Gott verweigert hat.« Ja, der Papst fand sogar einen moralischen Grund für die Ewigkeit der Hölle: »Ist denn der Gott, der die Liebe ist, nicht auch endgültige Gerechtigkeit? ... Ist denn die endgültige Strafe nicht in gewisser Weise notwendig, damit das moralische Gleichgewicht in der so verworrenen Menschheitsgeschichte hergestellt werden kann? Ist eine Hölle denn in gewissem Sinne nicht ›die letzte Rettung‹ für das moralische Gewissen des Menschen?«[11]

In Wirklichkeit ist eine Moraltheologie wie die des Papstes Johannes Pauls II., die zu ihrer Absicherung und praktischen Durchführung den Straf- und Lohngedanken, die Drohung mit Teufel und ewiger Hölle braucht, im Grunde keine Ethik mehr, sondern Heilsegoismus, metaphysischer Pragmatismus und Utilitarismus, ein recht materialistisches Nützlichkeits- und Heilsprofitdenken, das zur moralischen Vervollkommnung des Menschen nichts taugt, weil das quasi-moralische Handeln sofort wegfällt, wenn keine Strafe droht. Der Mensch handelt hier nicht in Freiheit, sondern aus Furcht vor Strafe. Ohne Freiheit, ohne freie Entscheidung kann es aber nur äußerliche Moral, Scheinmoral geben, keine echte innere Gesinnung und Bereitschaft zum ethisch Guten und dementsprechend keine wahrhaft ethische Tat.

Dazu paßt, daß die Kirchenmoral primär und fundamental **Gehorsamsmoral** ist, die das **Gewissen** des einzelnen wegen seiner angeblich zwangsläufigen Subjektivität der vermeintlichen Objektivität des kirchlichen Lehramts unterordnet und so entmündigt. Die »Auffassung vom sittlichen Gewissen als ›schöpferische Instanz‹«, dekretierte der Papst, »entfernt sich von der überlieferten Position der Kirche und ihres Lehramtes«. Und in einer anderen Enzyklika: »Das Gewissen ist keine autonome und ausschließliche Instanz, um zu entscheiden, was gut und was böse ist; ihm ist vielmehr ein Prinzip des Gehorsams gegenüber der objektiven Norm tief eingeprägt, welche die Übereinstimmung seiner Entscheidungen mit den Geboten und Verboten begründet und bedingt.«[12]

---

[11] *Ewigkeit der Hölle:* Johannes Paul II., Schwelle, S. 98, 100, 211f. – *Unveränderlichkeit der Lehre:* Wie wenig diese Lehre in Wirklichkeit unverändert geblieben ist, zeigt sich besonders an der Entwicklung des Unfehlbarkeitsdogmas, s. dazu Mynarek, Petrus, S. 132f.

[12] *Gewissen:* Veritatis Splendor, S. 54; Enzyklika Dominum et vivificantem, S. 43; vgl. Veritatis Splendor, S. 60.

Diese Gebote und Verbote aber erlasse die Kirche; und wo es sich um das Naturrecht handle, interpretiere sie dieses auf die einzig richtige, angemessene und authentische Weise.

Die Reife eines Gewissens läßt sich dem Papst zufolge »nicht an der Befreiung des Gewissens von der objektiven Wahrheit zugunsten einer mutmaßlichen Autonomie der eigenen Entscheidungen messen«. Beim Stichwort »objektive Wahrheit« gerät jeder Erkenntnistheoretiker, aber auch jeder nach der historisch-kritischen Methode vorgehende Bibelforscher, der nach authentischen Aussagen des Jesus von Nazareth sucht, in Schwierigkeiten. Nicht so der Wojtyla-Papst:

»Bei ihrer Gewissensbildung müssen jedoch die Christgläubigen die heilige und sichere Lehre der Kirche sorgfältig vor Augen haben. Denn nach dem Willen Christi ist die katholische Kirche die Lehrerin der Wahrheit; ihre Aufgabe ist es, die Wahrheit, die Christus ist, zu verkündigen und authentisch zu lehren, zugleich auch die Prinzipien der sittlichen Ordnung ... autoritativ zu erklären und zu bestätigen.« [13]

Fundamentalistischer und autoritärer könnte es auch ein fanatischer Anhänger des traditionalistischen Erzbischofs Lefèbvre nicht formulieren. Es scheint, als ob der ehemalige Ethik- und Moraltheologieprofessor Karol Wojtyla sich niemals Gedanken über das Problem der Relativität von Wahrheiten und sittlichen Normen gemacht hat.

Dem polnischen Papst gebührt der »Ruhm«, die vielberufene »Gnadenreligion« des Christentums mit Hilfe seines neuen CODEX DES KANONISCHEN RECHTES, seines KATECHISMUS DER KATHOLISCHEN KIRCHE, seiner Enzykliken und Apostolischen Schreiben gründlichst, systematisch und so gut wie lückenlos in eine Furcht-, Straf-, Belohnungs- und Gesetzesreligion umfunktioniert zu haben. Sein EVANGELIUM VITAE, seine Frohbotschaft des Lebens, ist weitgehend eine Drohbotschaft des Todes und der Hölle, auch wenn er nicht müde wurde, das Christentum verbal als »eine heilbringende, soteriologische Religion« zu preisen und sie als positive Erlösungsreligion, als »Soteriologie der Lebensfülle« und »der göttlichen Liebe« der »fast ausschließlich negativen Soteriologie« des Buddhismus entgegenzustellen. [14]

Doch selbst wenn man im Gegensatz zum Urteil der meisten Buddhismus-Kenner das Nirwana als totales Verlöschen des menschlichen Bewußtseins im Nichts auffaßt, wäre das doch immer noch der bewußt empfundenen ewigen Höllenstrafe der vom Kirchengott Verdammten vorzuziehen. Außerdem kennt der Buddhismus in seiner volkstümlicheren Form des Mahayana (»Großes Fahr-

---

[13] *Entscheidungsautonomie:* VERITATIS SPLENDOR, S. 61, 64.

[14] *Positive Soteriologie des Christentums:* z.B. Johannes Paul II., Schwelle, S. 96, 101, 102f. – *Negative Soteriologie des Buddhismus:* ebd., S. 102, 112f.

zeug« zum Nirwana) zwar vielfältige Höllen und Höllenstrafen, aber all diese Höllen sind trotz ihrer langen Dauer doch zeitlich begrenzt. Die in den Augen des Papstes so negative Soteriologie des Buddhismus ist barmherziger als er und bringt es nicht übers Herz, Menschen auf ewig zu verdammen. Außerdem wäre beim Vergleich mit dem Christentum auch die Karma- und Reinkarnationslehre von Hinduismus und Buddhismus heranzuziehen, denn sie gibt dem, der sich in einem individuellen Leben für das Böse entscheidet, die Möglichkeit, im Rahmen einer weiteren Existenz eine andere Entscheidung zu treffen.

Aber auf all das ging der Papst gar nicht ein. Statt dessen betonte er, daß die »großen Religionen des Fernen Ostens« (er nannte noch Konfuzianismus und Taoismus) mit ihrem »Systemcharakter« als »Kultsysteme und zugleich ethische Systeme« dem Christentum nicht so nahe stünden wie »die primitiven, ›animisti-schen‹ Religionen ..., welche den Ahnenkult an die erste Stelle setzen. Es scheint, als seien die, die diesen Religionen anhängen, dem Christentum besonders nahe. Mit ihnen findet die missionarische Tätigkeit auch leichter eine gemeinsame Sprache.« Ganz direkt fragte sich der Papst:

»Liegt in der Ahnenverehrung vielleicht doch eine gewisse Vorbereitung auf den christlichen Glauben in der Gemeinschaft der Heiligen, für die alle – leben-digen oder bereits verstorbenen – Gläubigen eine einzige Gemeinschaft, einen einzigen Leib darstellen?« Seine Antwort: »Der Glaube an die Gemeinschaft der Heiligen ist letztendlich der Glaube an Christus, der allein die Quelle des Lebens und der Heiligkeit für alle ist. Es verwundert daher nicht, daß die afrikanischen und asiatischen Animisten relativ leicht zu Bekennern Christi werden, leichter als die Vertreter der großen Religionen des Fernen Ostens.«[15]

Der Papst schien nicht einmal zu bemerken, welche Bankrotterklärung er da für das Christentum abgab, wenn er dem Diskurs mit den großen Religionen so skeptisch gegenüberstand und statt dessen die Nähe zu den primitiv-abergläu-bischen Religionen derart betonte. Allerdings ist an dieser Nähe ja auch etwas Wahres. Die römisch-katholische Kirche verbindet, was der Papst freilich nicht erwähnt, ein ganz wesentlicher Aspekt mit den Primitivreligionen, denn unter einem stammesgeschichtlichen, ethnologischen und religionsgeschichtlichen Ge-sichtspunkt steht diese Kirche in einer fast ungebrochenen, auf ihre Weise im-ponierenden Kontinuität mit früh-, vielleicht sogar urgeschichtlichen Kollektiven, in denen das Denken, Wollen und Handeln des einzelnen ganz vom Zweck des Stammes, der Gruppe, der Horde bestimmt wurden. Die Kirche unterscheidet sich von diesen fast nur durch die Perfektion des Instrumentariums, mit dem sie die Gewissensfreiheit ihrer Mitglieder einengt, beschränkt und oft genug zur Illusion macht.

---

[15] Ebd., S. 110f.

Als rigide, Leben beschneidende und einschränkende Gehorsams- und Gesetzesideologie erweist sich die Moraldoktrin Johannes Pauls II. auch in zahlreichen Einzelbestimmungen und -vorschriften. Besonders deutlich zeigt sich das bei verschiedenen Aspekten der **Sexualmoral**, die ja in der Verkündigung dieses Papstes eine so große Rolle spielte. Die »richtige, gesetzmäßige Lenkung« durch die Papstkirche besteht im Hinblick auf die menschliche Sexualität in der **exklusiv ehelichen Kanalisierung des Geschlechtstriebs**, der doch eine wesentliche Funktion und Äußerung des Lebens überhaupt ist. Alles also, was im menschlichen Geschlechtsleben außerhalb der Ehe geschieht, ist ausnahmslos Sünde und Schlechtigkeit. Zwar pries der Papst in allgemeinen Redewendungen begeistert und großzügig den Wert des Lebens, zwar schlug er vor, »man möge in den verschiedenen Nationen jedes Jahr einen **Tag für das Leben** feiern« und »mit dem vom ehrfürchtigen Staunen erfüllten Herzen **jeden Menschen ehren und achten**«, aber Menschen, die das Leben mit der notwendig dazugehörigen Geschlechtlichkeit außerhalb der kirchlich abgesegneten Ehe feiern, wurden dann doch degradiert, diskriminiert, exkommuniziert. »**Unzucht**«, so der Papst, »ist die körperliche Vereinigung zwischen einem Mann und einer Frau, die nicht miteinander verheiratet sind. Sie ist ein schwerer Verstoß gegen die Würde dieser Menschen und der menschlichen Geschlechtlichkeit selbst, die von Natur aus auf das Wohl der Ehegatten sowie auf die Zeugung und Erziehung von Kindern hingeordnet ist.«[16]

Hier irrte der »Unfehlbare«, denn die menschliche Geschlechtlichkeit kümmert sich ebensowenig wie jede andere kaum um das Wohl der Ehegatten und ist keineswegs darauf hingeordnet. Das Ziel der Natur heißt Fortpflanzung um jeden Preis, und wenn es der Natur vorteilhaft erscheint, dann »verordnet« sie auch schon einmal das Zusammenleben der am Fortpflanzungsakt Beteiligten, tut dies aber nicht zum Wohl derselben, sondern zum Zweck der Erhaltung und Erziehung des gezeugten Nachwuchses. Schlimmer aber ist, daß der Papst die Vereinigung zwischen einem Mann und einer Frau, die nicht miteinander verheiratet sind, als Unzucht dekretiert, wobei er listigerweise ihre Vereinigung sogleich als »körperliche Vereinigung« abwertet. Hält er auch eine dem Schichtenaufbau im Menschen entsprechende »geistig-seelisch-körperliche Vereinigung« von Mann und Frau, die nicht miteinander verheiratet sind, für Unzucht? Davon spricht der Papst nirgends. Das Geistig-Seelische wird von vornherein ausgeklammert, die Vereinigung wird sofort auf das rein Körperliche reduziert und herabgezogen, so daß er dann triumphal verkünden kann: Das ist Unzucht! Der Geist, der nach dem Johannesevangelium bekanntlich weht, wo er will, läßt sich ja auch schlecht in Gesetzesformen einschließen. Das Gesetz und der freie Geist sind im

---

[16] *Wert des Lebens*: z.B. Evangelium vitae, passim und S. 83, 85 – *Unzucht*: Katechismus, Nr. 2353.

Codex des kanonischen Rechtes und im Weltkatechismus des polnischen Papstes weitgehend ein sich ausschließender Gegensatz, und deshalb ist es kein Wunder, daß diese Gehorsamskataloge so wenig Geistigkeit und spirituelles Leben zu erwecken vermögen. Das suchen sich die spirituell Interessierten dann doch lieber bei gnostisch-christlichen Sekten wie den Anthroposophen Rudolf Steiners oder den New-Age-Sekten. Die großen, zumindest sehr voluminösen Gesetzeswerke des Papstes haben jedenfalls nicht bewirkt, daß die Wasser der neuen religiösen bzw. pseudoreligiösen Energien auf die Mühlen der katholischen Kirche geleitet wurden, daß die religiöse Renaissance des säkularisierten Menschen, von der manche sprechen, die bürokratisch und geistlos verwalteten Strukturen dieser Kirche erreicht und sie elastischer, demokratischer und lebendiger gemacht hätte.

Entsprechend geht es dann in der sexualgesetzlichen Doktrin des Wojtyla-Papstes auch weiter: »Ein **Verhältnis** liegt dann vor, wenn ein Mann und eine Frau sich weigern, ihrer auch die sexuelle Intimität einbegreifenden Beziehung eine öffentliche Rechtsform zu geben.« Dieser Papst konnte offenbar nur in Rechts- und Gesetzeskategorien denken. Daß ein Verhältnis, übrigens auch eine gute, vor der Kirche geschlossene Ehe (!), wesentlich dadurch **lebt** und sich aufrechterhält, daß zwei Menschen sich geistig-seelisch-körperlich lieben und sich das an keine öffentliche Rechtsform gebundene innere Jawort geben, überschreitet den Verstehenshorizont dieses Papstes, aber auch der gesamten Amtskirche. Statt dessen wird ein solches Verhältnis als »Konkubinat«, als »Ablehnung der Ehe als solcher«, als »Unfähigkeit, sich durch langfristige Verpflichtungen zu binden«, als »Verletzung der Würde der Ehe«, als »Zerstörung des Grundgedankens der Familie«, als »Schwächung des Sinnes für Treue« diffamiert. Auch das beste Verhältnis verstößt nach diesem Papst noch »gegen das moralische Gesetz: Der Geschlechtsakt darf ausschließlich in der Ehe stattfinden; außerhalb der Ehe ist er stets eine schwere Sünde und schließt vom Empfang der Heiligen Kommunion aus.«[17] Hier stehen wir vor des Pudels Kern. Denn es ist ja keineswegs ausgemacht, daß ein Mann und eine Frau, die sich das innere, intime Jawort gegeben haben, sich nicht als Ehepaar, als ehelich gebunden betrachten. Da sie dieses Jawort aber nicht öffentlich, vor der Kirche, vor dem Priester gegeben haben, fehlt diesen die Macht und Kontrolle über sie. Deshalb lehnen sie es ab, so etwas als Ehe anzuerkennen.

In der kirchlichen Amts- und Umgangssprache handelt es sich dann, abwertend-verächtlich gesprochen, lediglich um ein Verhältnis, und der Ausschluß vom Abendmahl, vom Empfang der Heiligen Kommunion soll diese »Sünder« bestrafen und öffentlich bloßstellen. Wahrhaft eine Moral der Liebe und eine »Kultur des Lebens«, die uns der Wojtyla-Papst da lehrte! Und auch der geistig-willentliche Faktor, der im Eigentlichen das innere Jawort zweier sich liebender

---

17 Ebd., Nr. 2390.

Menschen ausmacht, wurde hier erneut ausgeklammert: Es genügte die kirchliche Gesetzes-, die »öffentliche Rechtsform«. Was dann passiert, interessiert die Kirche weniger, Hauptsache, es passiert **in** der kirchlich gesegneten und bestätigten Ehe. Für »Sauereien« in der Ehe steht den reuigen Ehesündern ja das Kontrollorgan der Beichte gnädiglich bereit. Der Katholik Heinrich Böll übertreibt kaum, wenn er in den Ansichten eines Clowns seine Romanfigur zum Prälaten die Worte sprechen läßt: »Alles, was über diese drastische Sache gesagt, gepredigt und gelehrt wird, ist Heuchelei. Ihr haltet im Grunde eures Herzens die Sache für eine aus Notwehr gegen die Natur in der Ehe legitimierte Schweinerei.« Die Ehe ist kirchlich legalisierte, sakramental erhöhte und geheiligte, kirchenamtlich erlaubte und genehmigte Brunst, Notdurft und Sünde. Die Erklärung der Ehe zum Sakrament durch die Kirche ändert nichts daran:

»Sakramentalisierung der Ehe bedeutet gerade nicht Anerkennung natürlicher Sexualität. Im Gegenteil! Die ist sündig und verdammt und führt zum Tode. Gottes Gnade hat ... einen Raum ausgespart, in dem auf übernatürliche Weise die Natur ihrer Sündhaftigkeit ledig ist: die Ehe.« Aber: »Es ist das Wesen eines Sakraments, nicht Natur zu sein.« [18]

Keinerlei Gnade, nur das kalte, keine Ausnahmen duldende Verbot hielt der Papst auch für jene bereit, die sich scheiden lassen wollen: »Die gültig geschlossene und vollzogene Ehe zwischen getauften Katholiken kann durch keine menschliche Gewalt und aus keinen Gründen, außer durch den Tod, aufgelöst werden.« Die **Ehescheidung** wird als »ein schwerer Verstoß gegen das natürliche Sittengesetz« angeprangert. Der Ehepartner, der sich wieder verheiratet, befindet sich dann nach der Doktrin des Papstes »in einem dauernden, öffentlichen Ehebruch«. Daß ein Mann und eine Frau, die eine Ehe miteinander geschlossen haben, alles tun sollten, um zusammenzubleiben, ist sicher gut und richtig. Doch Menschen verändern sich, wie sich das Leben verändert, und es kann ein Punkt in der Entwicklung einer Ehe erreicht werden, an dem diese total ausgelaugt, restlos kaputt ist, an dem nur noch die Alternative vor den Ehepartnern steht: Entweder im kalten oder haßerfüllten Nebeneinander weiterzuvegetieren oder getrennt voneinander einen ganz neuen, lebendigen und belebenden Anfang zu setzen. Daß zum Leben der Menschen auch solch radikale Möglichkeiten wie die Scheidung und neue Verbindungen gehören, wollte der Papst nicht wahrhaben, obwohl er damit der »Kultur des Lebens«, als die er seine Moraldoktrin und ihre ethischen Wirkungen doch sah, ein weiteres Mal Abbruch tat. Denn zu einer Lebenskultur gehört sicherlich nicht, daß Eheleute um jeden Preis dumpf und stumpf nebeneinander herleben, sondern daß sie in besonderen Fällen in beiderseitigem, geistig-ethisch

---

[18] Ronner, S. 72f.; vgl. das Kapitel »Die organisierte Religion ... und die Sexualität« in: Mynarek, Verrat, S. 209ff.

motiviertem Einvernehmen auseinandergehen können, um zu neuen Ufern ihrer individuellen Lebensevolution vorzustoßen. Sicherlich müssen sich die Ehepartner dabei sehr gewissenhaft prüfen, ob bei ihrem Entschluß zur Scheidung alle niedrigen Beweggründe wirklich ausgeschlossen sind bzw. ob einem der beiden nicht derartige Nachteile oder Opfer aus der Trennung erwachsen, daß sie durch das Glück des anderen bei seinem Neuanfang und/oder seiner neuen Verbindung gar nicht kompensiert werden können. Zum Leben auf seiner ethisch-humanen Stufe gehört nicht unbedingt, daß man das höchste Glück für sich ohne Rücksicht auf andere anstreben muß. Die Kraft des Lebens auf dieser Stufe, die in solch einem Fall zum Verzicht befähigt, heißt Liebe. Schön sagt es Hermann Hesse:

»Ohne Persönlichkeit gibt es keine Liebe, keine wirklich tiefe Liebe ... Jeder weiß und erlebt es, wie leicht es ist, sich zu verlieben, und wie schwer und schön es ist, wirklich zu lieben. Liebe ist, wie alle wirklichen Werte, nicht käuflich. Es gibt einen käuflichen Genuß, aber keine käufliche Liebe ... Der Grund aller Weisheit ist: Glück kommt nur durch Liebe.«[19]

Papst Johannes Paul II. hätte sich ein Denkmal der Güte und Barmherzigkeit setzen können, wenn er die kalte Neinsager-Moral der Amtskirche wenigstens im Punkt der Ehescheidung durchbrochen und differenzierende Kriterien für eine Scheidung auf ethisch-humanem Niveau proklamiert hätte. Statt dessen bleibt er bei einer im Grunde diktatorischen, mechanistischen, ja materialistischen Moraldoktrin, die das geistig-vernünftige, willentlich-freie, autonom-kreative Element in den menschlichen Beziehungen ausklammert oder gar nicht wahrnimmt, die die Ehepartner als infantil betrachtet, sie entmündigt und ein Leben lang an die Verbotskette der Amtskirche legt. Ich spreche von »materialistischer« Moraldoktrin, weil für diese Doktrin die körperlich-sexuell vollzogene, durch den ausgeführten Geschlechtsakt besiegelte Ehe derart wichtig ist, daß ohne diesen Akt eine einwandfrei gültige, gültig geschlossene Ehe durchaus kirchlich aufgelöst werden kann: »Die nicht vollzogene Ehe zwischen Getauften oder zwischen einem getauften und einem ungetauften Partner kann aus einem gerechten Grund auf Bitten beider Partner oder eines Partners, selbst wenn der andere dem widerstrebt, vom Papst aufgelöst werden.« Der wahre Ehekonsens, das innere, sicherlich von sinnlich-erotischer Zuneigung durchtränkte, aber eben auch geistig-willentlich bestimmte Jawort zweier sich wirklich Liebender ist für den Papst und seine Kirche gar nicht so wichtig. Es kann aufgehoben, aufgelöst, für nichtig erklärt werden. Wichtig allein ist der beweiskräftig erbrachte körperliche Vollzug! Erst nachdem er stattgefunden hat, kann eine Ehe nicht mehr geschieden werden. Von einer human-ethischen Überlegenheit der päpstlichen Ehemoral

---

[19] *Ehescheidung*: Katechismus, Nr. 2382; vgl. CIC, can. 1141; Katechismus, Nr. 2384 – *Glück durch Liebe*: Hesse, S. 186f.; zum Ganzen von Ehe, Liebe und Ehescheidung vgl. Mynarek, Kunst, 9. Kapitel.

über alle anderen Ethiken kann hier wirklich nicht mehr die Rede sein. Nach der päpstlichen Auflösung des Ehebandes hat dann sogar »der getaufte Partner das Recht, eine neue Ehe mit einem katholischen Partner einzugehen«.[20]

Auch bei Ehe und Ehescheidung muß also alles unter kirchlicher Kontrolle bleiben: »Es ist Sache allein der höchsten kirchlichen Autorität, authentisch zu erklären, wann das göttliche Recht eine Ehe verbietet oder ungültig macht.« Die Kirche maßte sich auch unter Papst Johannes Paul II. das Recht an, zu erklären, eine Ehe sei ungültig, wenn es sich um zwei Personen handle, »von denen eine in der katholischen Kirche getauft oder in sie aufgenommen wurde und nicht durch einen formalen Akt von ihr abgefallen ist, die andere aber ungetauft ist«. Aber natürlich kann die Kirche auch Gnade walten lassen und die Heiratswilligen auf entsprechend demütiges Bitten und Ersuchen hin von diesem »Ehehindernis« dispensieren. Überhaupt die Ehehindernisse! Sie sind auch im neuen kirchlichen Rechtsbuch des Wojtyla-Papstes so elastisch formuliert, daß die Ehen von Reichen, von Mächtigen, von Prinzen und Prinzessinnen, überhaupt von Personen, die aus irgendeinem Grund etwas bedeuten, zwar nicht zu scheiden, aber nachträglich, wenn das vorteilhaft erscheint, für ungültig zu erklären und zu annullieren sind. Man nehme z.B. nur folgenden Gummiparagraphen: »Ungültig schließt eine Ehe, wer sie eingeht infolge einer zur Erlangung des Konsenses gegen ihn angewandten arglistigen Täuschung über eine Eigenschaft des anderen Partners, die ihrer Natur nach die Gemeinschaft des ehelichen Lebens schwer stören kann.« Hier noch ein paar weitere Gummiparagraphen: »Es wird vermutet, daß der innere Ehekonsens mit den bei der Eheschließung gebrauchten Worten oder Zeichen übereinstimmt. (...) Wenn aber ein oder beide Partner durch positiven Willensakt die Ehe selbst oder ein Wesenselement der Ehe oder eine Wesenseigenschaft der Ehe ausschließen, ist ihre Eheschließung ungültig. (...) Ungültig ist eine Ehe, die geschlossen wurde aufgrund von Zwang oder infolge von außen, wenn auch ohne Absicht, eingeflößter schwerer Furcht, die jemandem, um sich davon zu befreien, die Wahl der Ehe aufzwingt. (...) Eine Ehe kann unter einer Bedingung, die sich auf die Zukunft bezieht, nicht gültig geschlossen werden.«[21] Man kann sich leicht vorstellen, was an Lügen, Entstellungen und Verfälschungen des wahren Sachverhalts herauskommen muß, wenn ein Ehepartner, der seine Ehe annulliert haben möchte, vom kirchlichen Ehegericht bezüglich dieser Bestimmungen« befragt wird. Die Kirche jedenfalls hält mit diesen Bestimmungen ein raffiniert anwendbares Machtinstrument in ihrer Hand, um über die Ehepaare zu entscheiden, die sich ihr anvertrauen.

---

[20] *Eheauflösung:* CIC, can. 1142; can. 1146.
[21] *Ehehindernisse:* ebd., can. 1075, §1; can. 1086, §1, §2; can. 1073–1094; can. 1098; can. 1101, §1, §2; can. 1102, §1; can. 1103.

Aber das tun immer weniger Eheleute. Die meisten Kirchenmitglieder wissen gar nicht und könnten auch gar nicht verstehen, daß es so etwas wie »nachträgliche« Eheungültigkeitserklärungen durch ein Kirchengericht gibt. Wenn es mit ihrer Ehe nicht mehr klappt, lassen sie sich von einem weltlichen Gericht scheiden. Deutschland und Österreich liegen im Spitzenfeld der Ehescheidungen! In Wien beispielsweise ist bereits jede zweite Ehe geschieden, und die überwältigende Mehrheit der Geschiedenen sind Katholiken.[22] Die päpstlichen Bestrafungsrituale für geschiedene Katholiken (Verbot des Empfangs der Sakramente, der Übernahme der Patenschaft bei Taufe oder Firmung, der Verwendung im kirchlichen Dienst, der Mitgliedschaft im Pfarrgemeinderat) ziehen bei den meisten nicht mehr so richtig. Nur die Angestellten in den verschiedenen kirchlichen Organisationen und Instutionen können sich keine Scheidung leisten, weil sie sonst gefeuert werden. Sie müssen ihre Fassadenehe aufrechterhalten. Aber das ist systemimmanent konsequent: Gehorsam gegenüber der Obrigkeit ist in der Papstkirche wichtiger als die Liebe.

Gerade weil der Papst so verkürzt, nämlich fleischlich-materialistisch über die Ehe dachte, konnte er auch die **Homosexualität** konsequenterweise nur verurteilen. Die Ehe ist nach Papst Johannes Paul II. »darauf hingeordnet, durch irgendein geschlechtliches Zusammenwirken Nachkommenschaft zu zeugen«. Kein Wort von Liebe, Freundschaft, geistiger Zuneigung. Davon spricht man bis zum Überfluß in kirchlichen Predigten. Dagegen ist der Beischlaf das wichtigste rechtliche Kriterium der Ehe, wie sie der Papst sieht: »Die der Ehe vorausgehende und dauernde Unfähigkeit zum Beischlaf ... sei sie absolut oder relativ, macht die Ehe aus ihrem Wesen heraus ungültig.«[23] Diese Bestimmung ist z.B. grausam für jene Behinderten, die aufgrund der Art ihrer Behinderung beischlafunfähig sind, die aber ihr herzliches Verhältnis zu einem Partner des anderen Geschlechts als Ehe ansehen und kirchlich besiegeln möchten.

Da der Beischlaf, hingeordnet auf die Zeugung von Nachkommenschaft, wichtigstes rechtliches Kriterium der Ehe im Sinne des Wojtyla-Papstes ist, verstoßen auch Homosexuelle »gegen das natürliche Gesetz, denn die Weitergabe des Lebens bleibt beim Geschlechtsakt ausgeschlossen«. Ihre homosexuellen Handlungen »sind in sich nicht in Ordnung ... sie entspringen nicht einer wahren affektiven und geschlechtlichen Ergänzungsbedürftigkeit. Sie sind in keinem Fall zu billigen.« Indem der Wojtyla-Papst in seinem offiziellen Katechismus für die Welt den spirituellen und ethischen Faktor in der menschlichen Geschlechtlichkeit nicht berücksichtigte, im Rahmen seiner im Grunde materialistischen Sexualdoktrin alle Varianten der Sexualität vom »Gipfel« des männlich-weiblichen Koitus in

---

[22] Schermann, S. 86.

[23] *Zeugung von Nachkommen:* CIC, can. 1096, §1 – *Unfähigkeit zum Beischlaf:* ebd., can. 1084, §1.

der kirchlich abgesegneten Ehe her beurteilte, verbaute er sich jede Möglichkeit, andere Varianten der Sexualität positiv zu würdigen. [24]

Aber die »Herde« war zu diesem Zeitpunkt schon weiter als der »Hirte«. Als Antwort auf einschlägige Hirtenbriefe des Bischofs von Rom und anderer Bischöfe wurde im Entwurf eines »Herdenbriefes«, verfaßt von Mitarbeiterinnen und Mitarbeitern des Kirchenvolks-Begehrens in Österreich, zur Homosexualität ausgeführt: »Gleichgeschlechtliche Beziehungen sind nur in dem Maß sittlich abzulehnen, als sie anderen Menschen Leid zufügen oder deren Menschenwürde mißachten. Liebe und Treue verlieren nicht ihren Wert, wenn sie gleichgeschlechtlich erfahren werden.« [25]

Trotzdem war Wojtylas Beurteilung der Homosexualität schon ein gewisser Fortschritt in der amtskirchlichen Sicht der Dinge, gab er doch zu, daß »eine nicht geringe Anzahl von Männern und Frauen homosexuell veranlagt sind«. Dieses Eingeständnis basierte sicher auch auf dem Wissen um die vielen homosexuellen Bischöfe, Pfarrer und Kapläne in seiner eigenen Kirche. Allen Homosexuellen ist nach den Worten des Papstes »mit Achtung, Mitleid (sic!) und Takt zu begegnen. Man hüte sich, sie in irgendeiner Weise ungerecht zurückzusetzen.« Nur: was nützten die schönen Worte, wenn ständig – und durchaus mit Wissen und Billigung des Papstes in seiner streng hierarchisch kontrollierten Kirche – gegen sie verstoßen wurde? Wenn z.B. einem Erziehungshelfer in einem kirchlichen Behindertenheim die Weiterbeschäftigung verwehrt wurde, nachdem er sich zu seiner Homosexualität bekannt hatte. Aber immerhin: Achtung und Takt gegenüber Homosexuellen. Das ist ein durchaus neuer Ton in der Sprache der Amtskirche, die »zu allen Zeiten ... die Homosexualität ... als abscheuliche Perversität verdammt«, mit schwersten Strafen bis zu der der Kastration und des Feuertodes belegt hat! Die päpstliche Bulle CUM PRIMUM (1566) wies z.B. alle kirchlichen Amtsträger an, jeden Homosexuellen an den Staat auszuliefern, was gleichbedeutend mit dessen Hinrichtung war. In eklatantem Gegensatz dazu stand die Haltung des polnischen Papstes und seiner Kirche zu den eigenen Priestern und Bischöfen, die sich des sexuellen Mißbrauchs von Kindern und Jugendlichen schuldig gemacht hatten. Da wurde geschwiegen und verschwiegen, geleugnet oder verharmlost, vertuscht oder von Kampagnen gegen die Kirche gesprochen. Die Täter selbst wurden von ihrer Kirche milde behandelt und nur in den seltensten Fällen bestraft. Meist »drohte« ihnen nur die Versetzung an einen anderen Seelsorgeort, wo sie nach kurzer Zeit ihre Mißbrauchspraxis fortsetzten. Den homosexuellen Laien aber wurde befohlen, »Selbstbeherrschung« zu üben,

---

[24] *Homosexualität*: Katechismus, Nr. 2357; vgl. das Kapitel »Priesterzölibat und Homosexualität«, in: Mynarek, Eros, S. 145ff.

[25] Zit. n. PUBLIK-FORUM 9/1996, S. 36; vgl. Mey, Kirchen.

sich »mit dem Kreuzesopfer des Herrn zu vereinen« und auf jeden Fall völlige »Keuschheit« zu wahren.[26]

Auch in anderer Hinsicht war die Herde dem Hirten Wojtyla schon weit voraus. Während der Papst vorehelichen Geschlechtsverkehr als »verfrühte geschlechtliche Beziehungen« bezeichnete und ihn streng und ausnahmslos verurteilte, ihn »aus Laune und Begierlichkeit« entspringen sah und kalt dekretierte: »Die menschliche Liebe läßt den bloßen ›Versuch‹ nicht zu«, zeigten die Autoren des Entwurfs zum »Herdenbrief« ihre mitmenschliche Einsicht und Realitätsnähe: »Der übergangslose Wechsel von absoluter Enthaltsamkeit zu vollem Sexualleben in der Ehe ist fragwürdig.« Mit seiner kategorisch-rigorosen Sexualmoral trug Johannes Paul II. maßgeblich dazu bei, daß die Herde dem Hirten nicht mehr folgt und ihre eigenen Wege geht. Selbst unter den jungen Katholiken halten sich nur wenige an das päpstliche Verbot sexueller Beziehungen ohne Trauschein. Vor allem ältere Priester sind empört, weil die Jugendlichen solche Beziehungen gar nicht mehr beichten, da sie sie als etwas ganz Natürliches ansehen.[27]

Besonders vehement und kategorisch setzte sich Johannes Paul II. bekanntlich gegen die **Abtreibung** ein. »Das menschliche Leben ist vom Augenblick der Empfängnis an absolut zu achten und zu schützen.« Betont wurde »das unverletzliche Recht jedes unschuldigen Wesens auf das Leben«. Man könnte an dieser Stelle direkt zynisch werden, indem man darauf hinwiese, daß dann nur diejenigen nicht abtreiben dürften, die das bei der Empfängnis entstandene Leben als unschuldig ansehen. Katholiken aber und alle, die sich gemäß der offiziellen Lehre des Papstes und seiner Kirche dazu bekennen, daß das Leben aufgrund der Erbsünde gleich im Moment der Empfängnis schuldig wird, dürften abtreiben, denn es handele sich ja bei dem Abgetriebenen nicht um »unschuldige Wesen«. Aber abgesehen von diesem Widerspruch in der amtskirchlichen Lehre des Papstes ist doch zunächst der engagierte Einsatz dieses Mannes für das ungeborene Leben zu würdigen. Vor allem seine 11. Enzyklika Evangelium vitae, die er als seine »intimste« betrachtete, ist in erster Linie eine Anti-Abtreibungs-Enzyklika, und Wojtyla selbst wird in die Geschichte vor allem als **der** Anti-Abtreibungs-Papst eingehen. Dem polnischen Papst war das Abtreibungsverbot derart wichtig, daß er ihm »DE FACTO – zumindest implizit – dogmatischen Rang« zusprach.

---

[26] *Wojtylas Beurteilung der Homosexualität:* Katechismus, Nr. 2358 – *homosexueller Erziehungshelfer:* Rhein-Zeitung 15./16.5.1993 – *Cum primum:* Ausführlich dazu Deschner, Kreuz, S. 312ff. – *sexueller Mißbrauch von Kindern:* Ausführlich, auch mit Angabe des statistischen Materials: Mynarek, Jesus, S. 89 und 190f., Anm. 33 (dort auch weitere Literaturangaben) – *Verhaltensregeln für homosexuelle Laien:* Katechismus, Nr. 2358, 2359; dagegen: Mey, Liebe; ders., Lebensform.

[27] *Vorehelicher Geschlechtsverkehr:* Katechismus, Nr. 2391 – *»Herdenbrief«:* Publik-Forum 9/1996, S. 36; vgl. auch Focus 43/1996, S. 244–254 – *Zur Beichte sexueller Sünden:* vgl. Mynarek, Eros, S. 54f., 58ff.

Er verwendete die höchstmögliche lehramtliche Formulierung und sprach mit höchster lehramtlicher Autorität, wenn er deklarierte:

»Mit der Autorität, die Christus Petrus und seinen Nachfolgern übertragen hat, erkläre ich deshalb in Gemeinschaft mit den Bischöfen ..., daß die direkte, das heißt als Ziel oder Mittel gewollte Abtreibung immer ein schweres sittliches Vergehen darstellt, nämlich die vorsätzliche Tötung eines unschuldigen Menschen. Diese Lehre ist auf dem Naturrecht und auf dem geschriebenen Wort Gottes begründet, von der Tradition der Kirche überliefert und vom ordentlichen und allgemeinen Lehramt der Kirche gelehrt.«

An sich sind Enzykliken, also päpstliche Rundschreiben, obwohl sie Äußerungen des ordentlichen Lehramtes darstellen, noch keine EX-CATHEDRA-Entscheidungen, die ja als unfehlbar gelten. Aber die meisten Kommentatoren von EVANGELIUM VITAE stimmen zumindestens darin überein, daß diese besondere Enzyklika fast dogmatischen Charakter habe. Es gibt Huldiger des Papstes, die diese Enzyklika »als das wichtigste kirchliche Dokument unseres Jahrhunderts überhaupt« ansehen.[28]

Gegen die Abtreibung drohte Johannes Paul II. die Strafe der Exkommunikation an: »Die formelle Mitwirkung an einer Abtreibung ist ein schweres Vergehen. Die Kirche ahndet dieses Vergehen gegen das menschliche Leben mit der Kirchenstrafe der Exkommunikation.« Als unmoralisch prangerte der Papst zudem – mit Recht – an, wenn Wissenschaftler bzw. einschlägige Unternehmen mit Hilfe der IN-VITRO-Befruchtung menschliche Embryonen und Föten zum Zweck der Verwertung als frei verfügbares »biologisches Material« herstellen oder »als Lieferanten von Organen oder Geweben zur Transplantation für die Behandlung bestimmter Krankheiten« mißbrauchen; wenn sie »in das chromosomale oder das genetische Gut eingreifen«, und zwar nicht aus therapeutischen Gründen, sondern um menschliche Wesen zu produzieren, »die nach dem Geschlecht oder anderen vorher festgelegten Eigenschaften ausgewählt werden. Diese Manipulationen stehen im Gegensatz zur personalen Würde des menschlichen Wesens, seiner Integrität und seiner Identität.«

Vorgeburtliche Diagnostik erklärte der Papst für sittlich erlaubt, wenn sie »das Leben und die Unversehrtheit des Embryos und des menschlichen Fötus achtet und auf den Schutz und die Sorge für den einzelnen Embryo ausgerichtet ist«. Wenn jedoch aufgrund der Diagnoseresultate eine Abtreibung erwogen wird, setzt man sich in »Gegensatz zum Moralgesetz« und funktioniert die Diagnose in ein »Todesurteil« um. Der päpstlichen Lehre zufolge handelt es sich dann schon

---

[28] *Recht auf Leben:* Katechismus, Nr. 2270 – *intimste Enzyklika:* EVANGELIUM VITAE, Nachwort, S. 143 – *quasi dogmatischer Rang des Abtreibungsverbots:* Balkenohl, S. 141; EVANGELIUM VITAE, S. 62 – *dogmatischer Charakter der Enzyklika* EVANGELIUM VITAE: vgl. Balkenohl, S. 135, 140ff.

um eine »Eugenetik-Mentalität«, die »die selektive Abtreibung in Kauf nimmt, um die Geburt von Kindern zu verhindern, die von Mißbildungen und Krankheiten verschiedener Art betroffen sind«. Eine solche Denkart hält der Papst für »niederträchtig und höchst verwerflich«, weil sie den Wert eines menschlichen Lebens »einzig und allein nach Maßstäben wie ›Normalität‹ und physisches Wohlbefinden« beurteilt und so auch der Rechtfertigung der Kindestötung und der Euthanasie den Weg bahnt.[29]

Keinerlei Gründe und Umstände, mögen sie auch noch so gravierend sein, lassen eine Ausnahme vom rigorosen päpstlichen Verbot der Abtreibung zu. Es handelt sich bei Abtreibung in jedem Fall »um einen Mord«, selbst dann, wenn die Entscheidung der Mutter, »sich der Frucht der Empfängnis zu entledigen, nicht aus rein egoistischen und Bequemlichkeitsgründen gefaßt wurde, sondern weil manche wichtigen Güter, wie die eigene Gesundheit oder ein anständiges Lebensniveau ... gewahrt werden sollten«. Selbst wenn Existenzbedingungen zu befürchten sind, »die den Gedanken aufkommen lassen, es wäre für das Ungeborene besser, nicht geboren zu werden«, können diese und ähnliche Gründe, »mögen sie noch so ernst und dramatisch sein ... **niemals ... die vorsätzliche Vernichtung eines unschuldigen Menschen rechtfertigen«.** Die äußerste Strenge des Papstes in diesem Punkt war vielleicht auch biographisch zu erklären: Ihn selbst hätte es gar nicht gegeben, wenn seine Mutter den dringenden ärztlichen Rat zum Schwangerschaftsabbruch befolgt hätte. Sie überlebte die Geburt Karols, lebte noch neun Jahre. Aber der zum Papst erhobene Sohn hat – sicher auch im Gedenken an sie – eine italienische Ärztin seliggesprochen, die ihr Leben für das ihres vierten Kindes geopfert hatte.[30]

Doch all das scheint mir nicht Grund genug zu sein, jede, aber auch jede abtreibende Mutter ohne Rücksicht selbst auf die gravierendsten Gründe und Umstände, z.B. die Rettung des doch ein hohes Gut darstellenden Lebens der Mutter, des Mordes zu beschuldigen. Eine »Kultur des Lebens«, die den Wert eines Embryos derart über den Wert des Lebens einer Mutter setzt – und zwar selbst dann, wenn diese Mutter noch andere Kinder zu versorgen hat –, unterscheidet sich zumindest in diesem Punkt kaum mehr von einer »Kultur des Todes«. Auch wenn der Papst die Staatsmacht für seine rigorose Abtreibungsdoktrin zu gewinnen suchte, auch wenn er »geeignete Strafmaßnahmen« des Staates gegen die Abtreibenden verlangte, weil sonst »die Grundmauern des Rechtsstaates untergraben werden« – ein Staat, der sich der Vernunft, dem Leben in all seinen

---

[29] *Exkommunikation für Abtreibung:* Katechismus, Nr. 2272; CIC, can. 1398; EVANGELIUM VITAE, S. 62 – *Embryonen als »biologisches Material«:* Katechismus, Nr. 2275; INSTRUCTIO DONUM VITAE, S. 1, 5f.; EVANGELIUM VITAE, S. 63 – *vorgeburtliche Diagnostik:* Katechismus, Nr. 2274, DONUM VITAE, S. 1f. – *»Eugenetik-Mentalität«:* EVANGELIUM VITAE, S. 63.
[30] *Abtreibung in keinem Fall zu rechtfertigen:* ebd., S. 58 – *Seligsprechung:* ebd., S. 143 (Nachwort).

Belangen und den Menschenrechten, auch denen der Mütter, verpflichtet fühlt, konnte dem Papst hierin nicht folgen:

»Die katholische Kirche hat als Institution ebensowenig ein Gewissen wie der Bundestag. Wenn der römische Papst und einige seiner Stellvertreter in Deutschland jede Abtreibung für Mord halten, ist das ihre Sache und allenfalls noch die ihrer Gläubigen. Dem kraft seiner Verfassung zur weltanschaulichen Neutralität verpflichteten Staat haben sie nichts vorzuschreiben. Und sie können es auch nicht mehr, selbst wenn sie es gern möchten«, schrieb die ZEIT 1992.

Allein das Gewissen der schwangeren Frau kann die letzte Instanz für die Entscheidung sein, abzutreiben oder nicht abzutreiben. Die Normen, die der Papst aufstellte, können nicht wichtiger sein als dieses Gewissen. Auch der Pole Wojtyla hätte begreifen müssen, daß »einen wirksamen Schutz gegen den Willen der Mutter kein Staat der Welt durchsetzen kann«, so der ehemalige Verfassungsrichter Helmut Simon.[31] Aber der Papst wollte nichts begreifen. Im Frühjahr 1998 krönte er seine Anti-Abtreibungs-Agitation ein weiteres Mal: In einem amtlichen Schreiben bat er die deutschen Bischöfe »eindringlich«, die Beratungsscheine als formale Voraussetzung für eine straffreie Abtreibung aus den 269 katholischen Beratungsstellen in Deutschland zu verbannen. Damit stürzte er nicht nur die Bischöfe in tiefe Ratlosigkeit, sondern arbeitete auch jenen in die Hände, die die staatlichen Fördergelder für die konfessionellen Beratungsstellen streichen und allgemein die endgültige und tatsächliche Trennung von Staat und Kirche verwirklichen wollen. Inzwischen teilen die kirchlichen Beratungsstellen keine Scheine mehr aus – und werden trotzdem von den meisten Bundesländern finanziell weiter unterstützt. Die wenigen aufmüpfigen katholischen Beratungsstellen, die die bisherige Praxis fortsetzen, werden von der Amtskirche diskriminiert und staatlicherseits links liegengelassen.

Das absolute Nein der Wojtyla-Doktrin zur Abtreibung, für ihn Beweis seiner »Kultur des Lebens«, wäre überzeugender gewesen, wenn er konsequenter gewesen wäre. Bei der Abtreibung ließ der Papst in unüberbietbarer Rigorosität auch die vernünftigsten, schwerwiegendsten und dringlichsten Gründe, die für einen Schwangerschaftsabbruch sprechen, nicht gelten. Sein Abtreibungsverbot ließ keinerlei Ausnahmen vom Gesetz zu, streng nach dem Leben vernichtenden Motto: FIAT IUSTITIA, PEREAT MUNDUS! (Dem Recht gehorchen, selbst wenn die Welt untergeht!)

---

[31] *Strafmaßnahmen des Staates*: Katechismus, Nr. 2273; DONUM VITAE, S. 3; vgl. EVANGELIUM VITAE, S. 59; DIE ZEIT Nr. 22/1992 – *Simon-Zitat*: SPIEGEL 22/1992, S. 23 ff; vgl. Augstein, in: SPIEGEL 28/1992, S. 22: Durch eine strafrechtliche Verfolgung von Frauen, die abgetrieben haben, »wäre der Fötus nicht geschützter als bisher. Aber darauf kommt es dem Papst in Rom und seinen hiesigen Gefolgsleuten ja auch gar nicht an. Sie sind auf Machterhalt aus, sie wollen disziplinieren«; zur Abtreibungsproblematik zwischen Staat, Parteien und Kirche in Deutschland vgl. Mynarek, Diener, S. 273ff.

Aber gegenüber menschlichem Leben in anderen Stadien als dem vorgeburt-lichen war das päpstliche Ja keineswegs lückenlos und konsequent. So gestattete der Wojtyla-Papst beispielsweise die Vollstreckung der Todesstrafe durch die ge-setzmäßige öffentliche Gewalt. Vernichtung von Leben könne eine »der Schwere des Verbrechens angemessene Strafe« sein. Konsequent wäre der Papst gewesen, wenn er **jede** Tötung von Menschen unter Verbot gestellt hätte, wenn er sich in seinen Moralgeboten und -verboten ausnahmslos an seinen eigenen Grundsatz gehalten hätte, den er selbst so formuliert hatte: »Jedes menschliche Leben ist vom Moment der Empfängnis an bis zum Tod heilig«, also unantastbar. Aber auch beim Töten von Menschen im Rahmen eines Verteidigungskrieges, eines »gerech-ten Krieges«, den die Kirche stets geduldet hat und den auch der Wojtyla-Papst ausdrücklich für legitim erklärte, ist das menschliche Leben nicht so heilig, daß es nicht antastbar wäre. Stets hat die Kirche die Waffen für den »gerechten« Krieg auf beiden Seiten der kriegführenden Armeen gesegnet und durch die Beschickung der kämpfenden Truppen mit Militärseelsorgern das Ganze noch zusätzlich le-gitimiert. »Der Dienst mit der Waffe ist Friedensdienst«, tönte auch Wojtylas Sprachrohr in Deutschland, Kardinal Meisner, ganz im Sinne seines väterlichen Freundes in Rom.[32]

Bei konsequenter Ablehnung jeglichen Tötens von Menschen in jedem Stadi-um ihrer Entwicklung – oder gar aller Lebewesen, wie z.B. im Buddhismus – wäre das Abtreibungsverbot tatsächlich wesentlicher Bestandteil einer lückenlos konsequenten Doktrin und Kultur des Lebens. Aber diese Konsequenz, wie eini-ge christliche Sekten wie z.B. die Quäker sie zeigen, war der katholischen Kirche auch unter dem Wojtyla-Papst fremd. Und nur mit dieser Konsequenz wäre der Kampf dieses Papstes und seiner Getreuen (in Deutschland vor allem Kardinal Meisner von Köln und der inzwischen verstorbene Erzbischof Dyba von Fulda) für die Unantastbarkeit des ungeborenen Lebens überzeugend und ganz aufrich-tig gewesen. Aber man kann das Ungeborene nicht so vehement als unantastbar proklamieren, wenn man gleichzeitig die Antastbarkeit des menschlichen Lebens in anderen Stadien zuläßt und sogar rechtfertigt – natürlich immer mit dem abwiegelnden Zusatz: unter gewissen Umständen, in gravierenden Fällen etc.

Der Papst billigte, natürlich nur als ULTIMA RATIO, als letztes Mittel die Tötung geborenen Lebens: so im Rahmen eines »**gerechten Krieges**«, bei der **Verteidi-gung des Vaterlandes**, in **Notwehr**, als **Strafe für gemeine Verbrechen**.[33] Das Prinzip eines universellen Tötungsverbots war also in der päpstlichen Moraldok-trin so durchlöchert, daß die Radikalität, mit der die Abtreibung bekämpft wurde,

---

[32] *Todesstrafe:* Katechismus, Nr. 2266; vgl. CIC, can. 1397 – *heiliges menschliches Leben:* Katechismus, Nr. 2319 – *gerechter Krieg:* ebd., Nr. 2309 – *Friedensdienst:* ausführlich dazu: Mynarek, Diener, S. 274ff.

[33] Katechismus, Nr. 2310, 2321, 2266; vgl. Nr. 2268, 2269, 2320.

den Verdacht nahelegt, hier könnten noch andere, nicht ganz so ehrenwerte Motive eine Rolle gespielt haben. Warum wollte Wojtyla nicht verstehen, daß letztlich nur die Schwangere selbst entscheiden kann, ob sie das Kind bekommt, daß man ihr diesen subjektiven Ermessensspielraum lassen muß, in letzter Ehrfurcht vor einem sich frei entscheidenden Menschen und seinem Gewissen. Daß der Papst das Aufwachsen eines ungewollten Kindes in einer Atmosphäre der Lieblosigkeit und Nichtanerkennung in Kauf nahm, legt den Verdacht nahe, daß er gerade den so aufgewachsenen, labilen, verunsicherten Menschen sein festes Normensystem mit immergültigen Wahrheiten und fundamentalen Verboten als Krücke und Stütze am leichtesten in die Hand geben, mit der Gefolgschaft der in der Familie Ungeliebten am sichersten rechnen konnte. Ethisch in sich Gefestigte, selbständig aus ihrem Gewissen heraus Handelnde bedürfen ja nicht des Halts durch eine Institution wie die Kirche.

Dieser Verdacht wird auch durch Wojtylas Verbot der **Empfängnisverhütung** genährt. Tatsächlich belastet sein fundamentalistisches Verbot der Empfängnisverhütung den Planeten Erde in pädagogischer, politischer, wirtschaftlicher, sozialer und ökologischer Hinsicht: »Über den ganzen Erdball hinweg fördert das kirchliche Verbot der künstlichen Verhütung mit aller Kraft Unwissenheit, Unterdrückung und das Leid der Menschen. Die konservative Hierarchie der Kirche, unterstützt von der ebenso konservativen Zunft katholischer Ärzte und der politisch rechtsstehenden Organisation ›Opus Dei‹, tut alles, um die Verbreitung von Familienplanung und Sexualerziehung aufzuhalten. Durch ihre Bemühungen behindern sie die Versuche, die Bevölkerungsexplosion unter Kontrolle zu bringen. Durch ihr Nein zu Kondomen fördern sie die Verbreitung von Aids. Diese katholische Doktrin verursacht mehr Unglück als die Politik der Apartheid.«[34]

Der Papst benutzte alle politischen und diplomatischen Kanäle, übte über seine Nuntiaturen, Kardinäle, Bischöfe, Theologen, prominenten Laien usw. Druck auf alle nur erreichbaren Regierungen, Verwaltungen, Medien und Hochschulen aus, um seine fundamentalistische Denk- und Handlungsweise auch in puncto Empfängnisverhütung durchzusetzen. Man vergegenwärtige sich, wieviel Macht in den Händen des »Stellvertreters Gottes« im 3. Jahrtausend liegen wird, wenn er eine weitgehend fundamentalistisch-ungebildete Masse von über einer Milliarde Katholiken für seine Zwecke einspannen kann. Zweifellos gehörte auch dies zum Gesamtplan des Papstes: Je rigider das Verbot der Geburtenkontrolle, desto größere Produktion von Katholiken in der Dritten Welt. Denn in der Ersten Welt kümmern sich selbst die meisten Katholiken nicht mehr um die Sexualge- und -verbote des Papstes. Nur 12 % der Gläubigen unter 50 Jahren und 25 % der über 50jährigen sind verschiedenen Umfragen zufolge überhaupt noch bereit,

---

[34] Maddox, S. 19.

päpstlichen Appellen zur Sexualmoral Gehör zu schenken. Und das Interesse in der westlichen Welt wird weiter abnehmen.

Der Papst war bei seinem Verbot der Empfängnisverhütung weder ganz konsequent noch auf dem Niveau einer echten Gesinnungsethik. Betonte er doch, daß »die auf Selbstbeobachtung und der Wahl von unfruchtbaren Perioden der Frau beruhenden Methoden der Empfängisregelung« durchaus »den objektiven Kriterien der Moral entsprechen«. Hingegen sei »jede Handlung verwerflich, die entweder in Voraussicht oder während des Vollzuges des ehelichen Aktes oder im Anschluß an ihn beim Ablauf seiner natürlichen Auswirkungen darauf abstellt, die Fortpflanzung zu verhindern«.[35]

Dabei ist doch in beiden Fällen, in dem vom Papst gebilligten wie in dem von ihm abgelehnten, dieselbe Absicht, die gleiche Intention vorhanden, nämlich den Geschlechtsakt auszuführen, aber Nachkommenschaft zu verhindern. Auf die Absicht aber kommt es in einer Gesinnungsethik, die diesen Namen verdient, doch viel entscheidender an als auf die Mittel, mit denen diese Absicht realisiert wird. Wenn der Papst betonte, daß gerade die Mittel im zweiten Fall künstlich, unnatürlich und deshalb abzulehnen seien, dann hätte er konsequenterweise auch die Absicht eines Kranken, gesund zu werden, verurteilen müssen, wenn dieser synthetisch hergestellte Arzneien benutzt, indem er z.B. gegen seine Krebserkrankung die Keule der Chemotherapie einsetzt. Diese Verurteilung findet man tatsächlich bei manchen Sekten, dem Oberhaupt der katholischen Kirche lag sie fern. Er selbst ließ sich ja von seinen Leibärzten alle möglichen »künstlichen« Arzneien für seine Gesundheit verabreichen. Wenn also die Absicht der Eheleute, Nachkommenschaft zu verhindern, gut und verantwortbar ist, z.B. weil sie mehr Kinder, als sie schon haben, nicht ernähren bzw. ihnen keine erträgliche Existenz gewährleisten könnten, dann kann ihr Geschlechtsakt doch nicht dadurch verwerflich werden, daß sie »künstliche« Mittel, z.B. Kondome oder die Pille, benutzen.

Hier zeigt sich zum wiederholten Mal der latente Naturalismus, Biologismus und Materialismus der päpstlichen Moraldoktrin, denn der Papst tat bezüglich der hier diskutierten Frage ganz so, als ob der Mensch reine Natur, ein total biologisches Wesen sei, das deshalb auch auf alle künstlichen Verhütungsmittel verzichten müsse, während doch alle anthropologischen Disziplinen darauf hinweisen, daß das biologische Mängelwesen Mensch zur Herstellung »künstlicher« Werkzeuge geradezu prädestiniert und prädisponiert ist, daß bereits in seinem Grundprogramm die Ausrichtung auf Technik und Zivilisation angelegt, daß er als Naturwesen immer schon potentiell Kulturwesen ist, daß Kultur seine wahre Natur darstellt. Im Grunde hätte der Papst, wäre er konsequent gewesen,

---

[35] Katechismus, Nr. 2370; vgl. FAMILIARIS CONSORTIO, S. 32.

dann auch jegliche Zivilisation und Technik, nicht nur ihre negativen Auswüchse, verurteilen müssen, was er aber gerade nicht tat: »Der Mensch ist Priester der Schöpfung ... Das Geschöpf vollbringt sein OPUS GLORIAE, um das zu sein, was es ist, und um das zu werden, was es sein soll. Auch Wissenschaft und Technik dienen gewissermaßen diesem Zweck.« Die Kirche benutzt auch alle technischen und zivilisatorischen Errungenschaften bis hin zu den elektronischen Medien durchaus ausgiebig und expansiv. Allerdings muß so manches als ethisch verantwortungsvoll anerkannt werden, was der Papst gegen eine »Eugenetik-Mentalität« darlegte. Auch kann man seinen Ausführungen über die Nähe, ja das fast nahtlose Übergehen mancher Mittel der Empfängnisverhütung in solche der Abtreibung nicht jegliche Plausibilität absprechen. Der Papst wies z.B. auf den Einsatz von Impfstoffen hin, »die ebenso leicht wie Verhütungsmittel verbreitet werden und in Wirklichkeit als Abtreibungsmittel im allerersten Entwicklungsstadium des neuen menschlichen Lebens wirken«. Doch reicht diese Argumentation des Papstes nicht hin, um jede Methode der Empfängnisverhütung zu diskreditieren. Zu Recht kann man seiner Argumentation entgegenhalten: »Empfängnisverhütung – nicht aber die Beseitigung bereits bestehenden Lebens – liegt in der Verantwortung der Partner und ist in erster Linie ein medizinisches, nicht aber ein sittliches Problem von religiöser Bedeutung.«[36]

Die päpstliche Moraldoktrin ist noch in einem anderen wichtigen Punkt kritikwürdig. In bezug auf **Werte und Rechte der Tiere und Pflanzen** ist sie geradezu eine Katastrophe, das Dokument eines äußerst verengten, anthropozentrischen Denkens:

»Tiere, Pflanzen und leblose Wesen sind von Natur aus zum gemeinsamen Wohl der Menschheit von gestern, heute und morgen bestimmt ... Gott hat die Tiere unter die Herrschaft des Menschen gestellt«, den er allein nach seinem Bild geschaffen habe. »Somit darf man sich der Tiere zur Ernährung und zur Herstellung von Kleidern bedienen.«

(Schlachthäuser und Textil- wie Pelzindustrie werden dem Papst dankbar sein!) Man darf sie der Papstdoktrin zufolge auch »zähmen, um sie dem Menschen bei der Arbeit und in der Freizeit dienstbar zu machen«. Auch Tierversuche erlaubte der Papst großzügig: »Medizinische und wissenschaftliche Tierversuche sind in vernünftigen Grenzen sittlich zulässig, weil sie dazu beitragen, menschliches Leben zu heilen und zu retten.« Allerdings widerspreche es »der Würde des Menschen, Tiere nutzlos leiden zu lassen und zu töten«. Aber wenn dies zum Wohl und zum Nutzen der Menschen geschieht, wenn es »der Sorge um die

---

[36] *Wissenschaft und Technik:* Johannes Paul II., Schwelle, S. 46 – *Eugenetik-Mentalität:* EVANGELIUM VITAE, S. 63 – *Impfstoffe als Abtreibungsmittel:* ebd., S. 13 – *Empfängnisverhütung kein sittliches Problem:* Herdenbrief, S. 36.

Lebensqualität des Nächsten« und »einer gerechten Befriedigung menschlicher Bedürfnisse dient«, leiden und sterben sie dem Papst zufolge ja nicht nutzlos. Deshalb ist es des Menschen auch nicht würdig, »für sie Geld auszugeben«, und man soll ihnen auch nicht »die Liebe zuwenden, die einzig Menschen gebührt«.[37]

Zu seiner kaum anders denn als überheblich und arrogant zu charakterisierenden Einstellung zu den Tieren, die auf Eigenwerte und Eigenrechte derselben (wie auch der Pflanzen), auf ihre Empfindungs- und damit Leidensfähigkeit überhaupt keine Rücksicht nimmt, fühlte sich der Wojtyla-Papst durch die Bibel absolut legitimiert. Gott habe »die Tiere dem Menschen unterstellt«. Der biblische Text (Gen. 1,28) »legt die Weite und Tiefe der Herrschaft an den Tag, die Gott dem Menschen schenkt. Es geht zunächst um die **Herrschaft über die Erde und alle Tiere**«, wie das auch das Buch der Weisheit (Weish. 9,1.2–3) und der Psalmist (Ps. 8,7–9) unterstrichen.[38]

Das also ist Wojtylas Vision einer »Kultur des Lebens«, in der Tiere und Pflanzen im positiven Sinn nicht vorkommen, in der sie zu totalen Sklaven des Menschen, zu Nutz- und Ausbeutungsobjekten desselben desavouiert und degradiert sind, keinerlei ästhetische, sozial-kommunikative, emotionale, kognitive Eigenwerte und keinerlei Eigenrechte besitzen. Der polnische Papst hinkte mit seinem Mitarbeiterstab den modernen wissenschaftlichen Erkenntnissen über Intelligenz, Leistungen und Sozialleben der Tiere und Pflanzen erschreckend hinterher, was mit seiner Abneigung gegen die Naturwissenschaft und seiner Berufung auf Thomas von Aquin teilweise erklärt, aber keineswegs entschuldigt werden kann. Bekanntlich hatte dieser mittelalterliche Denker, für den Vulkane noch die Schlote der Hölle waren und Planeten von Engeln bewegt wurden, den Tieren nur eine sensitive und vegetative Seele zugesprochen, die mit dem Tod der Tiere verlösche.[39]

Wojtylas Tier-, Pflanzen- und Umweltethik servierte der »technokratischen Vernunft« eine willkommene biblisch-theologische Rechfertigungsbasis für die weitere Ausplünderung der Natur. Aber wie soll auch das Papsttum glaubwürdig und konsequent eine echte Kultur des Lebens, eine wirkliche ökologische Abkehr von den festgefahrenen und unser Raumschiff Erde unweigerlich in die Katastrophe befördernden Bahnen der großkapitalistischen Ausbeutung aller Lebenselemente verkünden und praktizieren, wenn es selbst – wie in Kapitel sieben zu zeigen sein wird – am Status der Alles-Habenden in besonders privilegierter

---

[37] *Tiernutzung*: Katechismus, Nr. 2415, 2417, 2418, 2457; vgl. Evangelium vitae, S. 42.

[38] Ebd.; Katechismus, Nr. 2457.

[39] *Zu den Eigenwerten und Eigenrechten der nichtmenschlichen Natur ausführlich*: Mynarek, Religion, passim; besonders S. 175ff. Darin auch die Widerlegung der heute nicht mehr aufrechtzuerhaltenden anthropozentrischen Geisteshaltung gegenüber der Natur. – *Abneigung gegen Naturwissenschaft*: vgl. z.B. Johannes Paul II., Schwelle, S. 224 – *Zum Einfluß Thomas von Aquins auf Karol Wojtyla*: siehe Kap. 1.

Weise teilhat, wenn es mit den Mächtigen in Staat, Wirtschaft und Gesellschaft derart verflochten ist?[40]

---

[40] Vgl. das Kapitel »Ökologische oder technokratische Vernunft – die alles entscheidende ethische Alternative« in: Mynarek, Mystik, S. 161ff.; auch S. 134ff., 149ff. sowie das Kapitel »Trägt das Christentum Mitschuld am Siegeszug der technokratischen Vernunft?«, in: ebd., S. 191ff.

Kapitel 5

»Gehorchen oder weggehen«

Die kirchliche Innenpolitik des Papstes

Karol Wojtyla wird sicher nicht als großer Papst, wohl aber als großer und glühender Fundamentalist in die Geschichte eingehen. Doch große Fundamentalisten waren auch andere Päpste des 20. Jahrhunderts, z.B. die Piusse XI und XII oder Paul VI.[1] Worin der Wojtyla-Papst sich besonders von ihnen unterschied, war die unverhältnismäßig starke Unterstützung und Förderung sektenartiger Gruppierungen und Geheimbünde in der Kirche, in deren straffer Disziplin und charismatischem Glaubenseifer er ein vorzügliches, höchstwahrscheinlich sogar das wichtigste Instrument zur Festigung der hierarchischen Struktur der Kirche und zur Bekämpfung ihrer inneren und äußeren Feinde erblickte. Des Papstes liebstes Kind unter diesen Gruppierungen war die innerkirchliche Geheimorganisation ›Opus Dei‹ (wörtlich: Werk Gottes). Sie wurde 1928 in Spanien gegründet, dem Land, in dem die Inquisition einst am furchtbarsten wütete, und kollaborierte nach 1939 auf die denkbar effektivste Weise mit dem faschistischen Franco-Regime. So gut wie alle wichtigen Bereiche der spanischen Wirtschaft, der Finanzen und der Innenpolitik wurden systematisch vom Opus Dei unterwandert. Zehn Minister des Caudillos Franco waren Opus-Dei-Mitglieder bzw. -Sympathisanten. Aber Spanien ist nicht (mehr) die Welt, und das Zentrum der katholischen Kirche ist nicht Madrid oder Barcelona, sondern Rom. Expansion war also geboten. Josemaria Escrivá de Balaguer, der Gründer des Opus Dei, verlegte daher 1946 die Zentrale der Organisation von Madrid nach Rom. Papst Pius XII., selber zumindest teilweise ein Bewunderer der faschistischen Systeme Mussolinis, Francos und Hitlers, die für ihn ein Bollwerk gegen den atheistischen Bolschewismus darstellten, erteilte denn auch bald danach, nämlich 1950, dem Opus Dei die kirchenrechtliche Approbation als »Säkularinstitut« der katholischen Kirche. Aber selbst er förderte diese Institution nie derart uneingeschränkt und vorbehaltlos wie Johannes Paul II. Ein liberaler Papst wie Johannes XXIII. stand ihr sogar ausgesprochen skeptisch gegenüber und vermied strengstens ihre weitere kirchenrechtliche Aufwertung. Dies übernahm dann in grandios-übertriebener Weise der polnische Papst:

---

[1] Damals war allerdings der Terminus »Integralisten« anstatt des Ausdrucks »Fundamentalisten« üblicher.

Am 28. November 1982 erhob Johannes Paul II. das Opus Dei zur »Personalprälatur«. Dem Laien sagt das nicht viel, Kenner der Kirchenszene aber wissen, daß die Erhebung einer Institution zur Personalprälatur ihr eine unerhörte Vorrangstellung einräumt. Der einmalige kirchenrechtliche Status des Opus Dei besteht u.a. darin, daß es nun ein eigenständiges Bistum, zwar nicht auf territorialer, wohl aber auf personeller Basis ist, es ist also den Kontrollmöglichkeiten der Diözesanbischöfe und der nationalen Bischofskonferenzen weitgehend entzogen. Es kann darauf pochen, nur dem Papst verantwortlich zu sein; es untersteht nun auch nicht mehr der römischen Kongregation für die Ordensleute und Säkularinstitute und ist damit auch aus dem Ordensrecht ausgegliedert. Es kann jetzt unabhängig von den bischöflichen Priesterseminaren und Konvikten die spezifisch-rigorose Opus-Dei-Abrichtung von Priestern und Laien in den eigenen Ausbildungsseminaren vornehmen. Kirchenrechtlich aufgewertet und abgesichert, kann es sich noch mehr und noch unangefochtener als bisher der Stabilisierung seiner gefährlichen Rolle als »Staat im Staat«, als »Kirche in der Kirche« widmen. Kein Wunder, daß Kardinal Sebastiano Baggio, ein Sympathisant und Förderer des Opus Dei, die Entscheidung des Papstes vom 28. November 1982 »historisch« nannte und ein anderer einflußreicher Unterstützer der Organisation sie als »einen Meilenstein in der Entwicklung« des Opus Dei bezeichnete.[2]

Wojtyla war dem Opus Dei zu Dank verpflichtet, weil Kardinäle, die dem »Werk« nahestanden bzw. angehörten, tatkräftig zu seiner Wahl zum Papst beigetragen hatten. Daher teilte der Papst dem Generalsekretär des Opus Dei, Alvaro del Portillo, also dem obersten Chef dieser Organisation, schon wenige Tage nach seiner Wahl handschriftlich mit, daß auch er, der Papst, einen neuen und höheren kirchenrechtlichen Status des Opus Dei für eine »unaufschiebbare Notwendigkeit« halte. Portillo hakte gleich nach. In einem durch eine Indiskretion bekannt gewordenen Briefdokument vom 23. April 1979 schilderte er dem Papst Stärke und Einfluß des Opus Dei, das »dem Heiligen Stuhl die Möglichkeit bietet, bei größter Effizienz über ein mobiles Corps von (akurat vorbereiteten) Priestern und Laien zu verfügen, die überall ein mächtiges geistliches und apostolisches Ferment christlichen Lebens waren; dies vor allem im Bereich der Gesellschaft und im Berufsleben, wo es heute oft nicht leicht ist, in apostolisch einschneidender Weise mit den der Kirche gewöhnlich zur Verfügung stehenden Mitteln anzukommen«.

Das Opus Dei sei in 87 Nationen tätig, betonte sein Chef in diesem Brief, dazu in 479 Universitäten und höheren Schulen, in 604 Zeitungen, Zeitschriften und wissenschaftlichen Veröffentlichungen, in 52 Radio- und Fernsehanstalten, in

---

[2] *Baggio:* L'OSSERVATORE ROMANO, Wochenausgabe dtsch., 10.12.1982 – *Meilenstein:* So Marcello Costalunga, Untersekretär der Kongregation für die Bischöfe, zit. n. Hertel, S. 134.

38 Werbe- und Nachrichtenagenturen, in 12 Filmproduktions- und Filmvertriebs-
gesellschaften.[3]

Kein Wunder also, daß Johannes Paul II. ungeachtet des Widerspruchs mancher Bischöfe[4] die kirchenrechtliche Vorrangstellung des Opus Dei als Personalprälatur durchsetzte und dessen Chef selbst auch noch großen Einfluß im Vatikan
gewährte. Alvaro del Portillo ist gleich in mehreren »Ministerien« der römischen
Kurie Mitglied und engagiert aktiv, in der ›Kongregation für den Klerus‹, die
für die seelsorgerische und rechtliche Leitung des Weltklerus zuständig ist, in
der ›Kongregation für die Selig- und Heiligsprechungen‹ und in der ›Päpstlichen
Kommission für die Instrumente der sozialen Kommunikation‹.

Abgesegnet von der höchsten kirchlichen Instanz ist jetzt der gewaltige Reichtum, die gewaltige Macht, der gewaltige Einfluß des Opus Dei. Das machtvolle,
vielfach bereits erfolggekrönte Bestreben des »Werkes Gottes« geht dahin, an
allen wichtigen Schalthebeln der Staaten und Regierungen, der Gesellschaften,
Wirtschaftskonzerne, Industrieunternehmen, Banken, Universitäten und anderen
Hochschulen durch eigene, dem »Werk« absolut gehorsame Leute vertreten zu
sein, um Welt-, Wirtschafts-, Finanz- und Gesellschaftspolitik im Sinne des eigenen Machtzuwachses und extrem konservativer, fundamentalistischer, autoritärer
und reaktionärer Zielvorstellungen zu beeinflussen. In einem nicht unerheblichen
Bereich der Medien fast aller Staaten ist das Opus Dei, wie gezeigt, bereits präsent. Starke und einflußreiche Verbindungen bestehen zum Weltbankplatz Zürich,
wo Mitglieder dieser Organisation in den Aufsichtsräten zahlreicher großer Banken sitzen. Auch die vatikanischen Finanzen werden weitgehend von Vertretern
des Opus Dei verwaltet. Johannes Paul II. beorderte zuverlässige und diskrete
Opus-Dei-Leute auf wichtige Positionen der vatikanischen Bank, des offiziell so
genannten ›Instituts für religiöse Werke‹, nachdem die Verwicklung des Vatikans
in viele Finanzskandale bekannt geworden war. Dazu mehr in Kapitel sieben. Die
von den Sektenbeauftragten der Kirchen so vehement bekämpften und als äußerst gefährlich hingestellten außerkirchlichen Organisationen wie ›Scientology‹
oder die Mun-Sekte verfügen über weit weniger politischen, ökonomischen und
finanziellen Einfluß als das Opus Dei.

Der Papst selbst umgab sich vorrangig mit Opus-Dei-Leuten. Man hat in seiner
näheren und nächsten Umgebung etwa hundert Mitglieder und Förderer dieser
Organisation ausgemacht. Ein Viertel davon sind Mitglieder von Ministerien des
Vatikans, den sog. Kongregationen der Kurie, von päpstlichen Kommissionen und
vatikanischen Institutionen. Eine ganze Reihe von Kardinälen sympathisiert mit
Opus Dei, fördert es tatkräftig bzw. gehört ihm direkt an, z.B. Angelo Sodano,

---

[3] *Höherer Status für Opus Dei*: vgl. Mettner, S. 57 – *Briefdokument*: zit. n. Hertel, S. 41 ; vgl. Mettner, S. 60f.
[4] *Widerspruch von Bischöfen*: Dazu Hertel, S. 138.

seines Zeichens Kardinalstaatssekretär, also der Mann an der administrativen Spitze des gesamten kurialen Apparats des Vatikanstaates und gleich nach dem Papst der Ranghöchste in der Kirche, sodann der bereits erwähnte Kardinal Baggio, ehemaliger Präfekt der Kongregation für die Bischöfe, jetzt Träger des Titels »Camerlengo der heiligen römischen Kirche«, Kardinal Silvio Oddi, Kardinal Antonio M. J. Ortas, verantwortlich für das Vatikanische Geheimarchiv, Kardinal Pietro Palazzini, Präfekt der Kongregation für die Heiligsprechungen, Kardinal Josef Tomko, Präfekt der Kongregation für die Evangelisierung der Völker, Kardinal Alfonso López Trujillo, Präsident des Päpstlichen Rates für die Familie und Mitglied der Päpstlichen Kommission für Lateinamerika, Kardinal Joachim Meisner, Erzbischof von Köln, der finanzstärksten Diözese der Welt.[5]

Der Papst unterstützte auch den Vormarsch des Opus Dei in der Hierarchie der römisch-katholischen Teilkirchen. Er hat im Laufe seines Pontifikats Dutzende von Opus-Dei-Priestern zu Diözesan- und Weihbischöfen ernannt, vor allem in Lateinamerika als Gegengewicht zur Befreiungstheologie, aber auch in Europa, Afrika und Asien. Alles in allem wird man dem Urteil des Nymweger Professors für Kirchenrecht, Knut Walf, zustimmen müssen: Das Opus Dei hat sich »wie ein Ölfleck über die gesamte katholische Kirche ausgebreitet«.[6]

Die Sympathie, ja Affinität und Herzensverwandtschaft zwischen Papst Johannes Paul II. und dem Opus Dei hat viele Gründe und Aspekte. In der Zielvorstellung und Strategie dieses Papstes stellte Opus Dei immer schon das Modell und das zu realisierende Ideal von Kirche überhaupt dar. In der straffen, hierarchischen Organisation des »Werkes Gottes« sah er stets das Vorbild für die von ihm ständig betriebene Festigung der antidemokratischen kirchlichen Herrschaftsstrukturen. Die unerhörte Bedeutung des Gehorsams und der Disziplin in den Ordensregeln des Opus Dei stimmt genau mit dem Vorrang des Gehorsams vor allen anderen christlichen Tugenden in seinem Weltkatechismus und seinem CODEX IURIS CANONICI überein (vgl. Kapitel 4). Als Motto über diesen beiden Großeditionen des Papstes könnte einer der 999 apodiktischen Lehrsätze und rigorosen Marschbefehle stehen, aus denen das wichtigste Buch des Opus-Dei-Gründers DER WEG, zugleich das Grund- und Hauptbuch dieser Bewegung, besteht: »Gehorchen ... sicherer Weg. Blind dem Vorgesetzten gehorchen ... Weg der Heiligkeit. In deinem Apostolat gehorchen ... der einzige Weg. Denn in einem Werk Gottes kann der Geist nur so sein: gehorchen oder weggehen.«[7]

---

[5] Mettner, S. 53ff.; Mynarek, Diener.

[6] *Diözesan- und Weihbischöfe*: Eine (unvollständige) Liste ihrer Namen bringt Mettner, S. 56 – »*Ölfleck*«: Walf, S. 251.

[7] Escrivá de Balaguer, Weg, Nr. 941. (Erste spanische Auflage: Valencia 1939. Die deutschen Übersetzungen dieses Buches weisen erhebliche Abschwächungen des spanischen Originaltextes auf, weil

Den polnischen Papst, dem, wie wir im 1. Kapitel sahen, Ordnung und Disziplin von frühester Kindheit an imponierten, müssen auch weitere Opus-Regeln Escrivás zum Gehorsam außerordentlich beeindruckt haben: »Gehorcht, wie ein Werkzeug in der Hand des Künstlers gehorcht, das nicht danach fragt, warum es dieses oder jenes tut.« oder: »Die geistliche Kindschaft fordert die Unterwerfung des Verstandes. Das ist schwerer als die Unterwerfung des Willens.« Hier besteht faktisch kein Unterschied mehr zu der Aufforderung: »Beim Eintreten Schuhe und Verstand ablegen« auf dem Eingangsschild des Ashrams der von den kirchlichen Sektenbeauftragten so vehement bekämpften Bhagwan-Jünger. Die Vernunft wird in beiden Fällen an den Guru bzw. den geistlichen Leiter abgegeben, denn der hat nach Escrivá de Balaguer »mehr Gnade, spezielle Gnade, Standesgnade, welche Licht und mächtigen Beistand Gottes bedeutet«, und deshalb gilt: »Wer bist du, daß du über Entscheidungen deines Leiters urteilst? ... Laß die Gelegenheit nicht vorübergehen, dich mit deinem Urteil zu unterwerfen.«[8]

Zu dem im Codex Iuris Canonici und im Weltkatechismus geforderten unbedingten Gehorsam gegenüber der nach Wojtyla von Gott selbst eingesetzten »heiligen Herrschaft« (= Hierarchie) der Kirche gehört nicht nur das Opfer des Verstandes seitens des gläubigen Fußvolks, sondern in letzter Konsequenz auch das Gefühl und die Überzeugung, dann – nach Darbringung des Verstandes – aus sich selbst heraus gar nichts mehr zu sein. So deutlich sagte es der polnische Papst in seinen Publikationen nicht, aber die vielfältige und nachhaltige Unterstützung des Opus Dei während seines Pontifikats läßt stark vermuten, daß auch die folgenden Darlegungen des Opus-Dei-Gründers Wojtylas Geist atmen, sind sie doch, so erschreckend menschenverachtend sie auch sind, nur die letzte Konsequenz der auch vom Papst erhobenen Forderung nach absolutem Gehorsam:

»Vergiß nicht, was du bist ..., ein Kehrrichteimer ... Demütige dich: weißt du nicht, daß du ein Eimer für Abfälle bist?« (...) »Wenn du dich kennen würdest, wärst du über die Verachtung erfreut.« (Wie sehr kontrastiert das doch mit Nietzsches berühmtem Diktum, daß die vornehme Seele Achtung vor sich selbst hat!) Du müßtest, so der Gründer des Opus Dei weiter, eigentlich »dauernd mit dem Gesicht am Boden liegen, gekrümmt wie ein schmutziger, häßlicher, abscheulicher Wurm ... vor diesem Gott, der dich immer noch erträgt und trägt.« Denn: »Du bist schmutziger, herabgefallener Staub.« Allerdings: Größe wird den Gläubig-Gehorsamen auch verheißen, sowohl vom Papst wie von Escrivá, aber

---

manche faschistoiden Aussagen des Opus-Dei-Gründers zu starker Tobak für die deutschen Leser gewesen wären. Auch die eben zitierte Nr. 941 wurde später abgeschwächt. Im folgenden wird meistenteils nach der 11. Auflage des »Weges«, Köln 1984, zitiert.)

[8] Ebd., Nr. 617, 856, 457, 177.

eben nur auf diesem Weg der Selbstbezichtigung als Dreck, Schmutz und Wurm: »Wenn deine Demut dich dahin bringt, dich als Unrat, als einen Haufen Unrat, zu erkennen, können wir aus all dieser Erbärmlichkeit noch etwas Großes machen.«[9]

Gern ließ sich Johannes Paul II. auf seinen Reisen als »universaler Vater« (papa) der Menschheit feiern. Ganz besonders deutlich zeigte sich das auf dem Weltjugendfestival in Manila auf den Philippinen, wo fast vier Millionen Jugendliche dem Papst als dem großen »Übervater« zujubelten. Die Kehrseite und Basis des Vaterkults aber ist die Infantilität der Gläubigen. Wiederum bringt der Opus-Dei-Gründer deutlicher auf den Punkt, was auch dem Papst vorgeschwebt haben muß, wenn der den Vaterkult der Gläubigen derart bejahte und begrüßte: »Sei klein, sehr klein. – Sei nicht älter als zwei, höchstens drei Jahre. – Größere Kinder sind schon Spitzbuben, die ihre Eltern mit den unwahrscheinlichsten Lügen täuschen wollen. Sie haben schon die Bosheit, den Keim der Sünde.« (...) »Suche nicht, ein Erwachsener zu sein. – Kind, immer Kind, auch wenn du vor Alter umfällst.« (...) »Ein schwaches Kind hält sich, wenn es klug ist, dicht an seinen Vater.« Infantile, abhängige, unterwürfige, ich-schwache, ja ihr Selbst aufgebende Individuen sind das Ideal des Opus Dei, das der Wojtyla-Papst als Aktionsmuster der Missionierung der Menschen auf unserem Planeten für gut befand. Kardinal Meisner, der engste Vertraute und Freund Wojtylas in Deutschland, den er gegen den Widerstand der Gläubigen und des Domkapitels auf den Erzbischofsstuhl der Diözese Köln gehievt hat, hat diesbezüglich ganz genau formuliert, was sowohl der Papst als auch Opus Dei meinen und intendieren: »Es gehört zu den größten Häresien, zu glauben, das Ziel der Christen sei die Selbstverwirklichung ... Der Selbstverlust ist unsere Berufung.«[10]

Noch in aller Ohren hallen auch des Papstes ständige Verdikte über unsere halt- und zügellose Konsumgesellschaft, die im Sumpf einer Kultur der Lethargie und des Todes versinke. Der Opus-Dei-Gründer war auch da massiver und geschmackloser in der Formulierung des von beiden Gemeinten:

»Die Menge tut einem leid. Die Hohen, die Niedrigen, die Mittleren – alle ohne Ideal! – Sie machen den Eindruck, als ob sie nicht wüßten, daß sie eine Seele haben. Sie sind wie ... Rinderherden, Schafherden ..., Schweineherden ... wir wollen die Rinderherde in eine Legion verwandeln, die Schafherde in ein Heer ..., und aus der Schweineherde wollen wir die herausholen, die nicht mehr unrein sein wollen.«

Dazu bedurfte es allerdings nach einhelliger Meinung Wojtylas und Escrivás einer Führungsschicht, einer Avantgarde, eines »Generalstabes Christi«, der »das

---

[9] Ebd., Nr. 592, 595, 597, 599, 605.
[10] Ebd., Nr. 868, 870, 880; Meisner, S. 92f.

Heer Christi« führt. Diese Führungsschicht bilden die zölibatär lebenden Kirchenfürsten bzw. Opus-Dei-Priester, während die Ehe für das Heer, das Fußvolk ist.[11]

Wo ein Generalstab und ein Heer ist, dort sind auch der Krieg und dessen »Tugenden« nicht weit. Die Parole für diesen heiligen Missionskrieg heißt: »Vorwärts,
los! Mit heiliger Unverschämtheit.« (...) »Die Ebene der Heiligkeit, die der Herr
von uns fordert, wird durch drei Punkte bestimmt: heilige Unnachgiebigkeit, heiliger Zwang, heilige Unverschämtheit.« Es geht schließlich um die »Operation
Gottes« selbst, die die geschwächte Kirche stärken, den Abfall vom Glauben stop-
pen und dem Zeitgeist die Stirn bieten soll. Der Kampf im Dienste Gottes und
der Kirche ist für den Opus-Dei-Gründer ein heiliger Krieg. Die Formeln, die er
dafür verwendet, sind militaristisch: »Vergiß mir nicht, daß auch Christus seinen
›Kriegsdienst‹ hat und Leute, die zu seinem Dienst auserwählt sind.« (...) »Der
Krieg hat ein übernatürliches Ziel ..., das der Welt verborgen ist: der Krieg ist
für uns. Der Krieg ist das größte Hindernis für einen bequemen Weg. – Aber
schließlich werden wir ihn lieben müssen wie ein Mönch seine Bußgeißeln.« (...)
»Kämpft, meine Kinder, kämpft.« Die nicht kämpfen wollen, »sind, was sie sind:
besiegte Menschen, unterworfene Menschen, glaubenslose Menschen, gefallene
Seelen wie der Satan.« (...) »Die Situation ist ernst, meine Töchter und Söhne.
Die ganze Kampflinie ist bedroht. Laßt nicht zu, daß durch einen von uns eine
Bresche geschlagen wird. Ich habe nicht aufgehört, euch zu warnen: das Böse
kommt von innen und von hoch oben. Es gibt eine wirkliche Fäulnis, und zur
Zeit scheint es, als sei der mystische Leib Christi ein Leichnam in stinkender Ver-
wesung ... wir müssen jetzt unserem Dasein einen Sinn der Wiedergutmachung
geben.« (...) »Stähle deinen Willen, damit Gott dich zum Führer macht.«[12]

Diese Aufforderung hat eine frappierende Ähnlichkeit mit Appellen, die man
in der Hitlerjugend des Dritten Reiches tagtäglich zu hören bekam, auch wenn
dabei das Wort »Gott« seltener fiel.

Aber man hat im Opus Dei auch militärisch-solidarisch zu sein mit allem, was
im Diesseits und Jenseits lebt bzw. zu missionieren ist. »... noch eine Viertelstun-
de Bußgürtel für die Seelen im Fegefeuer, noch fünf Minuten für deine Eltern,
weitere fünf für deine Brüder im Apostolat ... Wenn du deine Abtötung auf diese
Weise machst, wie wertvoll ist sie dann!« Und man hat dem vorgesetzten »Offi-
zier« gegenüber absolut offen, transparent, durchschaubar, seiner Kontrolle stets
zugänglich zu sein:

---

[11] *Verdikte:* z.B. Redemptor hominis, S. 10, 15, 16; Evangelium vitae, S. 22f., 33 – *Escrivá de Balaguer:*
Weg, Nr. 914, 9, 16, 19, 24, 28.

[12] *Escrivá de Balaguer:* ebd., Nr. 44, 387, 905, 311, 833; Crónica 2/1972 (interne Führungszeitschrift des
Opus Dei, die an sich nur den zölibatär lebenden Numerariern dieser Organisation zugänglich ist). –
»Operation Gottes«: So das Opus-Dei-Mitglied, der Escrivá-Biograph Berglar, S. 228.

»Warum diese Scheu, dich selbst zu sehen und dich deinem Leiter so zu zeigen, wie du in Wirklichkeit bist? Du gewinnst eine große Schlacht, wenn du die Angst überwindest, dich durchschauen zu lassen.« (...) »Nimm etwas zu schreiben und lege einfach und vertrauensvoll ... nieder, was dich bedrückt. Gib den Zettel deinem Vorgesetzten ... Er ist der zuständige Mann, er hat die Standesgnade.«

Die Ähnlichkeit mit der von Johannes Paul II. immer wieder wärmstens empfohlenen Ohrenbeichte sticht in die Augen. So etwas wie den folgenden Rat Escrivás kann man auch von vielen Beichtvätern hören: »Du dummes Kind: an dem Tag, da du deinem geistlichen Leiter etwas über deine Seele verbirgst, hörst du auf, ein Kind zu sein, denn du hast dein einfaches Leben verloren.« [13]

Absolute Durchschaubarkeit im Innern, absolute Geheimhaltung und Diskretion nach außen – das ist der Geist des Opus Dei, aber auch der Geheimdiplomatie des Vatikans. »Ich kann dir«, so Escrivá, »die Bedeutung der Diskretion nicht genug ans Herz legen. Vielleicht ist sie nicht die Spitze deiner Waffe, aber zumindest der Griff.« (...) »Offenbare nicht ohne Grund das Vertrauliche deines Apostolates.« Dieser geheime Charakter des Opus Dei stellt, wie Kritiker desselben übereinstimmend erklären, »die offensichtlichste Affinität zum mafiosen Verhalten und zur mafiosen Herrschaftstechnik« dar. Es gebe ein »deutliches Mißverhältnis zwischen absolut fehlender Publizität und eifrigster Werbung und Wirkung im stillen«. [14]

Die Weltöffentlichkeit mokierte sich immer wieder über die leib- und sexualfeindlichen Aussagen und Appelle des Pontifex Maximus. Auch hiermit lag er auf derselben Linie wie der Gründer des Opus Dei, der den menschlichen Körper als »einen verräterischen Feind« anprangerte, als »deinen Feind und Feind der Verherrlichung Gottes, weil er deine Heiligung bedroht.« (...) »Sag deinem Leib: Lieber will ich mir einen Sklaven halten als selber dein Sklave sein.« Krass dualistisch sieht Escrivá das Verhältnis zwischen Leib und Seele. Er betrachtet es als das »zweier Feinde, die sich nicht trennen, und zweier Freunde, die sich nicht ausstehen können«. Die Abtötung des Leibes darf nach ihm »wie das Schlagen des Herzens nie aussetzen ... Wer liebt, tritt sich selbst mit Füßen.« [15]

Die makabre, aber zentrale Opferideologie des kirchlichen Christentums, die der Wojtyla-Papst in seinem Weltkatechismus erneuert, bestätigt und weiter ausgeführt hat, muß konsequent zum Leidensmasochismus führen, wie das zahlreiche Texte des Opus-Dei-Gründers beweisen: »Gesegnet sei der Schmerz. – Geliebt

---

[13] Escrivá de Balaguer, Weg, Nr. 899, 65, 53, 862.

[14] *Escrivá de Balaguer:* ebd., Nr. 655, 643 – *mafioses Verhalten:* Mettner, S. 118f. – *fehlende Publizität:* Balthasar, S. 118.

[15] Escrivá de Balaguer, Weg, Nr. 195, 214, 226, 227; ders., Feuer, Nr. 518, 532.

sei der Schmerz. – Geheiligt sei der Schmerz. – Verherrlicht sei der Schmerz!« (...) »Wir adeln den Schmerz ...: als Sühne.« Die masochistische Kreuzesmystik Escrivás gipfelt in den Worten: »Spürte ich doch in meinem Fleisch nichts anderes als das Kreuz! ... Das Kreuz auf deiner Brust – gut, aber das Kreuz auf deinen Schultern, das Kreuz in deinem Fleisch, das Kreuz in deinem Verstand. – Nur so lebst du für Christus ... Nur so bist du Apostel.«[16]

Aber während die masochistische Opferideologie von den Offiziellen in Kirche und Opus Dei noch feierlich proklamiert wird, befreien sich immer mehr Gläubige aus dem christlichen Fußvolk von den Fesseln dieses Aberglaubens. »Seit er meinen Bruder kreuzigen ließ, um sich mit mir zu versöhnen, weiß ich, was ich von meinem Vater zu halten habe«, bringt einer von ihnen die Sache prägnant auf den Punkt. »Ich kam mir nicht so sündhaft vor, wie man es mir einreden wollte, und ich hatte ... Gott auch nicht gebeten, Jesus für mich sterben zu lassen«, schreibt eine andere und fügt gleich hinzu, daß sie deshalb auch nicht mehr zum Abendmahl gehe, »denn dabei ging es wieder um Opferblut«. Bei Papst Johannes Paul II. selbst scheinen aber auch persönliche, dunkel-archaische Erlebnisse einen nicht unerheblichen Einfluß auf seine Opfertheologie ausgeübt zu haben. Wie Juan Arias berichtet, ist jedenfalls dieser Papst überzeugt, seine Erfolge, seine Karriere bis hin zum Gipfel der Papstwürde, »mit einem schweren Unglück eines Nahestehenden bezahlt zu haben«.[17]

In Karol Wojtyla schlug seit seiner Jugend das brennende Herz eines Missionars. Seine vielen Reisen beweisen: Sein Missionsfeld war die ganze Welt. Nach dem Zusammenbruch des Ostblocks leitete er mit glühendem Eifer und zahlreichen Initiativen eine neue massive Missionierung Rußlands und anderer ehemaliger Ostblockstaaten ein. Die Sache war ihm so wichtig, daß er dafür sogar die Verschlechterung der ökumenischen Beziehungen zur russisch-orthodoxen Kirche in Kauf nahm. Aber auch das ganze, seines Erachtens heidnisch gewordene Europa sollte kräftig missioniert werden. Ihm schwebte eine fundamentale christliche Neuordnung des alten Kontinents vor. Der Papst blies zum Sturm auf die brüchige, säkularisierte Festung Europa. Eine neue Evangelisierung des heidnischen, hedonistischen Europas sollte aus »Sklaven der Lust« wieder brave Christen machen. Die Kirche sei doch »nicht eine in sich selbst geschlossene Wirklichkeit, sondern fortwährend offen für die missionarische ... Dynamik«. Der polnische Papst

---

[16] *Opferideologie:* vgl. Katechismus, S. 187 (über der Nr. 606): »Christus hat sich für unsere Sünden seinem Vater dargebracht«; Nr. 601: Der »göttliche Plan, durch den gewaltsamen Tod des ›Knechtes, des Gerechten‹ ... Heil zu schaffen«. Vgl. zur zentralen Opfertheorie der katholischen Kirche auch Kapitel 3 – *Escrivá de Balaguer:* Weg, Nr. 208, 234, 151, 929.

[17] *Aussagen von Gläubigen:* Weißenborn, zit. n. Berg, S. 82; Elian, S. 45f. – *Unglück eines Nahestehenden:* zit. n. Ranke-Heinemann, S. 353; vgl. Bernstein/Politi, S. 596, die sogar glauben, den Namen des »Nahestehenden« zu kennen und ihn auch angeben.

unternahm auch alles mögliche, um sein Programm der Re-Evangelisierung Europas zu realisieren. Gleich neben dem Vatikan steht die Zentrale ›Evangelisierung 2000‹, denn bis zum Jahrtausendende sollte Europa wieder christlich – und damit meinte Wojtyla natürlich: katholisch – werden. Filialen dieser Evangelisierungs- und Missionierungszentrale entstanden auf Geheiß und mit Unterstützung dieses Papstes in ganz Europa. [18]

Wiederum entsprach der Missionsidee des Papstes am adäquatesten das Missionierungsprogramm von Opus Dei:

»Wenn jemand nicht den Eifer hat, andere für die Sache zu gewinnen, so hat er kein Herz, das schlägt. Er ist tot. Wir können die Worte der Schrift auf ihn anwenden: ... (Joh. 11,39) ›Er ist bereits am Verwesen (wörtlich: er stinkt), denn er ist schon vier Tage tot.‹ Diese Seelen, auch wenn sie am Werk teilhatten, wären tot, verfault ... Und, so sagt der Vater, Leichen bringen mir nichts. Leichen begrabe ich.« (...) »Kein Mitglied des Werkes vergißt, daß die Verpflichtung zu werben zu seiner Berufung gehört; sie muß ein beständiges Anliegen und Thema der täglichen Gewissensforschung sein ... Die Neuberufenen haben von Anfang ihres Eintritts an die Werbung praktisch zu betreiben.« [19]

Dem von einem global-expansiven Missionierungsgedanken erfüllten Wojtyla mußte eine Organisation nach Art des Opus Dei wie gerufen kommen. Früher waren die Jesuiten mit ihrem vierten Gelübde des speziellen Gehorsams gegenüber dem Papst **die** Stoßtruppe des Vatikans gewesen, die SS der Kirche, wie Zyniker sie bezeichneten. Aber dem Wojtyla-Papst waren sie wegen ihrer Liberalisierungstendenzen, ihrer kirchenreformerischen Ansichten und Absichten und ihrer teilweise geäußerten Sympathien für die Befreiungstheologie und -bewegungen in Südamerika schon lange suspekt. Ihm mißfielen auch Kleinigkeiten wie z.B., daß manche Jesuiten zu weltmännisch auftraten und daß sie lieber in Zivil als in ihrem Ordenshabit durch Rom stolzierten. Anders die Leute von Opus Dei: Sie haben eine klare, entschiedene Linie, sie sind so wie die Kirche, die er seit seiner Kindheit und Jugend in Polen kannte.

»Diese Leute tragen Talar, es gibt Gehorsam, man spricht Latein – lauter starke Faktoren ... Und er kann sie brauchen ... Opus Dei hat Leute, die sehr gut Dinge zu managen verstehen, die durch die Busineß-Schule in Barcelona gegangen sind, die so etwas wie Harvard ist. Sie können organisieren. Sie haben Sachkenntnis in

---

[18] *Neue Evangelisierung:* vgl. vor allem Johannes Pauls II. Enzyklika Redemptoris Missio (Die Sendung des Erlösers) über die fortdauernde Gültigkeit des missionarischen Auftrags der Kirche – *missionarische Dynamik:* Enzyklika Ut Unum Sint (Für die Einheit der Christen) – *Missionierungsbestrebungen der Kirche:* Mynarek, Denkverbot, 1. Kap.

[19] *Missionierungsprogramm:* Crónica, zit. n. Mettner, S. 221; Opus-Dei-Geheimdokument De Spiritu et piis servandis Consuetudinibus (Geist und fromme Gewohnheiten), zit. n. Paulus-Akademie, S. 73.

Finanzen, sie verstehen etwas von Kommunikation, sie sind Journalisten. Sie sind verläßlich, gehorsam, ruhig und diskret.«

Kein Wunder also, daß der vatikanische Pressesprecher, der täglich unmittelbar Zugang zum Papst hatte und sich fast immer in seiner Nähe befand, ein Opus-Dei-Mann war. Es handelt sich um den zum Journalismus übergewechselten spanischen Psychiater Dr. Joaquin Navarro-Valls, der auch der Direktor des Pressesaales des Hl. Stuhls war und dem der polnische Papst sein absolutes Vertrauen schenkte. Navarro-Valls war auch einer der überzeugtesten Befürworter jenes schriftlichen Interviews, das dann zur Herausgabe des Buches Johannes Pauls II. DIE SCHWELLE DER HOFFNUNG ÜBERSCHREITEN führte. Auch der Herausgeber dieses Werkes, Vittorio Messori, steht dem Opus Dei nahe, und Dr. Navarro-Valls war es, der Messori das Manuskript mit den Antworten des Papstes auf die in ungeheurer Demut und Devotion gestellten Fragen höchstpersönlich überbrachte.[20]

Das Pontifikat des polnischen Papstes war **die** Zeit des Opus Dei. »Wie eine Krake wuchs parallel dazu (d.h. zum Pontifikat) das ›Octopus Dei‹«, das sich dem Papst als mobiles Corps mit strengster Disziplin und großem Geldbesitz angedient hatte. Ihm mußte daran liegen, Papst Johannes Paul II. so lange wie möglich am Leben zu erhalten, weil nur unter der Sonne seines Wohlwollens und seiner Unterstützung ein mutmaßliches Hauptziel des Opus Dei, die totale Kontrolle des kurialen Herrschaftsapparats der römisch-katholischen Kirche, erreicht werden konnte. Und immerhin gelang den Opus-Dei-Leuten in dieser Zeit ja auch die Eroberung wichtiger Machtzentren und Schlüsselpositionen im Vatikan selbst wie auch in den Regionalkirchen des ORBIS CATHOLICUS. Angesichts des Einflusses von Opus Dei auf den Papst sprach man von einem »Fundamentalismus EX CATHEDRA«.[21]

Der Marsch des Papsttums und der Kirche ins dritte Jahrtausend sollte nach Auffassung Wojtylas von Opus Dei flankiert werden. Hohe Vertreter des Opus Dei, vor Selbstbewußtsein strotzend, bestärkten den Papst, der schon als Erzbischof von Krakau mit dieser Organisation sympathisiert hatte und bei seinen zahlreichen Rombesuchen vor seiner Wahl zum Papst immer wieder Gast im ›Centro Romano di Incontri Sacerdotali‹ (CRIS), dem Zentrum des Opus-Dei-Klerus in Rom, war, in dieser Auffassung:

»Leute in hohen Positionen in Rom ... in der Zentrale (des Opus Dei) formulierten mit großer Überzeugungskraft: ›Opus Dei ist von Gott erwählt worden, die Kirche zu retten.‹ Und sehr wichtige Leute im Opus Dei sagen heute offen,

---

[20] *Opus-Dei-Leute:* So das einstmals führende Mitglied des Opus Dei in Großbritannien, der Priester Vladimir Felzmann, zit. n. Hertel, S. 213 – *Herausgabe der Papstbiographie:* vgl. das zu diesem Buch im 3. Kap. Gesagte; vgl. Schwelle, S. 13f.

[21] *»Octopus Dei«:* Mettner, S. 14 – *Fundamentalismus* EX CATHEDRA: ebd., S. 13.

in 20, 30 Jahren wird das einzige, was von der Kirche bleibt, Opus Dei sein: ›Die ganze Kirche wird Opus Dei sein. Denn wir haben den klaren, sicheren, orthodoxen Blick in bezug auf alles. Der Gründer ist ja von Gott erwählt worden, die Kirche zu retten. Deshalb ist Gott mit uns.‹«

Innerhalb des »Werkes« scheut man sich auch nicht, die »göttliche« Stiftung des Opus Dei mit der göttlichen Stiftung der Kirche auf eine Ebene zu stellen: Das »Werk Gottes« ist »keine weltliche Gründung und auch keine ›kirchliche‹ Aktivität, sondern eine unmittelbare Stiftung Gottes in seiner und für seine Kirche«. Das Opus Dei gehe direkt auf göttlichen Einsetzungsbefehl zurück. Es »besitzt eine ewige Jugend, die aus seiner inneren Natur stammt, und ein göttliches, dynamisches Wesen, das sich ständig erneuert«.[22]

Tatsächlich beseelt die Führer des Opus Dei die Dynamik einer rückwärtsgewandten Revolution, und auch Papst Johannes Paul II. war der dynamische Vorantreiber einer restaurativen Großoffensive, die in der Kirche wieder mittelalterliche Zustände einführen sollte. Denn formal war er zwar noch immer **der** »absolute Monarch«, abgesichert durch die auf dem I. Vaticanum verkündeten Dogmen der päpstlichen Unfehlbarkeit und des universalen Jurisdiktionsprimats, wonach er in dieser Welt der oberste Richter ist, »da es keine höhere Amtsgewalt gibt und es niemandem erlaubt ist, über dieses Gericht zu richten«, und wonach er auch der Einzigartige ist, vor dem »Hirten und Gläubige jeglichen Ritus und Ranges ... zur Pflicht hierarchischer Unterordnung und wahren Gehorsams gehalten sind«. Aber in Wirklichkeit wackelte und bröckelte sein geistliches Imperium während seines Pontifikats gefährlich von innen her, so daß er die Kampftruppe Opus Dei für außerordentlich nötig hielt. Auf die Dauer wird sich auch die vom I. Vatikanischen Konzil als »eine Herde unter einem obersten Hirten«[23] definierte Kirche nicht damit abfinden, eine antiquierte Diktatur zu sein, in der es keine Teilung der geistlichen »Staatsgewalt«, keine Trennung von Gesetzgebung, Rechtsprechung und Exekutive (Regierung und Administration) gibt, und in der auch keinerlei demokratisches Kontrollorgan existiert. Wer also dieses klassisch antidemokratische Gebilde der römisch-katholischen Amtskirche erhalten will, in dem alles strengstens von oben nach unten organisiert ist wie bei einer grotesken Pyramide, die sich von oben, von der Spitze her, nach unten hin aufbaut, der mußte in der Not schließlich zu jedem Mittel greifen, um demokratische Bestrebungen niederzuhalten. Deshalb griff der Wojtyla-Papst nach dem Strohhalm des Opus Dei.

---

[22] *Kirche wird Opus Dei:* V. Felzmann, ehemaliges führendes Opus-Mitglied, in einem Interview; zit. n. Mettner, S. 37 – *unmittelbare Stiftung Gottes:* So der Hagiograph Escrivás de Balaguer, Berglar, S. 66 – *ewige Jugend:* CRÓNICA 8/1968.

[23] *Päpstliche Unfehlbarkeit:* »Erste dogmatische Konstitution PASTOR AETERNUS über die Kirche Christi, erlassen in der 4. Sitzung des Hochheiligen Vatik. Konzils (18.7.1870)«, 3. Kap. (Dz. 1826, 1827) – *zum absoluten monarchischen Charakter des Papsttums:* vgl. Mynarek, Verrat, S. 33–53.

Und Opus Dei hat sich im Sinne dieses Papstes denn auch in vielfältiger Weise bewährt, besonders bei der Bekämpfung der sogenannten **Befreiungstheologie**. Kenner des Opus Dei sprechen vom »entscheidenden Anteil« des Ordens an den vatikanischen Versuchen zur Domestizierung der Theologie der Befreiung. »Parallel zum wachsenden Einfluß des Opus Dei im Vatikan hat sich die Politik Roms unter dem Pontifikat Johannes Pauls II. gegen die Theologie der Befreiung gewendet.«[24] Je mehr Positionen unter dem wohlwollenden Auge und mit Hilfe des Papstes im Vatikan von Opus-Dei-Leuten besetzt, je mehr Opus-Dei-Sympathisanten oder -Mitglieder in Lateinamerika auf wichtige Bischofssitze gehievt wurden, um so systematischer, strenger und gezielter wurden auch jene Bischöfe und Theologen, die sich für die armen und unterdrückten Volksmassen des Subkontinents einsetzten, diszipliniert und bekämpft.

Falsch ist aber die von manchen Papstverteidigern ins Spiel gebrachte These, Opus Dei sei an so gut wie allem schuld, der Papst sei eben zunehmend unter dessen Einfluß geraten. Der Machtmensch Wojtyla, sensibel wie ein Seismograph, wenn es darum ging, auch kleinste Antastungen der Macht des Papsttums zu registrieren, hatte vielmehr sofort selbst die Gefahr gewittert, die die »Von-unten-Perspektive« der Befreiungstheologie für seine »Von-oben-Sicht« der Kirche bedeutete. Begründer und Cheftheoretiker der südamerikanischen Befreiungsbewegung wie die Theologen Leonardo Boff (Brasilien), Gustavo Gutiérrez (Peru) und Jon Sobrino (El Salvador) haben glasklar den Punkt dieser Bewegung herausgeschält, der dem Papst ein Dorn im Auge sein mußte: Kirche und Papsttum müßten sich zu den Armen und Randsiedlern der Gesellschaft bekennen. Aber dies nicht etwa so, daß sie ihnen lediglich ein paar Almosen hinwerfen, sondern daß von nun an durchgehend alles, die ganze politische, wirtschaftliche, soziale, kulturelle, religiöse Lage, aus der Perspektive der Ausgebeuteten, des Volks, derer da unten, gesehen, analysiert und bewertet werden müsse. Die »Option für die Armen«, ihre Gleich- und Vorrangstellung in der Kirche müsse oberstes Prinzip werden. Die Underdogs des Fortschritts sollen nicht nur befreit, sondern an die Schalthebel der kirchlichen Macht gelassen werden. Genau dadurch drohte der hierarchischen Kirche, die zudem stets eine Kirche der Reichen, der Mächtigen, der Unterdrücker gewesen war, eklatante Gefahr.

Der polnische Papst, für den nicht erst Rebellion, sondern schon sachlich fundierte Kritik an den kirchlichen Herrschaftsstrukturen stets ein Sakrileg war, schritt schnell zur Tat. Befreiungstheologen wie die gerade genannten wurden vor die Nachfolgebehörde des ›Heiligen Offiziums‹, der Inquisitionsbehörde, bestellt, das heute den harmlosen Namen ›Kongregation für die Glaubenslehre‹ trägt, stundenlang vernommen und zu Unterwerfungserklärungen genötigt. Aber

---

[24] Mettner, S. 88.

auch diese nützten kaum etwas. Sie erhielten trotzdem Rede- und Schreibverbot, das sogenannte »Bußschweigen«, und wurden von den kirchlichen Vorgesetzten bzw. Ordensoberen entwürdigend behandelt. Franziskanerpater Boff erklärte, nachdem er das Priesteramt aufgegeben und den Orden, der von Rom zu diesem Zweck unter Druck gesetzt worden war, verlassen hatte:

»Die subjektive Erfahrung, die ich in diesem 20jährigen Ringen mit der Lehrautorität gemacht habe, ist diese: Sie ist grausam und unbarmherzig. Sie vergißt nichts, sie verzeiht nichts, sie verlangt alles. Jede erforderliche Zeit und alle nötigen Mittel werden eingesetzt, um das Ziel zu erreichen: nämlich die Gleichschaltung der theologischen Intelligenz ... Ich habe das Gefühl, vor eine Mauer gelangt zu sein. Ich komme nicht mehr weiter.« Er wolle nicht »die eigene Identität opfern ... Es gibt Grenzen, die nicht überschritten werden dürfen: das Recht, die Würde und die Freiheit des Menschen. Wer sich ständig beugt, wird letztendlich krumm und damit entmenschlicht ... Bevor ich ganz verbittere ..., wechsle ich lieber den Weg.«[25]

Erinnert sei auch an Ernesto Cardenal, Dichter und ehemaliger Kulturminister der Sandinistischen Front der Nationalen Befreiung in Nicaragua, der vom Vatikan seines Priesteramts enthoben wurde, weil er dem päpstlichen Verbot, das Ministeramt zu übernehmen, nicht Folge leistete.

Mit raffinierten Kontrollmethoden werden die Aktivitäten der Kirche der Armen und der Theologie der Befreiung in Südamerika überwacht. Eine große Rolle in der Strategie Roms spielt dabei die Datenbank der CELAM (= Lateinamerikanischer Bischofsrat) in Bogotá als Teil eines riesigen Datenverarbeitungsapparats. Mit ihrer Hilfe sollen die Aktivitäten der Befreiungstheologen kontrolliert und minutiös Informationen über alles gesammelt werden, was in den lateinamerikanischen Kirchen geschieht. Es existiert bereits eine detaillierte Datei aller Schriften, Bewegungen, Reisen, Vorträge, Seminare und Kontakte der Befreiungstheologen und ihrer Mitarbeiter. Das »Gehirn« des ganzen Systems, ein Computer im Wert von 800 000 US-Dollar im Hauptsitz der CELAM, wird von den Befreiungsleuten der »Todescomputer« genannt:

»Inzwischen hat die neue bischöflich-ultrakonservative Avantgarde des Kontinents (Marke Opus Dei, geschaffen von Papst Wojtyla) in Bogotá einen Computer installiert, den wir Todescomputer nennen: Sämtliche Namen, Schritte und Handlungen der Theologinnen und Theologen der Hoffnung für die einfachen Leute

---

[25] *Befreiungstheologen vor der »Kongregation für die Glaubenslehre«:* Kardinal Joseph Ratzinger, Präfekt der Glaubenskongregation, verfaßte im Auftrag des Papstes zwei Instruktionen (I: Über einige Aspekte der Theologie der Befreiung vom 3. Sept. 1984; II: Über die christliche Freiheit und die Befreiung vom 5. April 1986), die als kirchenoffizielle Verurteilung der Befreiungstheologie und der Kirche der Armen gelten; vgl. auch Ratzingers ZEHN KRITISCHE BEMERKUNGEN ZUR THEOLOGIE VON GUSTAVO GUTIÉRREZ, März 1983. – *Leonardo Boff:* Boff, S. 15.

sind in seinem Elektronengehirn gespeichert ... Und wenn sich aus dem Innersten des Volkes im Chor die Stimme fürs Leben erhebt, wird diese Stimme von allen Todeswürdenträgern und -vollstreckern kategorisch verboten – Bischöfen, Geistlichen und Militärs ... Diese Kirche hört uns weder im Leben noch im Tod.«[26]

Aber auch den Bischöfen selbst, soweit diese sich für die Befreiung der unterdrückten Volksmassen in Lateinamerika stark machten bzw. mit der Befreiungstheologie sympathisierten, ging der Wojtyla-Papst an den Kragen. Man kann sagen, daß zunächst wohl die Mehrheit der mittel- und südamerikanischen Bischöfe das ungeheure Elend der Volksmassen, vor allem auch der Indigenas, der indianischen Ureinwohner, und der Afro-Amerikaner sahen und eine Veränderung der bestehenden, zum Himmel schreienden Unrechtsverhältnisse wünschten. Auf der II. Gesamtlateinamerikanischen Bischofskonferenz 1968 in Medellin (Kolumbien) hatten sie sich zur »klaren und prophetischen, vorrangigen und solidarischen Option für die Armen« verpflichtet.[27] Die päpstliche Taktik beim Rückgängigmachen aller Beschlüsse und Folgen der Konferenz von Medellin bestand unter anderem darin, die Bischöfe der Medellin-Generation möglichst früh in den Ruhestand zu schicken und die freiwerdenden Bischofsstühle mit konservativ-reaktionären Kandidaten zu besetzen. Eine ganze Reihe von Opus-Dei-Mitgliedern und -Sympathisanten erklomm auf diese Weise den bischöflichen Thron, vor allem in Argentinien, Chile und Peru. Die mit dieser Taktik verbundene Arbeit (Aussortierung der nichtgenehmen Bischöfe, Auswahl der Nachfolger) besorgten des Papstes treue Vasallen: Kurienkardinal Sebastiano Baggio, zur betreffenden Zeit noch Präfekt der römischen Bischofskongregation, und der oberste Glaubenswächter im Vatikan, Kurienkardinal Ratzinger.

Eine andere Taktik bestand darin, das Prinzip des DIVIDE ET IMPERA (teile und herrsche) gegen einflußreiche, der Befreiungstheologie nahestehende Bischöfe anzuwenden. Auf diese Weise wurde z.B. die Erzdiözese Sao Paulo (Brasilien) des Kardinals Evaristo Arns 1989 auf päpstlichen Erlaß in fünf selbständige Bistümer aufgeteilt. Als hinterhältig wird von Kirchenkritikern auch die Methode angesehen, nicht ganz auf der päpstlichen Linie liegenden Bischöfen-Ordinarien einen Weihbischof-Koadjutor mit Nachfolgerecht an die Seite zu stellen, der den Ordinarius allmählich zermürbt, da er ihn ständig beaufsichtigt. Johannes Paul II. hat auch die nationalen Bischofskonferenzen in Süd- und Mittelamerika, aber nicht bloß dort, in ihrer Bedeutung ständig eingeschränkt; zudem einzelne ihm nicht linientreu genug erscheinende Bischöfe immer wieder zu Befragungen, zu Beteuerungen ihrer Treue und Rechtgläubigkeit und zu Vernehmungen und Verhören durch die Vertreter der Glaubenskongregation nach Rom zitiert. Auch das

---

[26] Cadavid Restrepo, S. 83f.
[27] Zit. n. Mettner, S. 86.

zermürbt auf die Dauer. (Es ist ohnehin mehr als grotesk, daß eine Religion wie die katholische, die nach eigenem Bekunden angetreten ist, den Menschen Heil und Erlösung zu bringen, vorgibt, für die Vermittlung dieses Heils an die Menschen einen so gewaltigen kurialen Herrschafts-, Verwaltungs-, Kontroll- und Überwachungsapparat zu benötigen, den größten und perfektesten, den eine Religion in der gesamten Weltgeschichte je aufgebaut und hervorgebracht hat.)

Auch das uralte Mittel der Diskriminierung und Diffamierung ließen der Vatikan und sein päpstlicher Vorsteher selbstverständlich nicht aus: Die Vorkämpfer und Vertreter der Befreiungstheologie seien Marxisten, Kommunisten, subversive Elemente im Priesterrock. Der schwächste Vorwurf war noch, sie merkten bei all ihrer guten Absicht, der Hilfe für die Armen, gar nicht, wie sehr der Ungeist des Marxismus ihr Denken und Handeln bereits überfremdet, verdunkelt und vergiftet habe. In Wirklichkeit sei die Kirche der Befreiung der Armen einer der wirksamsten Kanäle, durch die sich das atheistisch-marxistische Gedankengut und die kirchenfeindliche Ideologie des gewaltsamen Befreiungskampfes linker Subversiver ausbreiteten. All diese Vorwürfe finden sich in den beiden offiziellen »Instruktionen« des obersten vatikanischen Glaubenswächters, Kardinal Ratzingers, aber auch bei hochrangigen Opus-Dei-Freunden, die die kirchliche Wirtschafts- und Entwicklungspolitik für Lateinamerika dirigierten, wie dem inzwischen verstorbenen Kölner Erzbischof Kardinal Joseph Höffner und dem ebenfalls schon verstorbenen Essener Bischof Franz Hengsbach. Auch der Papst selbst beschränkte sich nicht darauf, seine Leute auf die Befreiungstheologie und -theologen anzusetzen, sondern kritisierte diese auch mehrfach höchstpersönlich. Nach dem Zusammenbruch des osteuropäischen Kommunismus spöttelte er vor Journalisten, daß die Befreiungstheologie durch diesen Zusammenbruch ja »nun geschwächt sei ... Die im Marxismus wurzelnde Befreiungstheologie finde sich nun etwas sinnentleert vor.« Den Vogel aber schoß Kardinal Nicolás de Jesus López Rodriguez ab, ein guter Freund des Papstes wie des Opus Dei, den Wojtyla zu einem der drei Präsidenten der IV. Generalkonferenz der lateinamerikanischen Bischöfe gemacht hatte und der zudem Präsident des Lateinamerikanischen Bischofsrates mit Sitz in Santa Fé de Bogotá in Kolumbien ist. Der bilanzierte anläßlich der Fünfhundertjahrfeier der Christianisierung des ibero-amerikanischen Kontinents die blutige Eroberung und Missionierung dieses Erdteils mit den dreisten Worten: »Auf dieser unserer Insel fand die erste Begegnung mit der anderen Kultur statt. Und die Bilanz fällt total positiv aus zugunsten der Missionare. Wer das bestreitet, stützt sich auf ... den Marxismus.« Ähnlich triumphalistisch hatte sich ja der Wojtyla-Papst selbst geäußert: »... das Kreuz Christi ... wurde im Jahre 1492 in diese Erde eingepflanzt. Damit wollte man zugleich den großen Admiral (Kolumbus, H. M.) ehren, der als seinen Willen niedergeschrieben hat: ›Stellt Kreuze an allen Straßen und Wegen auf, damit Gott sie segne‹ ... So begann die Aussaat der kostbaren Gabe des Glaubens« (die man sich natürlich durch die marxistoiden Befreiungstheologen nicht vermasseln lassen will). Wie anders hört sich da die Stimme der jahrhundertelang Gequälten und Ausgebeuteten in Lateinamerika an: »Wir klagen die Kreuziger von gestern und heute an, die die Indios an so viele Kreuze des Todes schlagen.«[28]

Neben Opus Dei erfreuten sich auch andere innerkirchliche, sektenartige Bewegungen[29] des deutlichen Wohlwollens und der Unterstützung durch den polnischen Papst, insbesondere ›Communione e Liberazione‹, die mit etwa 300 000 Anhängern in ungefähr 20 Ländern vor allem Einfluß auf die Schul- und Hochschuljugend zu gewinnen sucht und auch in Lateinamerika im Sinne der päpstlichen Strategie agiert und agitiert. Als wichtige Stroßtruppe der Re-Evangelisierung förderte der Papst für diesen Erdteil auch die ›Renovación Carismática Católica International‹. Lieblinge des Papstes waren des weiteren die marianisch überspannten Schönstätter (Schönstatt-Bewegung), die Focolarini (Focolare Movimento), die ungefähr so viele Mitglieder wie Opus Dei zählen, nämlich etwa 80 000, und die mehrere Millionen Anhänger und Sympathisanten haben. Dem von der Aversion gegen den polnischen Kommunismus geprägten Wojtyla-Papst war dabei besonders sympathisch, daß die Focolare-Bewegung, 1943 in Trient gegründet, ursprünglich als antikommunistische Kaderschmiede konzipiert war. Eine besondere Elite der Reichen und Einflußreichen findet sich bei den ebenfalls vom Papst protegierten ›Rittern vom Heiligen Grabe‹, die sich auch als ›Krieger Christi‹ bezeichnen. 18 000 Mitglieder, in Deutschland etwa 1000, sind dem Oberhaupt der Kirche in absoluter Treue ergeben. Die Liste der deutschen Grabesritter liest sich wie ein »Who's who« der Mächtigsten in der Finanz- und Wirtschaftswelt, in Politik und Kirche. Kein Wunder, daß deutsche Bankchefs und Unternehmer vom Wojtyla-Papst auch in die Chefetage der Vatikanbank IOR berufen wurden.

Aus Platzgründen können hier weitere innerkirchliche Geheimbünde und sektenartige Gruppierungen, die dieser Papst förderte, nur noch aufgezählt werden: die ›Bewegung für Papst und Kirche‹, die neokatechumenale Bewegung, die ›Priesterbruderschaft St. Petrus‹, die ›Legio Mariae‹, die Gruppe ›Pro Occidente‹, die ›Marianische Priesterbewegung‹, die ›Katholische Traditionalistenbewegung‹ (KTB), die ›Internationale Una-Voce-Föderation‹. Die Liste ist keineswegs vollständig. Erwähnenswert ist aber noch die dem obskuren ›Engelwerk‹ mit seinen

---

[28] *Päpstlicher Spott:* ›Katholische Nachrichtenagentur‹ (KNA) 13.10.1991 – *Kardinal Nicolás de Jesus López Rodriguez:* zit. n. Bausch, S. 409 – *Papst zu 1492:* zit. n. Klein, S. 230 – *Stimme der Gequälten:* Botschaft der Hoffnung vom Kontinentaltreffen in Quito/Ecuador, S. 14. Zur Kollaboration zwischen US-Geheimdiensten und Vatikan bei der Bekämpfung der Befreiungstheologie s. Mettner, S. 97ff.
[29] Vom Magazin STERN 26/1996, S. 118 »die Partisanen des Papstes« genannt.

im apokalyptischen Endkampf befindlichen Hunderten von Engeln und Dämonen nahestehende ›Katholische Pfadfinderschaft Europas‹ (KPE), die 1976 von dem Jesuitenpater Andreas Hönisch gegründet wurde und etwa 3000 Jugendliche umfaßt, die durch nächtelange Sühnegebete und ständiges Beichten ihrer »Sünden« abgerichtet werden. Pater Hönisch gründete auch den Orden ›Servi Jesu et Mariae‹ (Diener Jesu und Marias), den der Papst 1994 als ›Kongregation päpstlichen Rechts‹ anerkannte.

Wenn es um polnische Landsleute ging, mit denen sich Karol Wojtyla auch im Vatikan gern umgab – man denke an die polnischen Nonnen, die ihn bekochten und betreuten, an seine Privatsekretäre, Assistenten, Leibwächter usw. mit Erzbischof Dziwisz an der Spitze, der den Papst Tag und Nacht bis zu seinem Tode bewachte –, dann war dieser Papst sogar besonders schnell bereit, selbst dubiosesten Neugründungen seinen Segen zu erteilen. Zu denken ist hier beispielsweise an den polnischen Priester Andrzej Michalek, gegen den in Deutschland die Staatsanwaltschaft Memmingen zu ermitteln begonnen hatte, weil er es mit der Verwendung von Geldern und Sachspenden, die er aufgrund seiner vermeintlichen Privatoffenbarungen und Wunderheilungen erhalten hatte, nicht so genau genommen haben soll. Seinem Orden ›Brüder und Schwestern Samariter der Flamme der Liebe des Unbefleckten Herzen Mariens‹, den er nach seiner Flucht nach Italien gründete, versagte der Papst seinen väterlichen Segen nicht. Der Orden wurde vom Vatikan anerkannt. Wo's um Maria ging, konnte dieser Papst eben so gut wie nie nein sagen. Karrieresüchtige Priester wußten sich danach zu richten. Ein besonders wichtiges Kriterium bei der päpstlichen Ernennung zum Bischof stellte bekanntlich die marianische Ausrichtung des Kandidaten, seine herausragende Marienfrömmigkeit dar. Kardinal Meisner von Köln, der trotz bildungsmäßig sehr bescheidener Voraussetzungen eine unvergleichliche Kirchenkarriere in Ost- und Westdeutschland gemacht hat, verdankte seine Protektion durch den Wojtyla-Papst vor allem einer in Anwesenheit des hohen Gastes (damals noch Erbischof von Krakau) vorgetragenen, glühend-enthusiastischen Marienpredigt.[30]

Mehr als so mancher seiner Vorgänger hat also Papst Johannes Paul II. alle zur Verfügung stehenden Mittel und Organisationen sowie seine ganze Energie zur Stützung und Festigung der antidemokratischen Strukturen der Kirche eingesetzt. Erreicht aber hat er wenig oder gar nichts bzw. sogar das Gegenteil des Beabsichtigten. Je mehr er sich mühte und anstrengte, je fundamentalistischer er dekretierte und proklamierte, je rigoroser er die Strukturen, Vorschriften, Normen, Gesetze, Moral- und Glaubenssätze interpretierte, stabilisierte und konsolidierte, um so mehr entglitt ihm das Ganze, um so größere Abfall- und Zerfallserscheinungen in der Kirche mußte er registrieren, um so heftiger protestierten oder revoltierten

---

[30] *Michalek*: vgl. ebd., S. 120 – *Meisner*: Mynarek, Diener, S. 54ff.

Teile des Kirchenvolks. Ja, es scheint, daß gerade die intensiv-aggressive Methode des polnischen Papstes, rigide und schnell gegen alles vorzugehen, was ihm nicht paßte, genau das Gegenteil des von ihm Angestrebten bewirkte und den Widerstand von Teilen des Kirchenvolkes und von Theologen verdoppelte, ja verzehnfachte. Insofern ist der Wojtyla-Papst auch ein tragischer Papst: Er wollte so viel und erreichte so wenig.

Ganz besonders deutlich und eindrucksvoll zeigte sich dies an den wie eine Kettenreaktion über die katholischen Kirchen in Europa, dann aber auch in Nord- und Südamerika und in Australien hereinbrechenden **Kirchenvolksbegehren** (KVB). Es begann 1995 in Österreich, wo die Initiatoren des KVB mit ihrer demokratischen Parole »Wir sind Kirche« auf eine besondere Resonanz stießen, weil gerade die »Affäre Groer« (der Kardinal von Wien sollte in seiner Zeit als Internatsleiter seiner Obhut anvertraute Knaben sexuell mißbraucht haben) die katholische Alpenrepublik erschütterte. Es setzte sich fort in den bald danach gestarteten KVB in Deutschland, Südtirol, Belgien und Frankreich, wo die Empörung über den »Fall Gaillot« ohnehin gerade hohe Wellen schlug. Der Papst hatte Jacques Gaillot das Amt als Bischof von Evreux in der Normandie am 13.1.1995 wutentbrannt entzogen, weil ihm der Bischof zu liberal und zu sozial war. Gaillot hatte sich stark engagiert für Randsiedler der Gesellschaft, für Ausgegrenzte und Diskriminierte, für Homosexuelle (»Sie werden uns im Himmel vorausgehen«) und eine freiere Sexualität (sie sei »großartig und schön«), was in den Augen Wojtylas einer Vernachlässigung der normalen bischöflichen Pastoralpflicht und einer Abschwächung der normativen päpstlichen Morallehre gleichkam. Es nützte nichts, daß sich große Teile der französischen Öffentlichkeit mit Gaillot solidarisierten und daß der berühmteste Armenpriester Fankreichs, Abbé Pierre, sich für ihn einsetzte. Der Papst blieb stur bei seiner Entscheidung, auch wenn die Empörung der französischen Katholiken und sein damals gerade anstehender Frankreichbesuch ihn zwangen, Gaillot zu einem freundlichen, aber nichtssagenden Gespräch zu empfangen. Die von Abbé Pierre für Gaillot geforderte Funktion eines Bischofs für die rund 800 000 Obdachlosen in Frankreich wurde abgelehnt, statt dessen wollte ihn die französische Bischofskonferenz nach Absprache mit dem Papst als Seelsorger in eine Klinik für Geisteskranke oder als Gefängnispfarrer in den Knast schicken. Gaillot lehnte dankend ab und ist seitdem Bischof ohne Amt.[31]

Der Fall Gaillot zeigte einmal mehr, wie wenig sozial, solidarisch, geschwisterlich der Papst mit den eigenen nichtgenehmen Funktionären umging, selbst wenn es sich um Bischöfe handelte, die doch auch nach offizieller päpstlicher

---

[31] Herder Korrespondenz 2/1996, S. 60; Spiegel 13/1996, S. 140; Kirche Intern 2/1996, S. 16; Publik-Forum 4/1996, S. 41.

Lehre als Nachfolger der Apostel gelten, ihr Amt als solches also nicht aus der Gnade des Papstes herleiten. Kein Wunder, daß die erste der fünf fundamentalen Forderungen der KVB die nach dem »Aufbau einer geschwisterlichen Kirche« war. Das klang zwar fromm und brav, enthielt aber wie die weiteren vier Forderungen Dynamit, das im Erfolgsfalle – trotz aller Beteuerungen der katholischen Initiatoren der KVB, keine Spaltung der Kirche und keine Trennung vom Papst zu intendieren – zur Sprengung der antidemokratischen, hierarchischen Strukturen der römisch-katholischen Kirche führen muß. Schließlich betonten die Initiatoren der KVB, daß der Aufbau einer »geschwisterlichen Kirche« die Gleichwertigkeit aller Gläubigen, die Überwindung der Kluft zwischen Klerus und Laien und die Mitsprache und Mitentscheidung der Ortskirchen bei Bischofsernennungen beinhalte und daß Bischof nur werden solle, »wer das Vertrauen des Volkes genießt«[32], angesichts der päpstlichen Politik und Praxis der Bischofsernennungen eine geradezu revolutionäre Forderung.

Revolutionär waren auch die »Reformvorschläge«, die von Teilnehmern und Arbeitskreisen innerhalb der KVB erstellt wurden und die die Forderung nach einer »geschwisterlichen Kirche« konkretisierten.[33] Danach sollte es »kein Lehramt mit Unfehlbarkeitsanspruch« mehr geben, »sondern ein repräsentatives Leitungsgremium, welches demokratisch und auf Zeit gewählt wird und in geeigneten Städten tagt«. Zu den – weit häufiger als bisher einzuberufenden – Konzilien sollte »der Zugang aller Getauften nach dem Delegationsprinzip« und »mit Stimmrecht« garantiert werden; das ganze »Gottesvolk muß an den Entscheidungen und Beschlüssen beteiligt werden (sofort!)«; die Bischöfe müßten »souveräner werden«, sie seien »Brüder ihrer Diözesanen und nicht vatikanische Befehlsempfänger«; die hierarchische Kirche sollte durch »das Modell der synodalen Struktur auf allen Ebenen der Kirche« ersetzt werden; die Meinungsbildungsprozesse in der Kirche müßten auf die Geheimdiplomatie als herrschendes Prinzip verzichten und öffentlich werden; die »Macht des Papstes« sei »zu beschneiden«, die Nuntiaturen gehörten »aufgelöst«, die »Zuschüsse für den Kirchenstaat gekürzt«. Als Nachfolger des Papstes komme ebenso eine Frau wie ein Mann in Frage. Wichtig sei, daß die neue Päpstin/der neue Papst »in einem demokratischen Wahlverfahren gefunden« werde, wobei »die Macht dabei vom Kirchenvolke, nicht von den Kardinälen« auszugehen habe. Ein »Kirchensteuerboykott« sei zu organisieren, »solange sich die gegenwärtige, äußerst unbefriedigende Kirchenstruktur nicht ändert, sich nichts bewegt«. Die katholische Kirche sei zu einem »Konzern« verkommen, der »dringend reformiert, d.h. in zahlreiche autonome kleine Unternehmen umgestaltet werden muß, die auf Gemeindebasis oder auf der Basis des

---

[32] »Kirche in Bewegung«, S. 7.

[33] Ebd., S. 8f.

freiwilligen Zusammenschlusses (regional …) wirtschaften«. Auch die weiteren vier Hauptforderungen der KVB (»volle Gleichberechtigung der Frauen«, wozu im nächsten Kapitel mehr zu sagen sein wird; »freie Wahl zwischen zölibatärer und nichtzölibatärer Lebensform« durch die Priester; »positive Bewertung der Sexualität« [vgl. Kapitel 4]; »Frohbotschaft statt Drohbotschaft«, besonders für Menschen in schwierigen Lebenssituationen, für wiederverheiratete Geschiedene, verheiratete Priester ohne Amt usw.) bedeuten selbstverständlich in letzter, aber logischer Konsequenz die Außerkraftsetzung des Papstamtes und seiner dogmatischen und moralischen Lehrautorität in ihrer bisherigen Form.

Ein Erschrecken ging angesichts dieser Forderungen durch die Oberkirche, die Kirche des Papstes, der Kardinäle und Bischöfe, die sonst stets gewohnt war, der Unterkirche, dem Fußvolk der Gläubigen, autoritativ zu zeigen, wo's langgeht. Zwar hatte es auch schon vorher – wiewohl zaghafter formuliert – Reformvorschläge gegeben, z.B. seitens der Würzburger Synode der Deutschen Bistümer, die im Januar 1971 begonnen hatte, die Ergebnisse des II. Vatikanischen Konzils für Deutschland umzusetzen, und 1976 zu Ende ging; oder seitens deutschsprachiger Theologen, die in ihrer »Kölner Erklärung« vom 6. Januar 1989 »Wider die Entmündigung – Für eine offene Katholizität« protestiert hatten. Aber in all diesen Fällen handelte es sich nur um ein paar hundert Gläubige, Theologen und engagierte Laien, die den in den Kategorien der großen Zahlen und Massen denkenden Vatikan in seinem Selbstverständnis nicht im mindesten ins Wanken bringen konnten. Jetzt aber, bei den KVB, wandte sich das Gesetz der großen Zahl plötzlich – ein Novum in der neueren Papstgeschichte – gegen die Herrschenden in der Kirche und ihr Amtsverständnis. In Österreich waren es immerhin 500 000 Katholiken, die ihre Unterschrift unter die Forderungen des KVB setzten, in Deutschland 1,8 Millionen, davon 1,5 Mio. Mitglieder der katholischen Kirche. Und der Einwand – das wußten die Kirchenfürsten –, daß dann immerhin 95 % der Kirchenmitglieder in Deutschland nicht unterschrieben hatten, taugte nicht viel, weil es sich bei den 5 % Unterzeichnern gerade um die handelte, die Religion, Glauben und Kirche noch in irgendeiner Form ernst nahmen, während der große Rest nur passive Mitläufer waren, abgesehen von ein paar fanatisch-fundamentalistischen Gruppierungen. Außerdem wurde zu Recht darauf aufmerksam gemacht, daß »bei etwas mehr Zivilcourage unserer Bischöfe die Liste in der Kirche aufgelegen wäre« und dann »leicht über fünf Millionen Unterschriften zusammengekommen wären«. Die Bischöfe hätten ja alles getan, um das KVB zu desavouieren. »Die Antwort der Jugend sind Desinteresse und Kirchenaustritte.« Und der Prozeß der KVB ist ja noch gar nicht beendet. Selbst in der Päpste eigenem Land, in Italien – in Mailand, Pisa, Neapel, Palermo und vor der Haustür des Vatikans in Rom – wurden Unterschriftensammlungen zum KVB für innerkirchliche Reformen durchgeführt. Auch in der bisweilen beschaulichen

Kirchenlandschaft der Eidgenossen regte sich Widerstand. Ende April 1995 wurde das ›Netzwerk Offene Kirche Schweiz‹ gegründet, das alle Kräfte der basiskirchlich organisierten Gruppen bündelt und für eine demokratische und ökumenische Kirche eintritt. Im November desselben Jahres hatten mehr als ein Dutzend katholischer Verbände in der Schweiz mit zusammen etwa 400 000 Mitgliedern die Bischöfe zu umfassenden innerkirchlichen Reformen aufgerufen.[34]

Bestürzend für den Papst mußte auch sein, daß die Reformbewegung der KVB nicht etwa von den Rändern, sondern aus dem Zentrum des Kirchenvolkes kam, nicht also von der von den Hierarchen etwas despektierlich als Sammelbecken von Chaoten betrachteten ›Initiative Kirche von unten‹, die die »Kirchentage von unten« organisiert, sondern »vor allem von einer überraschend großen Anzahl von Pfarrgemeinderäten und Aktionskreisen aus den sogenannten Kerngemeinden«.[35] Die von den Initiatoren der KVB mehrmals vorgetragene Bitte um ein Gespräch mit dem Papst wurde bezeichnenderweise abgelehnt. Beim Besuch des Papstes in Deutschland im Juni 1996 – Paderborn und Berlin standen auf dem Programm – wäre es im höchsten Maße geboten gewesen, ein solches Gespräch, um das man wieder gebeten hatte, zu führen. Doch der Papst lehnte erneut ab: Er habe keine Zeit, hieß es, das Besuchsprogramm lasse keine weiteren Termine zu. Für 1,8 Millionen Menschen (so viele hatten bekanntlich das KVB in Deutschland unterschrieben) und deren brennende Anliegen keine Zeit zu haben, nennt man die Arroganz der Macht. Doch zeigte sich darin auch ein gehöriges Stück Hilflosigkeit und Unentschiedenheit bezüglich der Art, wie Papst und Amtskirche auf das für sie neue Phänomen einer großen Reformbewegung in den eigenen Reihen reagieren sollten – zumal der Papst ohnehin mit jedem Jahr seines Pontifikats unfähiger zur Diskussion wurde. Wo er nicht von oben her dekretieren, deklamieren und proklamieren konnte, hüllte er sich, z.B. bei fragenden Rufen aus dem Publikum anläßlich seiner Besuchsreisen in den verschiedenen Ländern, hoheitsvoll oder beleidigt in majestätisches Schweigen. Es ist ebenfalls bekannt, daß auch die meisten kleinen Päpste, die Bischöfe in ihren eigenen Diözesen, das Diskutieren verlernt haben. Talkmaster können ein Lied davon singen, wie schwer es ist, einen Bischof vor die Fernsehkamera zu bekommen, wenn er weiß, daß er dabei mit anderen als Gleicher unter Gleichen debattieren muß. Da gehen doch allzuschnell die Argumente aus. Die römisch-katholische Oberkirche mit dem Papst an der Spitze ist eine isolierte Insel im multikulturellen, multireligiösen Meer der heutigen Weltgesellschaft, und sie wird sich immer mehr isolieren, weil ihr Unfehlbarkeitsdogma sie fundamental(istisch) am gleichberech-

---

[34] *Desinteresse und Kirchenaustritte:* Wamser in: WELTBILD 2/1996, S. 4 – *Schweiz:* vgl. »Kirche in Bewegung«, S. 38, und PUBLIK-FORUM 9/1995, S. 32.
[35] »Kirche in Bewegung«, S. 39.

tigen und gleichwertigen Diskurs mit den Vertretern aller anderen kulturellen und religiösen Daseinsentwürfe hindert.

Arroganz der Macht und gleichzeitig Angst und Hilflosigkeit zeigten sich auch darin, daß der Papst nicht bloß jedes Gespräch mit den Vertretern der KVB mied, sondern auch den Erzbischof von Paderborn Degenhardt und den Kardinal von Berlin Sterzinsky kategorisch zum Rapport in den Vatikan befahl, weil er mit großer Empörung von geplanten Gegendemonstrationen anläßlich seines Papstbesuchs gehört hatte. Zeit für eine huldvolle Audienz unmittelbar vor seinem Deutschlandbesuch hatte der Papst dagegen für die ergebene Petra Henn, Sprecherin der Initiative ›Pro Kirche‹, die 1995 von konservativen Katholiken als Gegenbewegung zum Kirchenvolksbegehren »Wir sind Kirche« gegründet worden war. [36]

Die letzte absolutistische Monarchie von »Gottes Gnaden« erscheint innerlich ausgehöhlt. Ihre Glaubwürdigkeit schwindet enorm, auch bei den eigenen Mitgliedern, und über eine argumentative, an der objektiven Wirklichkeit orientierte Urteilskraft verfügt sie kaum mehr. Der Prozeß der Säkularisierung, der ja auch die Demokratisierung aller theokratischen Strukturen beinhaltet, ist nicht aufzuhalten, auch wenn sich gerade dieser Papst aus einem fernen, in kirchlicher Hinsicht noch feudalistischen Land besonders diesem Prozeß entgegenstemmte. Der Marsch ins esoterische, vom Geheimbund Opus Dei geprägte Ghetto, hin zu einer verhaßten und unbedeutenden oder auch fremdartigen, komischen und belächelten römischen Sekte scheint unvermeidlich. Schon heute schämen sich viele Katholiken, mit den veralteten Moralvorschriften des Wojtyla-Papstes identifiziert zu werden.

Zunächst einmal aber wird sich rein äußerlich betrachtet, trotz aller KVB, nichts ändern. Papst und Vatikan setzen auf ihr jahrhundertelang erprobtes und bewährtes Beharrungsvermögen. Der Theologe Drewermann, der den entscheidenden Schritt des Kirchenaustritts allerdings selbst auch nicht wagt, hat richtig prognostiziert, daß die KVB die Chance, echte Reformen zu bewerkstelligen, nur hätten, wenn die Leute, die unterzeichnet haben, aus der Kirche austreten und keine Kirchensteuer mehr zahlen würden. Das werden auch etwa zwei bis vier Prozent in Zukunft tun – zu wenig, um die Machthaber im Vatikan zu zwingen, ihre hierarchischen Strukturen und ihre undemokratische Politik gegenüber den verschiedensten Gruppen in der Kirche aufzugeben. Aber die (schleichende) Erosion des Papsttums wird weitergehen und sich verstärken. Die Gleichgültigkeit und die »innere Emigration« der formell in der Kirche Verbliebenen werden noch größere Ausmaße annehmen. Der Papst, auch ein künftiger, wird in »seiner« Kirche »herrschen«, doch es wird ihn kaum einer mehr ernst nehmen.

---

[36] Vgl. PUBLIK-FORUM 12/1996, S. 65.

Kapitel 6

»Das schlichte und verborgene Sich-Verschenken«

Der Papst und die Frauen

An sich wäre die Frauenpolitik ein Teilbereich der im vorigen Kapitel behandelten päpstlichen Innenpolitik. Sie soll jedoch wegen ihrer Bedeutung in einem eigenen Kapitel behandelt werden. Denn es ist keineswegs so, daß Papst Johannes Paul II. die Frauen und die Frauenfrage als etwas Unwichtiges betrachtete. Er schrieb so manches Schöne und Bedenkenswerte über die Größe und Bedeutung der Frau. Nur mußte er zwangsläufig mit seinem Bemühen scheitern, die **gesamte** Bedeutung der Frau in den Rahmen seines traditionalistisch-patriarchalischen Welt- und Menschenbildes hineinzupressen. Da er seit seinem Berufungserlebnis zum Priester in missionarischem Bekehrungseifer immer allen alles sein wollte, versuchte er sogar bei den Feministinnen Sympathien zu gewinnen:

»Ich denke, daß der **Feminismus von heute** genau hier: im Fehlen eines wahren Respekts für die Frau, seine Wurzeln hat. Die über die Frau offenbarte Wahrheit ist eine andere. Die Achtung für die Frau, das Staunen über das Geheimnis der Weiblichkeit ... gehören zum Glauben und zum kirchlichen Leben ... In unserer Kultur (aber) ist die Frau vor allem Genußobjekt.«[1]

Es ist wahr: im Kampf gegen die Behandlung der Frau als Genußobjekt trifft sich der Papst mit dem Feminismus. Nur verschweigt Johannes Paul II., daß der Feminismus für die Frauen eine ganze Reihe legitimer Rechte fordert, die er selbst ihnen kategorisch verweigert.

Eine spezifische Sicht der Frau (und damit auch der begrenzten Rechte, die er ihr zuzugestehen bereit war) »trug ich seit meiner frühen Jugend, ja, gewissermaßen seit der Kindheit in mir«, gibt der Papst selber zu. Der Kern dieser Sicht war die »große Achtung für die Frau, vor allem für die Frau als Mutter«. Sein Apostolisches Schreiben MULIERIS DIGNITATEM (Die Würde der Frau) entferne sich, so der Papst, in keiner Weise von dieser seiner Kindheits- und Jugendsicht der Frau. Die Hauptrolle der Frau sei die der Mutter. Der Papst charakterisierte diese Rolle im Lauf seines Pontifikats stets höchst enthusiastisch:

---

[1] Johannes Paul II., Schwelle, S. 242.

»Zu diesem Heroismus im Alltag gehört das stille, aber um so fruchtbarere und beredtere Zeugnis aller mutigen Mütter, die sich vorbehaltlos ihren Kindern widmen, die unter Schmerzen ihre Kinder zur Welt bringen und dann bereit sind, jede Mühe und jedes Opfer auf sich zu nehmen, um ihnen das Beste weiterzugeben, was sie in sich tragen.«

Ausdrücklich bezeichnete der Papst die heroische Mutterschaft als »Sendung«, aber leider würden »die Vorbilder der Zivilisation … nicht die Mutterschaft begünstigen« (…) »Das Dasein als Frau und Mutter« dürfe »keine Diskriminierung beinhalten«. Fast hymnisch ruft der Papst aus:

»Wir danken euch, heroische Mütter, für eure unbesiegbare Liebe … Dank sei dir, Frau als Mutter, die du dich in der Freude und im Schmerz einer einzigartigen Erfahrung zum Mutterschoß des Menschen machst, die du für das Kind, das zur Welt kommt, zum Lächeln Gottes wirst, die du seine ersten Schritte lenkst, es bei seinem Heranwachsen betreust und zum Bezugspunkt auf seinem weiteren Lebensweg wirst.«[2]

Der Papst erhöhte noch die Würde der Frau als Mutter, indem er die Mutterschaft mariologisch, christologisch und trinitarisch herleitete:

»Seinen Höhepunkt findet das biblische Urbild der ›Frau‹ in der Mutterschaft der Gottesmutter … In die Ordnung des Bundes, den Gott mit dem Menschen in Jesus Christus geschlossen hat, ist die Mutterschaft der Frau eingefügt.« Keine Mutterschaft einer Frau sei »nur ›aus Fleisch und Blut‹«. Und »in der Mutterschaft der Frau, die an die Vaterschaft des Mannes gebunden ist, spiegelt sich das in Gott selber, dem dreieinigen Gott, gelegene ewige Geheimnis der Zeugung wider«.[3]

Die wichtigsten Tugenden der Frauen sind deshalb dem Wojtyla-Papst zufolge die mütterlichen »Werte der Treue, der Keuschheit (nicht zu verwechseln mit der von Nonnen, Mönchen und Priestern geforderten Enthaltsamkeit von allem Sexuellen) und des Opfers«, die heute oft »als überholt hingestellt« würden. »Demut, Armut, Dienstbereitschaft und die Fähigkeit des aufmerksamen Zuhörens« sollen die Frauen entfalten. Aber das höchste Ideal der Frau als Mutter sei das »schlichte und verborgene Sich-Verschenken«, die »totale Selbsthingabe«, die zwar das Ziel eines jeden Christen sein müßte, vor allem aber »heroische Mütter« in ihrem Streben und Handeln leiten sollte.[4]

Da also die Frau in der Sicht des Papstes in erster Linie als Mutter der von ihr geborenen Kinder – hingebungsvoll, opferbereit, still und leise – zu funktionieren hat, mußte er ihr folgerichtig den offiziellen und öffentlichsten Dienst in

---

[2] Ebd., S. 241f., vgl. S. 238; Evangelium Vitae, S. 86; Johannes Paul II., Brief an die Frauen, 29.6.1995, Nr. 1, 3, 4.

[3] Mulieris dignitatem, S. 1f.

[4] Evangelium Vitae, S. 86, 143.

der römisch-katholischen Kirche, das Priesteramt, verwehren. Er behielt damit die maskulin-patriarchalisch strukturierte Zweiklassengesellschaft in der Kirche in bezug auf dieses Amt bei, ebenso die höheren Rechte des Mannes, denn jedem Mann in der Kirche steht prinzipiell das Recht zu, Priester zu werden.[5] Dem polnischen Papst kommt das traurige Verdienst zu, den Ausschluß der Frauen vom römisch-katholischen Priesteramt in einer alle seine Vorgänger überbietenden Weise zementiert zu haben.

Pfingsten 1994 veröffentlichte er sein Apostolisches Schreiben ORDINATIO SACERDOTALIS »über die nur Männern vorbehaltene Priesterweihe«. Er betonte in diesem Schreiben die absolute »Ausschließlichkeit«, mit der Christus »aus prinzipiellen Gründen« nur Männer zu Aposteln gewählt habe; er berief sich auf Papst Pauls VI. Antwortschreiben an den Erzbischof von Canterbury vom 30. November 1975, in dem der damalige Papst »den Ausschluß von Frauen vom Priesteramt in Übereinstimmung mit Gottes Plan für seine Kirche« sieht; und er wiederholte, was er schon in seinem Apostolischen Schreiben MULIERIS DIGNITATEM erklärt hatte: »Wenn Christus nur Männer zu seinen Aposteln berief, tat er das völlig frei und unabhängig«, wobei seine Handlungsweise »nicht auf soziologischen oder kulturellen Motiven der damaligen Zeit beruhte«.[6]

Während jedoch die entsprechenden Aussagen früherer Päpste zu diesem Punkt von den sie auslegenden Theologen als debattierfähig bzw. als kirchliche Normen von nur disziplinärer Bedeutung qualifiziert wurden, kommt dem Pontifikat Johannes Pauls II. das zweifelhafte Verdienst zu, den Ausschluß der Frauen vom Priesteramt zu einem **unfehlbaren** Bestandteil des DEPOSITUM FIDEI, des Offenbarungsschatzes der Kirche gemacht zu haben, so »daß sich alle Gläubigen der Kirche endgültig an diese Entscheidung zu halten haben«. Schließlich sei die ausschließliche Berufung von Männern zum Priestertum »gemäß dem ewigen Plan Gottes erfolgt«.[7]

Aber Gottes Plan hin oder her – das Kirchenvolk, vor allem sein weiblicher Teil, war nicht mehr bereit, alles zu schlucken bzw. als Plan Gottes zu akzeptieren, was aus Rom kam. Seit dem Erscheinen der Pillen-Enzyklika HUMANAE VITAE Pauls VI. »hat keine päpstliche Verlautbarung eine so heftige Reaktion ausgelöst wie das Apostolische Schreiben ORDINATIO SACERDOTALIS«, konstatierte erschrocken der dieses Schreiben in deutscher Sprache herausgebende Christiana-Verlag. Nichts nutzten dagegen die schon in diesem Schreiben selbst enthaltenen

---

[5] Vgl. Mynarek, Jesus, das Kap. »Das Zwei-Klassen-System«, S. 82ff. sowie ders., Verrat, das Kap. »Die organisierte Religion und die Sexualität«, S. 207ff.

[6] *Ausschluß von Frauen:* AAS 68/1976, S. 599f. – *Nur männliche Apostel:* Apostolisches Schreiben Johannes Pauls II. ORDINATIO SACERDOTALIS, S. 2.

[7] Ebd., S. 2 und 4.

Beschwichtigungen des Papstes, daß das Ganze doch keine Herabwürdigung der Frauen sei, weil sogar Maria, »die Mutter Gottes und Mutter der Kirche, nicht den eigentlichen Sendungsauftrag der Apostel und auch nicht das Amtspriestertum erhalten« habe und weil das Charisma der Heiligkeit und der Liebe höher zu bewerten sei als das der Amtsträger, so daß »die Größten im Himmelreich nicht die Amtsträger, sondern die Heiligen«, also auch die »heiligen Märtyrerinnen, Jungfrauen, Mütter« sein werden. [8]

Wer den Wojtyla-Papst und seinen Starrsinn IN DOGMATICIS bzw. in dem, was er für ein Dogma der Kirche hielt, kannte, der konnte trotz der Heftigkeit der Proteste kein Einlenken des Summus Pontifex in dieser Angelegenheit erwarten. Dieser setzte im Gegenteil noch eins drauf, indem er seine »Kongregation für die Glaubenslehre« unter Kardinal Ratzingers Regie ein offizielles »Antwortschreiben« auf die »Anfrage aus einer Ortskirche« verfassen ließ. In diesem »Antwortschreiben« wird die Lehre Johannes Pauls II. zum Frauenpriestertum noch einmal höchst offiziell erläutert; höchst offiziell, weil dieses Dokument der Glaubenskongregation betont, daß Johannes Paul II. es am 28. Oktober 1995 gutgeheißen habe und am 18. November desselben Jahres veröffentlichen ließ. Die wesentlichen Punkte dieses amtlichen Ergänzungskommentars zu Wojtylas ORDINATIO SACERDOTALIS lauten: Das Veto des Papstes zur Priesterweihe ist eine unfehlbare Entscheidung. Dieses Verbot der Priesterweihe für Frauen ist deshalb unwiderruflich und unfehlbar, weil es zum DEPOSITUM FIDEI, also zum Glaubensgut der Kirche gehört. Daher kann auch kein künftiger Papst dieses Verbot abschaffen. Diese Deklaration der »Kongregation für die Glaubenslehre« verlangt die »endgültige Zustimmung« der Gläubigen, »weil sie, auf dem geschriebenen Wort Gottes gegründet und in der Überlieferung der Kirche von Anfang an beständig gewahrt und angewandt, vom ordentlichen und universalen Lehramt unfehlbar vorgetragen worden ist«. [9]

Der Papst hatte also unfehlbar gesprochen, obwohl er nicht EX CATHEDRA sprach. Für Nichttheologen, die die Windungen und Wendungen kirchenamtlicher Verlautbarungen nicht kennen, ist das schwer zu verstehen. Aber ein Papst ist eben nicht nur unfehlbar, wenn er feierlich URBI ET ORBI (d.h. der Heiligen Stadt Rom und dem ganzen Erdkreis) EX CATHEDRA (von seinem Lehrstuhl aus) ein Dogma verkündigt, sondern auch dann, wenn er in Ausübung seines ordentlichen päpstlichen Lehramts eine schon immer im Besitz der Kirche befindliche Lehre durch eine förmliche Erklärung bekräftigt. Sagen wir's im gewundenen Amtskirchendeutsch der ›Katholischen Nachrichten-Agentur‹: »In diesem Fall bekundet

---

[8] *Heftige Reaktion:* ebd., Buchdeckel – *keine Herabwürdigung:* ebd., S. 3.

[9] Der deutschsprachige OSSERVATORE ROMANO veröffentlichte das Dokument der Glaubenskongregation in seiner Ausgabe vom 24.11.1995.

ein Akt des ordentlichen päpstlichen Lehramtes, der in sich selbst nicht unfehlbar ist, den unfehlbaren Charakter der Darlegung einer Lehre, die die Kirche schon besitzt.«[10]

Das Eigen- und Einzigartige daran ist, daß Johannes Paul II. als erster Papst aus der nur disziplinären bzw. kirchenrechtlichen Angelegenheit der Nichtzulassung von Frauen zum Priesteramt, die also auch geändert werden könnte, eine eigentliche, unveränderliche, unwiderrufliche, irreformable und definitive Glaubenswahrheit gemacht hat. Das »polnische Schlitzohr« hat sich damit verewigt, obwohl es kein neues Dogma ausgerufen hat. Wojtyla hat allen seinen päpstlichen Nachfolgern einen unüberwindlichen Riegel vorgeschoben, indem er das Verbot der Frauenordination definitiv zu einer unfehlbaren Glaubenswahrheit erhoben hat, so daß von nun an ein Papst, der eine Kursänderung in dieser Angelegenheit vornehmen wollte, die Unfehlbarkeit des päpstlichen Lehramtes in Frage stellen würde. Und welcher Papst wollte das schon wagen?!

Exkurs über die Unfehlbarkeit

Dabei ist es mit der so stark betonten päpstlichen Unfehlbarkeit ja so weit nicht her. Zwar wird vom höchsten Lehramt der römisch-katholischen Kirche stets ungeheuerer Wert darauf gelegt, daß sich Lehre und Verkündigung der Päpste seit den Anfängen des Christentums in den wesentlichen Glaubenswahrheiten nie verfehlt, nie geändert hätten, und auch die erwähnte Deklaration der vatikanischen Glaubenskongregation zur Nichtzulassung der Frauen zum Priesteramt beruft sich darauf, daß diese Nichtzulassung »von Anfang an beständig gewahrt und angewandt« worden sei.[11] Aber die Ideologie der stets unfehlbar gleichgebliebenen Substanz der kirchlichen Lehre ist eine der großen Geschichtslügen. Gerade ein so zentrales Dogma wie das der päpstlichen Unfehlbarkeit in wesentlichen Sachen des Glaubens und der Moral gab es nicht immer, ja es wurde von einigen Päpsten sogar strikt geleugnet! Der erste Papst, dem man die päpstliche Unfehlbarkeit zusprechen wollte, bezeichnete sie empört als »Lehre des Teufels«. Es war Papst Johannes XXII., der in seiner Bulle QUIA QUORUNDAM (1324) diejenigen als Irrlehrer und als inspiriert vom »Vater der Lügen« bezeichnet, die behaupten: »Was die römischen Oberhirten einmal mit dem Schlüssel des Wissens in Fragen des Glaubens und der Moral definiert haben, steht so unbeweglich, daß ein Nachfolger es nicht widerrufen darf.« Ja, dieser Papst behielt sich sogar

---

[10] Zit. n. »Kirche in Bewegung«, S. 18.

[11] Papst Johannes Paul II. spricht im Anschluß an Paul VI. diesbezüglich von der »konstanten Praxis der Kirche« (ORDINATIO SACERDOTALIS 1); vgl. II. Vaticanum, Erklärung LUMEN GENTIUM, Nr. 25, 2.

114

ausdrücklich und prinzipiell das Recht vor, ein Ketzer zu sein, wiewohl er im gleichen Atemzug betonte, daß er nicht gedenke, dieses Recht auch auszuüben. Übrigens war Johannes XXII. nicht der einzige Papst, der die eigene Unfehlbarkeit leugnete. Erst im 16. Jahrhundert begann die päpstliche Unfehlbarkeit an Boden zu gewinnen, und erst im 19. Jahrhundert (!) wurde sie bekanntlich zum Dogma erhoben.

In den ersten Jahrhunderten des Christentums wäre es auch keinem Gläubigen eingefallen, einem Menschen Unfehlbarkeit zuzusprechen. Aber dann kam mit dem Mailänder Edikt (312) die Versöhnung der »Großen Hure«, d.h. des von den ersten Christen gehaßten römischen Imperiums, mit der Kirche, die nun von den Kaisern mit ungeheuren Privilegien und Reichtümern bedacht wurde. Dafür mußte man nun auch dankbar sein. Im Jahre 457 erklärte Papst Leo der Große: »Durch die Macht des Heiligen Geistes braucht er keine menschliche Unterweisung und kann sich in der Lehre nicht irren.« Jeder Katholik, der diesen Satz liest, würde ihn auf die Päpste beziehen. Die Wahrheit aber ist: Er bezieht sich auf die Unfehlbarkeit des Kaisers.

Auch bei Bischofsernennungen halten sich die Päpste inzwischen für unfehlbar, heißt es doch in der Erklärung des II. Vatikanischen Konzils zum Bischofsamt, daß »die Bischöfe vom Heiligen Geist eingesetzt sind ... Wer sie hört, hört Christus.« Nun hat ja zweifelsohne der Papst Karol Wojtyla alias Johannes Paul II. z.B. den Bischof von Berlin, Georg Sterzinsky, eingesetzt. Somit gibt's nur die Alternative: Entweder der Papst ist der Heilige Geist, oder der Heilige Geist erscheint ihm leibhaftig, um ihm ganz genau und irrtumsfrei zu sagen, wen er als Bischof einsetzen soll. Beide Glieder dieser Alternative haben auch ihre Parallelen in der Psychiatrie. Und man muß es schon als schizophrene Zweigleisigkeit unserer Gesellschaft bezeichnen, daß Herr Müller oder Frau Schulze, die sich mit Gott, Christus oder irgendeinem Erzengel identifizieren bzw. behaupten, ihnen leibhaftig begegnet und deshalb unfehlbar zu sein, als anormal, verrückt, geisteskrank u.ä. abqualifiziert werden, während jeder Papst, obwohl er etwas durchaus Analoges tut und sagt, höchstes Ansehen nicht bloß beim »gewöhnlichen« Volk, sondern gerade auch bei den Staatsmännern, Politikern und Regierungen fast aller Couleur genießt und als »Weltautorität« gilt.

Dabei weiß man doch oder sollte als Gebildeter zumindest wissen, »wie der Papst unfehlbar wurde«. Der Theologe A. Hasler, der das Buch mit diesem Titel schrieb – und es ist das informativste, bestbelegte und -begründete, das darüber überhaupt geschrieben wurde –, zeigt, mit welch rüden Methoden, brutalen Schikanen, raffinierten Pressionen, Wahlmanipulationen, Fälschungen und Fehlinterpretationen, Denunziationen, Täuschungsmanövern und päpstlichen Maßregelungen der bischöflichen Opponenten das Dogma von der päpstlichen Unfehlbarkeit durchgesetzt wurde. Und der, der es tyrannisch durchboxte und sich als erster Papst als unfehlbar proklamierte, Pius IX. (1846–1878), hatte Visionen (z.B. die »Vision der Jungfrau Maria ...«, die ihn der Unfehlbarkeitslehre vergewisserte«) und war nur zum Teil zurechnungsfähig. Die Urteile anerkannter Psychologen und Psychiater stimmen darin überein, Papst Pius IX. eine »abnorme Persönlichkeit« und »abnorme Züge« bis hin zur Schizophrenie zu attestieren. [12]

Auch von den Päpsten, die auf Johannes Paul II. folgen werden, ist aber nicht anzunehmen, daß sie vom Dogma ihrer Unfehlbarkeit abgehen oder die geschichtliche Problematik dieses Dogmas eingestehen werden. Das bedeutet aber angesichts der Brisanz und Virulenz der Frauenfrage überhaupt und der fehlenden Gleichberechtigung der Frauen in der Kirche im besonderen, daß der polnische Papst mit seiner Erhebung der Nichtzulassung der Frauen zum Priesteramt zu einer unfehlbaren Glaubenswahrheit das Papsttum in eine verhängnisvolle Sackgasse geführt hat. Denn künftige Päpste können und dürfen von seiner »unfehlbaren« Entscheidung nicht abweichen, ohne die ganze Ideologie päpstlicher Unfehlbarkeit zum Einsturz zu bringen, aber die »größere Hälfte« der Kirche, nämlich die Frauen, wird sich mit dieser Entscheidung niemals abfinden.

Die Zeichen stehen schon jetzt auf Sturm. Die Kritik katholischer Frauen wird immer schärfer, radikaler und umfassender.

Uta Ranke-Heinemann, Lehrstuhlinhaberin für Religionsgeschichte an der Universität Essen und führende feministische Theologin in der katholischen Kirche: »Der Totalitätsrausch der Päpste hat sich bei Johannes Paul II. zum geistigen Delirium gesteigert.« Der Papst halte »sich für derartig unfehlbar, daß man auch seine nicht-unfehlbaren Sätze akzeptieren muß«. Seit 1983, seit der Neufassung des kirchlichen Gesetzbuches, seien die Katholiken verpflichtet, auch die gesamte päpstliche Zölibats-, Pillen- und Kondomtheologie mit »Verstandes- und Willensgehorsam« zu akzeptieren.

»In einer normalen Diktatur darf man nicht sagen, was man denkt und was man will, aber hier muß man denken und wollen, was man nicht denkt und nicht will ... Und das Ganze unter Androhung einer ›gerechten Strafe‹. Das ist die totale Diktatur. Das ist nicht Gehirnwäsche, das ist Gehirnamputation.«

Die österreichische Grünen-Spitzenpolitikerin Madeleine Petrovic weist darauf hin, daß Papst Pius X. 1910 ein Dokument veröffentlicht hat, das Frauen das Singen in der Kirche untersagt und die stille Teilnahme der Frauen am Gottesdienst befiehlt. Und sie konstatiert und prognostiziert: »Es sind heute die Frauen, die in den Kirchen singen und den Gottesdienst aktiv gestalten. Dem jüngsten vatikanischen Dokument wird ein ähnliches Schicksal beschieden sein.« Eine führende katholische feministische Theologin, Elisabeth Schüssler-Fiorenza, verlangt nicht einmal mehr die Priesterweihe für Frauen: »Ordination ist Subordination«,

---

[12] Vgl. Hasler, S. 79, 93ff.

betonte sie auf dem Kongreß ›Konferenz für Frauenordination‹ (WOC) in den USA. Man müsse vielmehr eine Kirche ohne besonderes Amtspriestertum, eine »Jüngerschaft der Gleichen« anstreben, wenn man die bestehenden hierarchischen Strukturen nicht stabilisieren wolle. Winder-Schobel und Mercsanits vom ›Österreichischen Frauenforum Feministische Theologie‹ sehen in den Erklärungen und Maßnahmen des Papstes und seiner Glaubenskongregation gegen die Zulassung von Frauen zu hierarchischen Ämtern in der Kirche »das von zölibatären Männern geschaffene Interpretations- und Machtmonopol«, das »hier seine machtpolitische Wirksamkeit vorführt: Entscheidungsmacht in Lehre, Gesetzgebung und Rechtsprechung hat in der römisch-katholischen Kirche nur der zölibatäre, geweihte Mann. Damit bleiben männliche Dominanzstrukturen unangetastet und ein System der männlichen Eigenbegünstigung und der Identitätsentwicklung … auf Kosten und zu Lasten von Frauen aufrecht.« Vehement fordern die beiden Frauen die Männer im Vatikan »zur Aufgabe von Vorrechten und zur Machtteilung« auf.[13]

In den vergangenen drei oder vier Jahrzehnten konnte der Vatikan die Proteststimmen einiger Feministinnen höhnisch ignorieren. Nun aber schwoll der Protest zum Orkan an. Das zeigte sich besonders an zwei **Massenphänomenen**, die von Frauen verursacht wurden, die keineswegs als spezifisch feministisch einzustufen sind: den **Ordensfrauen** und den **vielen Frauen, die sich in den Kirchenvolksbegehren** (KVB) engagierten und kategorisch ihre Rechte einforderten.

Nie hätte der polnische Papst gedacht, daß die Ergebensten und Demütigsten in der Kirche, die Nonnen, gegen die »gottgestiftete« hierarchische Struktur der Kirche aufbegehren würden. Bis vor kurzem funktionierte ja auch das System der Unterdrückung und Ausbeutung der Ordensfrauen tadel- und lückenlos. Diese hatten praktisch keinerlei Entscheidungsbefugnisse. Die geistlichen Herren fungierten als Beichtväter, Aufseher, Betreuer, auch als Vormünder bei allen wichtigeren Rechtsgeschäften der klösterlichen Frauengemeinschaften. Als »die schlimmste religiöse Barbarei unserer Zeit« bezeichnete denn auch ein katholischer Bestsellerautor die Situation der weiblichen Orden in der Kirche, und ein ehemaliger Kirchenrechtler nennt die Geschichte der katholischen Frauenklöster eine »Geschichte der Ausbeutung religiöser Gefühle«. Den Nonnen würden noch immer »nicht mehr Rechte eingeräumt als Kindern und Schwachsinnigen«, urteilte ein kritischer kirchlicher Insider. Alles in allem: Gegenüber keiner Frauengruppe in der Kirche funktionierte das System der Entmündigung durch die

---

[13] *Ranke-Heinemann:* Ranke-Heinemann, S. 5f. Im Zusammenhang mit den zölibatären Reinheitsvorschriften des Papstes spricht diese Theologin von Vorschriften »aus der Steinzeit des religiösen Bewußtseins« (Kirche Intern 6/1996, S. 32) – *Petrovic:* zit. n. »Kirche in Bewegung«, S. 17 – *Schüssler-Fiorenza:* vgl. Publik-Forum 2/1996, S. 75 – *Winder-Schobel/Mercsantis:* Kirche Intern 1/1996, S. 5.

Funktionäre der Hierarchie so gut und problemlos wie bei den weltweit etwa 900 000 Frauen, die in Klöstern und Ordenshäusern nach den Gelübden des Gehorsams, der Keuschheit und der Armut zu leben hatten. »Gehorsam, schweigsam, ungefährlich für Männer« sollten sie sich nach den vatikanischen Dekreten und Anweisungen verhalten.[14]

Genau damit aber wollten sie sich unter dem Wojtyla-Papst nicht mehr abfinden. Die ›Nationale Vereinigung der amerikanischen Ordensschwestern‹, der rund 2000 Ordensfrauen angehören, kritisierte massiv – ein unerhörter Vorgang in der Geschichte weiblicher Orden! – das als unfehlbar qualifizierte päpstliche Verbot der Zulassung von Frauen zum Priesteramt: Eine Lehre, die nicht begründet sei, könne auch nicht als »unfehlbar« bezeichnet werden. Öffentlich, so der Aufruf dieser Ordensfrauen, sollten sich alle Katholiken für das Priesteramt von Frauen einsetzen. Mit dem Hinweis auf die Tradition, auf die vermeintlich konstante kirchliche Praxis des Ausschlusses von Frauen von kirchlichen Ämtern segne der Papst nur »die Jahrhunderte der Ungerechtigkeit« ab. Aber die Aufrechterhaltung einer falschen Handhabung rechtfertige deren Weiterführung noch lange nicht.[15]

Auch die bis dahin als besonders demütig geltenden indischen Nonnen hielten nicht mehr den Mund. Sie kritisierten besonders, daß der Papst den Ausschluß der Frauen vom Priesteramt als »Gottes Plan für die Kirche« bezeichnete: »Lieber Vater, wer entscheidet, was Gottes Plan für die Kirche ist? Ist das nicht das Gottesvolk? Schließen Sie als das Oberhaupt der Familie der Gläubigen uns sogar von der gemeinsamen Suche nach Gottes Willen für die Kirche von heute aus dem Gottesvolk aus?« Die Kirche, so die indischen Ordensfrauen weiter in ihrem Brief an den Papst, ermutige doch sogar zum Dialog zwischen den christlichen Kirchen. »Warum denkt die Kirche nicht daran, endlich den Dialog mit den eigenen Mitgliedern zu beginnen?« Das Apostolische Schreiben ORDINATIO SACERDOTALIS tue aber das Gegenteil eines Dialogs: »Es legitimiert die Unterdrückung!« Offen bringen die indischen Ordensfrauen vielfältige Aspekte dieser Unterdrückung zur Sprache:

Wir »Frauen sollen für immer in totaler Abhängigkeit bleiben ... wir werden in ständiger Unmündigkeit gehalten ... Priester ziehen aus unserer billigen Arbeitskraft den größtmöglichen Nutzen für sich selbst, und sie schrecken nicht davor zurück, uns unter moralischen Druck zu setzen, wenn wir ihren ungerechten Forderungen nicht nachkommen. Wir Ordensfrauen fragen uns oft, ob unser

---

[14] *Barbarei:* de Rosa, S. 77 – *Ausbeutung religiöser Gefühle:* Herrmann, zit. n. SPIEGEL 52/1992, S. 82f. – *Schwachsinnige:* Drewermann, zit. n. ebd. Zum Ganzen der Situation von Nonnen in Kloster und Kirche vgl. Mynarek, Eros, S. 117 ff; ders., Diener, S. 250ff.

[15] Ref. nach »Kirche in Bewegung«, S. 17.

Leben ... darin bestehen muß, die Dienerinnen zölibatärer Priester zu sein? Sie sehen in uns keine menschlichen Wesen ... von uns wird nur erwartet, den Forderungen des Klerus nachzukommen, der glaubt, wir seien nur dazu da, das zu tun, was sie uns befehlen ... Es ist befremdend, daß sogar noch heute, im 20. Jahrhundert, Männer annehmen, daß der göttliche Plan nur durch sie vermittelt werden könne.«

Geradezu marxistisch-revolutionär klingt der folgende Passus im Schreiben der indischen Ordensfrauen an den Wojtyla-Papst: »Ist es nicht eine häufig angewandte Strategie in den Religionen, das, was von der Priesterklasse eingeführt wurde, als von Gott kommend auszugeben, damit die Leute sich ungefragt daran halten?«

Aber auch das Monopol der Wissenschaftlichkeit entzogen die indischen Nonnen dem Papst: wissenschaftliche Arbeiten, hielten sie ihrem obersten Lehrer entgegen, zeigen, daß es »keinerlei biblische oder theologische Gründe für den Ausschluß von Frauen« gibt.

»Zu den Zeiten der Apostel wurde das Auflegen der Hände (heute das Hauptritual bei der Priesterweihe) als Verleihung des Geistes verstanden ... nicht aber als Weihe zum Priestertum ... Christus hat keine Priester geweiht, und in neutestamentlicher Zeit gab es keine Priesterklasse. Erst später, als die Kirche klerikale und hierarchische Strukturen annahm, übernahm sie Elemente der jüdischen Religion, von der sie abstammte, und sozialpolitische Strukturen des römischen Weltreiches, in dem sie Wurzeln schlug.«

Sollen wir denn, so fragten die kritischen Nonnen, »immer noch an jenen Elementen festhalten, die wir uns aus diesen beiden Bereichen vor neunzehn Jahrhunderten zu eigen machten«? Die Handlungsweise des Papstes jedenfalls vermittle »das Gefühl, daß unsere Mitgliedschaft in der Kirche überhaupt negiert wird«. Der Brief schließt mit der Aufforderung an den Papst, »endlich in den Dialog mit uns, den Frauen, einzutreten«.[16] Natürlich gab es auf diesen Brief der mutigen Nonnen keine Antwort aus Rom.

Auch unmittelbar unter den Fenstern des Vatikans geschah Unheimliches. Zum Entsetzen des Papstes marschierten italienische Nonnen z.B. zu den Feiern des 8. März, des internationalen Frauentags, eifrig und deutlich sichtbar in den profanen feministischen Gruppen mit. Der Vatikan und sein oberster Dienstherr bekamen mehr Angst vor der ›Weltvereinigung der Ordensfrauen‹, deren Hauptsitz in einem Palazzo an der Piazza Ponte Sant' Angelo 28 gegenüber der Engelsburg in Rom liegt, als vor den Atheisten des chinesischen Geheimdienstes. Die

---

[16] Schreiben indischer Ordensfrauen, organisiert in der Gruppe WORTH (Women Religious Theologizing = Ordensfrauen, die Theologie betreiben) an den Papst; zit. n. der Übersetzung in KIRCHE INTERN 6/1996, S. 52f.

gewachsene Bedeutung und das Selbstwußtsein der Ordensfrauen haben auch quantitative Gründe: Es gibt immer weniger Männer, die sich zum mönchischen Dasein berufen fühlen. Drei Viertel aller Ordensleute sind inzwischen Frauen, und ohne deren Arbeit läuft vieles nicht mehr. Die Drecksarbeit in katholischen Krankenhäusern, Schulen und Altenheimen Afrikas und Lateinamerikas machen die Ordensfrauen. Die katholischen Krankenhausangestellten z.B., die während der Ebola-Epidemie in Afrika starben, waren allesamt Nonnen. Entsprechend ihrem Einsatz und ihrer Zahl verlangen die Nonnen nun mehr Rechte in der Kirche und beanstanden entschieden, daß Entscheidungen in der katholischen Kirche nur von Männern getroffen werden und daß ihre Erfahrungen im Vatikan nicht gefragt sind. So berieten im Herbst 1994 600 Ordensoberinnen aus etwa 3000 weiblichen Ordensgemeinschaften hinter verschlossenen Türen ihre Strategie, um dann der in Rom tagenden Bischofssynode zum Ordensleben – Thema: »Das gottgeweihte Leben und seine Sendung in Kirche und Welt« – ihre Forderungen zu präsentieren. Dabei ging es nicht einmal in erster Linie um die Zulassung von Nonnen zum Priesteramt: »Das Frauen-Priestertum ist nicht unser wichtigstes Problem ... Grundsätzlich sehen wir aber keine Probleme darin, daß auch Frauen in der katholischen Kirche Priester werden können«, heißt es in einem Dokument der ›Weltvereinigung der Ordensfrauen‹.[17] Aber mit der Diskriminierung der weiblichen Ordensmitglieder gegenüber ihren geweihten Mitbrüdern müsse jetzt ein für allemal Schluß sein.

Papst Johannes Paul II. jedoch sperrte sich weiterhin. Immer noch glaubte er, alles unter Kontrolle zu haben. Zwar hatte er zu der eben erwähnten Bischofssynode über das Ordensleben 56 Expertinnen, vor allem aus den weiblichen Ordensgemeinschaften, eingeladen, aber leitende Kirchenfunktionen wurden Nonnen weiterhin vorenthalten. Klara Sietmann, Generaloberin und oberste Repräsentantin der ›Weltvereinigung der Ordensfrauen‹, beklagte in einem Interview die Zurücksetzung der Nonnen in der Kirche und deren Instrumentalisierung zu einer bloßen Alibifunktion: »Uns Ordensfrauen ist immer bewußter geworden, daß wir unser Frausein in der Kirche nicht genügend einbringen können.« Sie wies darauf hin, daß der Papst in das Vorbereitungskomitee des Heiligen Jahres 2000, das aus 50 Mitgliedern besteht, lediglich drei Frauen berufen habe, daß nur Bischöfe die verschiedenen Kommissionen leiten und die einzelnen Pläne für das Jubeljahr ausarbeiten. Die drei Frauen dienten im Grunde nur »dazu, sagen zu können, daß auch Frauen dabei sind«. Auf die Frage, ob Frauen angesichts der Tatsache, daß drei Viertel aller Ordensleute doch Frauen seien, maßgeblich am Entwurf des Schlußdokuments der Synode über das Ordensleben beteiligt worden seien, antwortete sie klipp und klar: »Bisher haben wir noch von keiner Frau

---

[17] Vgl. Focus 44/1994, S. 348; Hamburger Abendblatt 8.3.1996.

gehört, die an dem Dokument mitarbeiten darf, obwohl wir es in erster Linie sind, die es betrifft.« Die Generalin der Nonnen wird inzwischen von Kurialbeamten des Vatikans wegen solcher Äußerungen als »schreckliche Nonne Klara« apostrophiert.[18]

Neben den Nonnen erhebt jetzt auch das bisher weitgehend unbeachtet gebliebene »Fußvolk« der katholischen Frauen sein Haupt und verlangt die volle Gleichberechtigung in der Kirche. Im Rahmen der im vorigen Kapitel behandelten KVB wurden viele Proteststimmen oft ganz einfacher Frauen gesammelt, die in ihrer Frische und Originalität das monotone Einerlei theologischer Argumente für und wider die Zulassung von Frauen zu allen kirchlichen Ämtern durchbrechen. Eine Frau, die sich um tiefgründige theologische Deduktionen nicht kümmert, trifft den Nagel auf den Kopf:

»Lieber ein Pfarrer, der alkoholabhängig ist, als eine Frau an der Spitze der Gemeinde? Na!« Eine andere: »Frauen dürfen nicht ... predigen, welche Unverschämtheit, welche Arroganz der Männer uns Frauen gegenüber! Und manche Männerpredigt ist nun wahrhaftig zum Weglaufen!« Eine Dritte: »Die Kirche putzen und die Blumen hinstellen, das dürfen wir Frauen schon jahrhundertelang. Für die Caritas sammeln und für den Adventsbasar basteln, das dürfen wir auch ... Aber das sage ich Ihnen, eine Kirche, die uns letztlich nicht ernst nimmt, ist keine Frauenkirche. Dann sollen die Männer auch unter sich bleiben. Warum wundern die sich eigentlich noch, wenn wir Frauen in Scharen austreten.«[19]

Angesichts der von den KVB der einzelnen Länder formulierten Reformforderungen mußte es dem Papst angst und bange werden. Verlangt wird der Zugang von Frauen zu allen Ämtern und Entscheidungsgremien mit einer Quote von mindestens 50%. Alle Amtsträgerinnen und Amtsträger sollen demokratisch und auf Zeit gewählt werden. Frauenbeauftragte sollen auf allen Ebenen der Hierarchie (!) den Gleichberechtigungsprozeß und die Einhaltung der Rechte für Frauen in der Kirche kontrollieren. Jegliche Diskriminierung der Frau im Kirchengesetzbuch CIC ist zu streichen. Alle darin enthaltenen Bestimmungen, wonach Frauen anders zu behandeln sind als Männer, müssen aufgehoben werden. Frauen, die sich zum Priestertum berufen fühlen, sollen vom Bischof ins Priesterseminar aufgenommen werden (inzwischen gibt es auch bei der Fraueninitiative ›Maria von Magdala‹ eine Arbeitsgruppe »Priesterinnen«). Frauen mit entsprechender Ausbildung sollen als Gemeindeleiterinnen eingesetzt werden. In der Krankenseelsorge tätige Frauen sollen die bisher den Priestern vorbehaltenen Sakramente der Krankensalbung und der Lossprechung erteilen dürfen. In jedem Bistum ist ein

---

[18] »Die Haltung des aufrichtigen Teilens fördern«: Interview unter diesem Titel in: HAMBURGER ABENDBLATT 8.3.1996; vgl. Englisch.
[19] Zit. n. »Kirche in Bewegung«, S. 14f.

Frauenrat einzurichten, der als Beratungsgremium der Diözesanleitung fungiert. Der Frauenrat soll ein gewähltes Gremium sein, das sich aus Vertreterinnen aller Frauengruppierungen einer Diözese zusammensetzt. Art und Inhalt der Priesterausbildung sollen von Frauen entscheidend mitgeprägt werden. Sexistische Sprache, patriachalische Sicht und frauenfeindliche Formulierungen bzw. Tendenzen in liturgischen und biblischen Texten sowie in kirchlichen Verlautbarungen müssen überwunden, korrigiert oder gestrichen werden. Die vielen Priester, die eine Frau haben, sollen sich endlich öffentlich dazu bekennen, denn auch das sei eine Form der Diskriminierung der Frau. [20]

Es ist im Zusammenhang mit der zuletzt angeführten Forderung interessant anzumerken, daß der Vatikan die Menschenrechtserklärung der Vereinten Nationen bis heute nicht unterzeichnet hat, daß er also einer Großgruppe in der Kirche, nämlich den Priestern und ihren Frauen, das vorenthält, was Artikel 16 der Allgemeinen Erklärung der Menschenrechte festschreibt: »Heiratsfähige Männer und Frauen haben ohne Beschränkung durch Rasse, Staatsbürgerschaft oder Religion das Recht, eine Ehe zu schließen und eine Familie zu gründen.« [21]

Echte Signal- und Sogwirkung auf die wachsende Protestbewegung katholischer Frauen gegen die restriktive Politik des Wojtyla-Papstes hatte auch ein Paukenschlag aus der ansonsten kaum noch reformfreudigen altkatholischen Kirche, die sich 1870 wegen des von Pius IX. verkündeten Dogmas der päpstlichen Unfehlbarkeit mutig von der römisch-katholischen Kirche getrennt hatte. Sie weihte am Pfingstmontag 1996 in Konstanz zum ersten Mal zwei Frauen zu Priesterinnen. Da die Altkatholiken in der sogenannten apostolischen Sukzession stehen, also nach katholischer Ansicht gültig geweihte Bischöfe haben, ist dementsprechend auch die Weihe dieser Priesterinnen aus katholischer amtskirchlicher Sicht gültig, wenn auch unerlaubt (VALIDUM, SED ILLICITUM). Der polnische Papst mußte sich nun, bei aller Empörung über den rebellischen Weiheakt in der abtrünnigen altkatholischen Kirche, mit der Tatsache abfinden, daß es jetzt sogar schon sieben katholisch gültig geweihte Frauen gibt (nämlich die zwei altkatholischen Priesterinnen und die vom Papst ebenfalls nicht anerkannten, aber im Herbst 1970 im kommunistischen Untergrund der damaligen Tschechoslowakei vom Brünner Bischof Davidek gültig geweihten fünf Priesterinnen des römisch-katholischen Ritus). Ein Präzedenzfall ist geschaffen, den kein Papst, keine Amtskirche mehr rückgängig machen kann. Die Bresche in die Männerdomäne Amtspriestertum ist endgültig und unwiderruflich geschlagen. Die altkatholische Kirche, die Unfehlbarkeit und Jurisdiktionsprimat des Papstes negiert, lasse mit der ersten Priesterinnenweihe die römisch-katholische Schwesterkirche »alt aussehen«, schrieb

---

[20] Gesammelt sind die Reformforderungen in: ebd., S. 15ff.
[21] Ausführlicher dazu: Mynarek, Eros, PASSIM.

die Zeitschrift KIRCHE INTERN zu diesem Vorgang.[22] Es ist bezeichnend, daß der verärgerte polnische Papst in dieser Angelegenheit Schützenhilfe von einer ihm geistesverwandten altkatholischen Regionalkirche erhielt, nämlich von der ›Polnisch-Katholischen Kirche in den USA und Kanada‹. Diese erklärte »die Kirchengemeinschaft mit den Altkatholiken Deutschlands nach Konstanz als zerbrochen«. Der Papst selbst ließ seine beiden »Sprachrohre« in Deutschland, Kardinal Meisner von Köln und den inzwischen verstorbenen Erzbischof Dyba von Fulda, in scharfer Form Stellung beziehen. Ersterer erklärte im Widerspruch zu den bereits bestehenden und vollendeten Tatsachen, in der römisch-katholischen Kirche werde es keine Weihe von Frauen zu Priestern geben, »solange diese Welt besteht«. Jeder Nachfolger des Wojtyla-Papstes, der nicht mehr hinter dem Verbot der Priesterweihe für Frauen stehe, sei dann »nicht mehr katholisch«. Die Leserbriefseiten des BONNER GENERAL-ANZEIGERS waren noch viele Tage nach Erscheinen des Interviews, in dem Meisner diese Aussagen gemacht hatte, mit harschen Protesten gegen seine Haltung gefüllt. Inzwischen hat seine Erzdiözese, das größte Bistum Deutschlands, die drittgrößte Kirchenaustrittszahl seit 1945 zu verzeichnen! Massiver und brutaler als Kardinal Meisner äußerte sich der für verbale Ausrutscher bekannte Fuldaer Oberhirte Dyba. Leute, die für die Priesterweihe von Frauen sind, bezeichnete er als »katholische Abfälle«, Andersdenkende in der Kirche, die doch nur verletzten, verwirrten und spalteten, als »Parasiten«. Die Kirche, so Dyba, habe »Kaiser Nero überlebt« und Robespierre,[23] womit er wohl andeuten wollte, daß sie auch die Rebellion gegen das päpstliche Verbot des Frauenpriestertums überleben werde. Aber da sind Zweifel angebracht, denn in diesem Fall handelt es sich nicht um einzelne, sondern potentiell um mehr als die Hälfte der Kirchenmitglieder, nämlich die Frauen. Eine Halbierung der Kirche, der Auszug aller Frauen, zumindest aller jüngeren, wäre zweifellos das Ende dieser Institution, die dank der Aktivitäten Johannes Pauls II. ohnehin immer mehr das traurige Bild eines fundamentalistischen Ghettos bietet.

Es war auch bezeichnend, daß andere Kirchen, nicht aber die römisch-katholische, offizielle Vertreter nach Konstanz entsandt hatten, um dem historischen Akt der Priesterinnenweihe in der altkatholischen Kirche beizuwohnen. Als einen Affront mußte es deshalb der Papst betrachten, daß hohe Vertreterinnen

---

[22] Ertel, S. 14f.; vgl. auch die hauptsächlich der Priesterinnenweihe gewidmete Nr. 7/1996 der Zeitung der Alt-Katholiken CHRISTEN HEUTE.

[23] *Kirchengemeinschaft zerbrochen:* Zit. n. Ertel, S. 15 – *Zum Ganzen dieses Absatzes:* KIRCHE INTERN 7/1996, S. 17 – *Dyba:* zit. im Artikel »Mehr als Kirchen putzen«, in: FOCUS 21/1996; vgl. die Reaktionen darauf in FOCUS 23/1996, S. 253. Der Tübinger Dogmatiker, Prof. Hünermann, nannte in anderem Zusammenhang gemachte Äußerungen Dybas »maßlos« und »zutiefst verletzend« (laut PUBLIK-FORUM 8/1995, S. 2). – *Nero und Robespierre:* zit. n. »... und sie bewegt sich doch?«, in: CHRISTEN HEUTE 8/1994, S. 134.

katholischer Frauenvereinigungen wie Brigitte Vielhaus vom ›Katholischen Frauenbund Deutschlands‹ und Annette Esser von der ›Katholischen Frauengemeinschaft‹ es sich nicht nehmen ließen, nach Konstanz zu kommen, um auf diese Weise zu demonstrieren, daß der Geist weht, wo er will, also keineswegs nur von Rom her. Mittlerweile zieht auch die altkatholische Kirche Österreichs mit, die 1998 zwei Frauen die Priesterweihe erteilte. Aber auch Frauen in der katholischen Kirche selbst setzten einen geradezu revolutionären Akt im neuen Jahrtausend. Mehr als zehn von ihnen ließen sich bisher trotz päpstlichen Verbots von einem »abtrünnigen« Bischof die Priesterweihe spenden. Zwar wurden sie flugs exkommuniziert, aber ihre Weihe ist gültig!

Wie wenig der Papst dem Geist, der auch in Frauen wirkt, vertraute, zeigte sich auch an seinem Verhalten gegenüber der Anfang September 1994 in Kairo veranstalteten ›Internationalen Konferenz über Bevölkerung und Entwicklung‹. Schon im Vorfeld dieser Konferenz hatten Johannes Paul II. und seine kurialen Organe schwerstes Geschütz gegen den Entwurf für das Schlußdokument aufgefahren. Selbst streng katholische Blätter sprachen von einer »wohl beispiellosen Kampagne«[24], die sich spätestens seit März 1994 in einer Vielzahl kritischer Stellungnahmen des Papstes und verschiedener Vertreter der römischen Kurie und der vatikanischen Diplomatie zu diesem Entwurf äußerte, unter anderem in einem Schreiben des Papstes an die Staatschefs der ganzen Welt. Auch eine Vielzahl nationaler Bischofskonferenzen, darunter die gegenüber dem Papst beflissen servile deutsche, hatte sich die Vatikan-Vorgaben zu eigen gemacht. Scharf kritisiert wurde vor allem die vorgeschlagene Abtreibungspolitik, die angeblich extrem individualistische Sicht der Sexualität und die dem Entwurf attestierte Aushöhlung der Familie. Massiv und über Monate hinweg feuerten der Papst und eine große Zahl katholischer Einrichtungen und Persönlichkeiten Breitseiten gegen die an die Wand gemalte Gefahr, die Kairoer Konferenz wolle Abtreibung als normales Mittel der Bevölkerungskontrolle akzeptieren. Auch während der Konferenz wandte sich Erzbischof Renato Raffaele Martino, ständiger Vertreter des Heiligen Stuhls bei den Vereinten Nationen und Leiter der siebzehnköpfigen Vatikan-Delegation, vehement dagegen, Frauen einen unbegrenzten Zugang zur Abtreibung mit Hilfe von staatlicherseits angebotenen Gesundheitsdiensten zu ermöglichen und den Schwangerschaftsabbruch auf die Ebene eines Rechtes der Frau zu erheben.

Um sein Ziel zu erreichen, scheute der Vatikan nicht einmal vor abstrusen Thesen zurück. So äußerte ein Arbeitsdokument des ›Päpstlichen Familienrates‹ nicht nur starke Zweifel an den vom Kairoer Aktionsprogramm aufgestellten statistischen Berechnungen des Bevölkerungswachstums, es unterstellte ihm auch die Beschwörung einer Bevölkerungskatastrophe und versuchte sich sogar

---

[24] HERDER KORRESPONDENZ 10/1994, S. 495.

in dem Nachweis einer rückläufigen Bevölkerungsentwicklung nicht nur in den Industriestaaten, sondern auch in den Entwicklungsländern. »Um der Wirksamkeit dieser Kampagne willen nahm man in Rom auch einen Wettersturz im Verhältnis zu den USA, eine überaus negative, teils kirchenfeindliche Stimmung in den meisten westlichen Medien und rufschädigende Gerüchte über eine sinistre Anti-Kairo-Allianz mit dem Iran in Kauf.«[25] Tatsächlich arbeiteten auf der Kairoer Konferenz größere Teile der islamischen Welt, insbesondere fundamentalistisch geprägte islamische Staaten, mit dem Vatikan zusammen gegen das Aktionsprogramm dieser Konferenz. Mit diesem Programm, auch »Weltaktionsplan« genannt, will sich die internationale Gemeinschaft in den kommenden beiden Jahrzehnten der Herausforderung des weiterhin starken globalen Bevölkerungsanstiegs stellen. Es war bezeichnend, aber im Rahmen der sattsam bekannten Antiabtreibungspolitik des polnischen Papstes nur konsequent, daß Vatikan und islamischer Fundamentalismus hier, Hand in Hand zusammengehend, diesen Anstieg einfach in Kauf nehmen wollten. Die Treue zu ihren fundamentalistischen Prinzipien war ihnen wichtiger als alles andere, möge die Menschheit dabei auch untergehen. Dabei hatte der Aktionsplan der Kairoer Konferenz, die Weltbevölkerungszahl von derzeit 5,6 Milliarden bis Mitte des kommenden Jahrtausends bei rund acht Milliarden Menschen zu stabilisieren, alle Plausibilität für sich.

Aber das Schlimmste im Zusammenhang mit der Kairoer Konferenz war nicht einmal die päpstliche Anti-Abtreibungs-Kampagne, die strikte Weigerung, der Frau die alleinige Entscheidung darüber zuzugestehen, ob sie ihr Kind austragen oder die Schwangerschaft unterbrechen wolle. Diesbezüglich hatte ja auch das Kairoer Aktionsprogramm eine bei gutem Willen von allen annehmbare Kompromißformel gefunden:

»Abtreibung sollte in keinem Fall als Methode der Familienplanung propagiert werden ... Der Verhütung unerwünschter Schwangerschaften muß immer höchste Priorität gegeben werden, und es sollte alles versucht werden, um die Notwendigkeit von Abtreibung zu beseitigen ... Bei Komplikationen, die von Abtreibungen herrühren, sollten Frauen in allen Fällen Zugang zu qualitativ hochwertigen Dienstleistungen zur Behandlung dieser Komplikation erhalten.«

Schlimmer noch an der päpstlichen Obstruktionspolitik war der Umstand, daß sie sich überhaupt und auf der ganzen Front gegen den vermeintlich emanzipatorisch-individualistischen Grundansatz des Kairoer Aktionsplans und dessen zentralen Schlüsselbegriff des »*Empowerment of women*« richtete. In der Ermächtigung der Frau zur realen Ergreifung all ihrer Rechte sieht nämlich die Kairoer Konferenz den wesentlichsten Beitrag zur Lösung des Bevölkerungsproblems. Sie stimmt darin völlig mit dem UN-Weltbevölkerungsbericht 1994 überein, der

---

25 Ebd., 11/1994, S. 555f.

genau wie sie die Stärkung der rechtlichen, ökonomischen, sozialen und familiären Stellung der Frau, ihre Gleichberechtigung in Gesundheitsversorgung, Bildung und Familienplanung und die Möglichkeit, über die Regelung der Fruchtbarkeit, die Anzahl und den Zeitpunkt der Schwangerschaften selbst bestimmen zu können, als dringend notwendig anmahnt. Die Mehrheit der in Kairo vertretenen Nationen war sich klar darüber, daß mit dem *Empowerment*, das der Kairoer Aktionsplan an zentraler Stelle für die Frauen fordert, der langfristige Erfolg jeglichen Bevölkerungsprogramms steht und fällt. Wenn Frauen nicht die Gleichberechtigung im Politischen, den gleichen Zugang zu Bildung, Ausbildung, Erwerbsarbeit und sozialen Sicherungssystemen, gleiche Rechte beim Erwerb und Verkauf von Eigentum und beim Zugang zu Krediten, das Recht, in der Arbeitswelt in keiner Weise belästigt oder diskriminiert zu werden, den freien Willen bei Eheschließungen und das Recht auf die Unversehrtheit ihres Körpers (z.B. gegen die in manchen Ländern der Dritten Welt praktizierte Beschneidung) erhalten, dann können die Regierenden überall auf der Welt einpacken. Ohne und gegen den Willen der Frauen wird auf die Dauer nichts gehen. Die »reproduktive Gesundheit« wie die »reproduktiven Rechte« der Frau und ihre sexuelle Entscheidungsfreiheit müssen uneingeschränkt anerkannt bzw. verwirklicht werden. Die Generalsekretärin des Weltbevölkerungsfonds hat den die Rechte der Frauen so stark zur Geltung bringenden Neuansatz der Kairoer Konferenz auf die Formel gebracht, daß es hierbei um das Recht aller Individuen gehe, ihre Wahl zu treffen (»*the right of individuals to make choices*«).[26]

Es wird wohl ein ewiger Schandfleck in der Geschichte des Papsttums, im besonderen des Pontifikats von Johannes Paul II. bleiben, daß der Vatikan als **einziger** Konferenzteilnehmer (also sogar im Unterschied zu den islamischen und lateinamerikanischen Staaten, die während des Konferenzverlaufs oft mit dem Vatikan konform gingen) dem Kairoer Aktionsbeschluß nur mit Vorbehalten zustimmte, während **alle** anderen Staaten dem Aktionsplan ihre uneingeschränkte Zustimmung nicht versagten: Das zweifelhafte Verdienst, daß der Begriff »sexuelle Rechte«, der den emanzipatorischen Tenor des Kairoer Aktionsprogramms unterstreichen sollte, in allen Passagen völlig gestrichen wurde, gebührt ebenfalls hauptsächlich der Delegation des Vatikans. Kein Wunder, daß Erzbischof Martino von einem »großen Erfolg« des Vatikans auf dieser Konferenz sprach, während ein Großteil der Presse den Eindruck hatte, daß die Spitze der römisch-katholischen Kirche nur Fundamentalopposition betrieben habe, »um das Kairo-Projekt als ganzes zu kippen«. Vertreter der Entwicklungsländer und verschiedene Entwicklungsorganisationen kritisierten darüber hinaus, daß »die Fixiertheit und

---

[26] *Kompromißformel*: HERDER KORRESPONDENZ 10/1994, S. 495 – *right to make choices*: ebd., 11/1994, S. 556.

mangelnde Kooperationsbereitschaft des Vatikans beim Thema Abtreibung und dessen Dominanz bei der ganzen Konferenz bewirkt hätten, daß die eigentlich entscheidenden Themen Entwicklung und Armutsbekämpfung insgesamt viel zu kurz gekommen seien«. [27] Tatsächlich hatte das Thema Abtreibung dank den exaltierten Bemühungen der Vertreter des Papstes auf der Kairoer Konferenz völlig unplanmäßig nahezu die ganze erste Kongreßwoche dominiert, so daß für alle übrigen Themen nur noch drei Tage übrig blieben. Aber für den Papst aus Polen war die Bekämpfung der Abtreibung allemal wichtiger als die Bekämpfung der Armut (s. dazu das nächste Kapitel).

Die gegen die (Rechte der) Frauen gerichtete Obstruktionspolitik des Papstes setzte sich auf der ›Vierten Weltfrauenkonferenz der Vereinten Nationen‹ (VWFK), die vom 4. bis 15. September 1995 in Peking stattfand, nahtlos fort. Der Papst sah in dieser spektakulären Mammutkonferenz das geeignete Mittel, seinen harten Kurs gegen manche legitimen Bestrebungen der Frauen besonders grell ins Rampenlicht zu rücken. War doch diese Konferenz im fünfzigsten Jahr des Bestehens der Vereinten Nationen die größte im Hinblick auf die Anzahl der teilnehmenden Staaten (189), der Teilnehmenden an der Regierungskonferenz (17 000) und am NGO-Forum, d.h. am Forum der »Nicht-Regierungs-Organisationen« (30 000), sowie der akkreditierten Journalisten (3200). Dem von den chinesischen Machthabern aus Peking verbannten NGO-Forum gelang trotz der teilweise abenteuerlichen Bedingungen, unter denen es in dem 53 km von der Hauptstadt entfernten Huairou arbeiten mußte, eine glänzende Demonstration der weltweiten Mobilisierung der Frauen. 30 000 Frauen debattierten neun Tage lang in mehr als 6000 Veranstaltungen über alle wichtigen Frauen betreffenden Themen der Politik, Wirtschaft, Bildung, Gesundheit, Sicherheit, Kultur, Um- und Medienwelt, Rasse und Ethnizität, Spiritualität und Religion sowie der Wissenschaft und Technologie. Die Brisanz und Aktualität aller Veranstaltungen wurde durch zwei Eckdaten besonders deutlich gemacht: 70 % der 1,3 Milliarden Armen auf unserem Planeten sind Frauen, und diese sind trotzdem nicht das Problem, sondern der Schlüssel zur Lösung der gesamten Entwicklungs- und Friedensproblematik. [28] Es kann nicht weiter hingenommen werden, daß etwa eine Million Kinder, davon der Großteil Mädchen, jährlich zur Prostitution gezwungen werden, daß 100 Millionen Mädchen Opfer einer Verstümmelung ihrer Genitalien werden, daß jährlich 650 000 Frauen aufgrund von Komplikationen bei Schwangerschaft oder Geburt sterben, daß die Hälfte der auf jährlich weltweit mehr als 40 Millionen geschätzten Abtreibungen nicht sachgemäß erfolgt.

---

[27] *Kairo-Projekt*: Pöner, S. 560 – *Kritik an Vatikan*: HERDER KORRESPONDENZ, 10/1994, S. 496.

[28] Letzteres hatte vor allem die tansanische Generalsekretärin der VWFK, Gertrud Mongella, mehrfach mit Nachdruck betont.

Sowohl auf der Regierungskonferenz wie innerhalb der vielen Veranstaltungen des NGO-Forums wurde kritisch darauf hingewiesen, daß Hindernisse der Gleichberechtigung der Frauen nicht nur das Fehlen entsprechender Gesetze in vielen Ländern und die für Geschlechterfragen unsensible Weltwirtschaftsordnung, sondern auch der in vielen Religionen und Kulturen wieder wachsende religiöse Fundamentalismus sind, der die Frau auf ihre vermeintlich eigentliche oder natürliche Aufgabe als Mutter festzulegen und von den öffentlichen Lebensbereichen auszuschließen sucht. Neben fundamentalistischen islamischen Staaten mußte dies vor allem der Papst als Seitenhieb gegen seine eingangs dieses Kapitels charakterisierte Sicht der Rolle der Frau empfinden. Tatsächlich bildeten – stärker sogar noch als auf der Kairoer Weltbevölkerungskonferenz – der Heilige Stuhl und einige katholische Staaten mit den islamischen Ländern eine gemeinsame Front gegen alle anderen Staaten, unter denen es trotz zuweilen unterschiedlicher Schwerpunktsetzungen keine Gegensätze bezüglich der strategischen Ziele und vorgeschlagenen Maßnahmen gab, obwohl man hier damit gerechnet hatte – standen den industrialisierten Ländern doch etwa 120 Entwicklungsländer einschließlich China gegenüber. Aber, wie gesagt, deren Differenzen waren nicht so gravierend wie die mit der vom Heiligen Stuhl angeführten Phalanx.

Wiederum kämpfte die Vertretung des Heiligen Stuhls dagegen, dem Menschenrechtsbegriff neue Aspekte, z.B. das Recht der Frau auf Abtreibung, hinzuzufügen. Wiederum kämpfte sie gegen wichtige Festlegungen und Formulierungen im Rahmen der Beschlüsse zur sexuellen und reproduktiven Gesundheit der Frau an, gegen die der Heilige Stuhl, die islamischen und einige katholische Staaten schon in Kairo gestritten hatten. Im Rahmen des Kapitels IV der von der Pekinger Konferenz beschlossenen Aktionsplattform, das die Überschrift »Ungleichheiten im Zugang zu Gesundheit und damit verbundenen Diensten« trägt, gelang es der Mehrheit trotzdem, die Ergebnisse von Kairo zu bestätigen und außerdem nicht nur den Begriff der »sexuellen und reproduktiven Gesundheit« fest zu etablieren, sondern erstmals auch die »sexuellen Rechte« als Teil der Menschenrechte der Frauen einzuführen. Ganz wichtig sind in diesem Zusammenhang folgende Festlegungen der Aktionsplattform: »Das Recht aller Frauen, alle Aspekte ihrer Gesundheit, insbesondere ihrer eigenen Fruchtbarkeit, zu kontrollieren, ist grundlegend für ihre Ermächtigung« (94), und: »Die Menschenrechte der Frauen schließen ihr Recht ein, Kontrolle zu haben über ihre Sexualität und frei und verantwortlich in Angelegenheiten ihrer Sexualität zu entscheiden, frei von Zwang, Diskriminierung und Gewalt« (97).[29]

Das ging dem Papst entschieden zu weit. Noch in ihrer Schlußrede warf deshalb Mary Ann Glendon, die Leiterin der vatikanischen Delegation, dem Doku-

---

[29] Zit. n. Estor, S. 583ff.

ment »extremen Individualismus« vor.[30] Damit nicht genug, es gibt ein »Zwölf-Punkte-Papier«, von der Vatikan-Delegation den Pekinger-Dokumenten beigelegt, das die Vorbehalte gegen die in diesen Dokumenten formulierten Konzepte fest-hält, unter anderem folgende: Formulierungen in den Dokumenten wie »die Rechte der Frau zur Kontrolle ihrer Reproduktion« dürften nur als Hinweis auf den verantwortlichen Gebrauch der Sexualität **innerhalb** der Ehe verstanden wer-den; Einrichtungen zum Schwangerschaftsabbruch dürfen nicht als Teil der re-produktiven Gesundheitsvorsorge angesehen werden; Verhütungsmittel dürfen in keiner Weise befürwortet, der Gebrauch von Kondomen auch nicht zur Vor-beugung in Aidsprogrammen gutgeheißen werden. Darüber hinaus distanziert sich das Vatikan-Papier von allen »zweifelhaften Interpretationen«, die auf der Überzeugung basieren, sexuelle Identität könne immer wieder neuen und unter-schiedlichen Zwecken angepaßt werden; ebenso von der »banalisierenden Spra-che«, in der die Aktionsplattform von der Familie als grundlegender Zelle der Gesellschaft spreche. Moniert wird noch, daß die Pekinger Erklärung auch als Un-terstützung von Homosexualität verstanden werden könne. Schon während der Konferenz hatte die Vatikan-Delegation immer wieder gegen eine befürchtete Ab-wertung der Mutterschaft, deren einseitige Darstellung als Last und Behinderung interveniert.

Als mächtigsten Feind der Umsetzung der Pekinger Beschlüsse und Aktions-programme in den Religionen und Kirchen muß man dementsprechend leider den Heiligen Stuhl unter Johannes Paul II. und die islamischen Staaten anse-hen, eine wahrhaft unheilige Allianz! Die scharfen Spannungen zwischen den im NGO-Forum engagiert mitwirkenden Katholikinnen und den offiziellen Ver-tretern des Vatikans auf der Pekinger Konferenz äußerten sich auch darin, daß die »Katholiken für freie Wahl« 7000 Unterschriften gegen die Stellung des Hei-ligen Stuhls als Ständiger Beobachter bei den Vereinten Nationen sammelten. Bezeichnend die Erklärung eines Mitglieds der vatikanischen Delegation dazu: »Die Fülle der göttlichen Offenbarung wurde der katholischen Kirche anvertraut, die die Autorität hat zu gewährleisten, daß Recht und gerechte Gesetze formuliert und durchgesetzt werden.«[31] Wie lange werden sich die Vereinten Nationen – auch andere Religionen und Kirchen – einen so arrogant, überlegen und exklusiv interpretierten Sonderstatus der römisch-katholischen Kirche gefallen lassen?

Ein Skandal war es auch, als der Vatikan wegen der Halsstarrigkeit des pol-nischen Papstes seine Beitragszahlungen für das Weltkinderhilfswerk UNICEF einstellte. Zwar war der Beitrag, den der Vatikan bis Ende 1996 leistete, ohnehin lächerlich (2000 Dollar im Jahr; angesichts des Milliardenvermögens des Vatikans

---

[30] Ebd., S. 586.
[31] Zit. n.: ebd., S. 587.

– siehe nächstes Kapitel – eine rein symbolische Geste), aber beabsichtigt war mit diesem Zahlungsstopp weit Bedeutenderes: Eine Signalwirkung auf andere Geldgeber, die ebenfalls ihre Vorbehalte gegen die Positionen von UNICEF zur Geburtenkontrolle und Familienplanung haben. Obwohl UNICEF bestritt, Geld für Abtreibungen auszugeben, genügte dem Papst bereits der Umstand, daß von UNICEF über Familienplanung, Geburtenkontrolle, Verhinderung von Aids durch Kondome etc. aufgeklärt wird. Schon das war in den Augen des Pontifex Maximus eine unverzeihliche Sünde. In Wirklichkeit war die Haltung des Papstes angesichts von bereits zehn Millionen Aidswaisen in Afrika kinder- und menschenverachtend und unverzeihlich.

Der Papst, der oberste offizielle und unfehlbare Interpret der »Fülle der göttlichen Offenbarung«, hat es während seiner Amtszeit auch total versäumt, mit seiner Autorität Ordnung im eigenen Haus zu schaffen und dem Eindringen seiner Beauftragten in die nun wirklich intimsten Rechte der Frauen einen Riegel vorzuschieben. Gemeint ist, was im Zusammenhang mit der Scheidung »auf katholisch« bis auf den heutigen Tag auf ganz offizielle Art und Weise geschieht. Wir erinnern uns (s. 4. Kapitel): Der Papst kann eine gültige Ehe auflösen, wenn sie geschlechtlich nicht vollzogen wurde. Aber der Nichtvollzug muß schließlich präzis und akribisch festgestellt werden. Denn nur wenn zweifelsfrei feststeht, daß der Hymen, das »Jungfernhäutchen«, nicht beschädigt ist, kann der Papst die betreffende Ehe annullieren. Also muß der Unterleib der eine Annullierung beantragenden Frauen aufs genaueste untersucht werden.[32]

Weder hat Papst Johannes Paul II. in seiner Amtszeit das Büro im Vatikan geschlossen, das für die gesamten Überprüfungen, die mit der Annullierung einer Ehe verbunden sind, zuständig ist, noch hat er – trotz seines universalen Jurisdiktionsprimats – allen Bistümern der Welt verboten, ihre Fachleute solche Überprüfungen vornehmen zu lassen. Im Gegenteil, der Papst ist mitbeteiligt, denn er behält sich – nach intensivem Aktenstudium, versteht sich – die letzte Entscheidung vor, ob er eine Ehe annulliert. Untersucht wird also auf höchst amtliche Anweisung hin das Jungfernhäutchen nach allen Regeln der Kunst, seine Variabilität (acht bis zehn Erscheinungsformen!), seine möglichen Mißbildungen, seine Verletzungsmöglichkeiten (zu viel Sport, »Sünde der Selbstbefriedigung« und eben Geschlechtsverkehr), etwaige Manipulationen zwecks Nachbesserung der Unschuld. Und natürlich muß auch berücksichtigt werden, daß es schon Schwangerschaften bei unverletztem Hymen gegeben haben soll oder daß selbst bei Prostituierten unverletzte Häutchen gefunden wurden.[33] Wahrhaftig keine leichte Aufgabe! Und sie wird sehr ernst genommen. Was ist alle Not der

---

[32] Vgl. zu den folgenden zwei Absätzen Herrmann, Kirchenfürsten, S. 340–343.

[33] *Überprüfungen*: CIC, can. 1671–1706 – *Jungfernhäutchen*: Oesterle, S. 352.

Welt gegenüber dem Problem eines lädierten oder nichtlädierten Jungfernhäutchens!

Daher werden auch alle Rahmenbedingungen genau geregelt: der Ort der Untersuchung; der Wärmegrad des Badewassers; die Frage, welche ehrbaren Hebammen und Gynäkologen die Untersuchung vornehmen; die Frage, ob sie bestechlich sind (schließlich bietet manch Reiche oder Prominente viel Geld, um auf katholisch geschieden zu werden); das Verbot für Priester, die Untersuchung selbst vorzunehmen (die haben als Sachbearbeiter im Vatikan genug damit zu tun, Tag für Tag Unterleibsakten zu studieren, um dem Hl. Vater zuzuarbeiten, und dabei auch noch ihr Zölibat wenigstens nach außen hin zu halten).

Es ist ein Anachronismus und eine Entmündigung der betreffenden Frauen ohnegleichen, aber bischöfliche Oberhirten mit dem Papst an der Spitze regieren heute noch in die absoluten Intima des weiblichen Leibes hinein. »Niemand braucht ins Mittelalter des Kirchenfürstentums auszuweichen, wenn er Beispiele oberhirtlicher Obszönität sucht. Ein Trauerspiel ... Traurig, weil die wenigsten Gläubigen jemals über solche Unterdrückungsmechanismen informiert wurden. Traurig, weil noch immer Frauen auf ihre ›Jungfräulichkeit‹ hin untersucht werden.«[34]

Aber der Tag ist schon abzusehen, an dem die Kontrolleure des Vatikans zwar noch immer zur Erfüllung ihrer »wichtigen« Aufgabe bereitstehen werden, aber auch die naivste Katholikin nicht mehr erscheinen wird, um sich von den Herren der Kirche im Rahmen einer entwürdigenden Prozedur ihre Unschuld bescheinigen zu lassen. Der Aufstand der Frauen in der Kirche, dessen vielfältige Erscheinungsformen in diesem Kapitel zur Sprache kamen, ist einer der mächtigsten Faktoren, die das Ende des absolutistischen Papsttums signalisieren und faktisch bereits eingeleitet haben.

---

[34] Herrmann, Kirchenfürsten, S. 342.

Kapitel 7

»Geldjongleure und Krämerseelen«

Die Finanz- und Sozialpolitik des Papstes

Ein Papst mit einem so mächtigen missionarischen Sendungsbewußtsein, wie es Johannes Paul II. nun einmal eignete, mußte selbstverständlich auch zur sozialpolitischen Dimension des Weltgeschehens Stellung beziehen. Zum 100. Jahrestag der Verkündigung der Sozialenzyklika RERUM NOVARUM Papst Leos XIII. veröffentlichte Johannes Paul II. seine Enzyklika CENTESIMUS ANNUS, wobei er ausdrücklich betonte: »Das Bewußtsein von seiner Sendung als Nachfolger Petri bewog Leo XIII., das Wort zu ergreifen, und dasselbe Bewußtsein beseelt heute seinen Nachfolger.«[1] Und während sogar ein so selbstbewußter und von seiner Weltsendung derart überzeugter Papst wie Pius XII. trotz zahlreicher Ansprachen zu sozialen Fragen keine eigene Sozialenzyklika verfaßte, weil er die Zeit noch nicht für reif hielt (selbst die 50-Jahr-Feier von RERUM NOVARUM beging er lediglich mit einer einfachen Ansprache), brachte es der Wojtyla-Papst gleich auf drei große Sozialenzykliken innerhalb eines einzigen Jahrzehnts: 1981 veröffentlichte er die Enzyklika LABOREM EXERCENS, in der er die soziale Frage vornehmlich aus der Sicht der Arbeit darstellt; 1987 erschien seine Enzyklika SOLLICITUDO REI SOCIALIS, in der die soziale Frage aus der Sicht der Entwicklungsländer einen Schwerpunkt bildet; und 1991 edierte er CENTESIMUS ANNUS als seine wichtigste SUMMA SOCIALIS.

Darüber hinaus hat Johannes Paul II. in zahllosen Ansprachen im Rahmen seiner Reisen zu sozialen Fragen Stellung bezogen, und auch zahlreiche Abschnitte seines WELTKATECHISMUS behandeln diese Frage.

Wie ist nun die Sozialtheorie des Papstes Johannes Paul II. inhaltlich und qualitativ zu bewerten? Man wird zuallererst sagen müssen, daß man ihr in vielen Punkten die Zustimmung kaum versagen kann, weil sie sich zumeist auf der Ebene des Allgemeinen, des gesunden Menschenverstandes und auf einem hohen Abstraktionsgrad bewegt, der die konkreten Situationen und die reellen Konflikte ausklammert. Wer wollte z.B. widersprechen, wenn der Papst, sozusagen als Motto und Grundprinzip all seiner sozialen Lehren und Forderungen, postulierte, daß »es strenge Pflicht der Gerechtigkeit und der Wahrheit ist, zu verhindern, daß die fundamentalen menschlichen Bedürfnisse unbefriedigt bleiben und

---

[1] CENTESIMUS ANNUS, 3,3.

daß die davon betroffenen Menschen zugrunde gehen«. Fundamentale menschliche Bedürfnisse – da glaubt jeder zu wissen, worum es sich handelt: Essen, Trinken, Befriedigung des Selbsterhaltungs- und Gattungstriebs. Das meinte der Papst aber nicht, zumindest nicht ausschließlich. Der Allgemeinheitsgrad seiner Aussagen erlaubte es ihm, den erwähnten »fundamentalen menschlichen Bedürfnissen« noch »unzählige menschliche Bedürfnisse« zu subsumieren, »die keinen Zugang zum Markt haben«. Er meinte damit vor allem jene Bedürfnisse, die »dem Menschen als Menschen zustehen, d.h. aufgrund seiner einmaligen Würde«.[2]

Dem Sozial- und Wirtschaftswissenschaftler sind solche Postulate allerdings keine Hilfe. Denn er muß sich fragen, welche staatlichen, gesellschaftlichen und ökonomischen Maßnahmen denn überhaupt ergriffen werden müßten, um diese ganze Vielzahl von Bedürfnissen zu befriedigen:

»Für ihn sind solche sozialethischen Aussagen auch unter sittlicher Rücksicht so gut wie inhaltsleer, solange nicht angegeben wird, welche **konkreten Maßnahmen** zu ergreifen sind, was von wem getan werden soll ... Das ist ein Grund dafür, warum sozialethische Äußerungen der Kirchen zu sozialen Fragen von der Fachwelt oft nicht recht ernst genommen werden.«

Diese verlange einfach eine größere »methodische Strenge des Denkens«. Mit dieser mangelnden Präzision seines sozialethischen Denkens fällt Johannes Paul II. aber auch hinter Aussagen des II. Vaticanums zurück, das eingesehen hatte, daß »die Kirche vor allem in unserer Zeit mit ihrem schnellen Wandel der Verhältnisse und der Vielfalt ihrer Denkweisen der besonderen Hilfe der in der Welt Stehenden bedarf, die eine wirkliche Kenntnis der verschiedenen Institutionen und Fachgebiete haben und die Mentalität, die in diesen am Werk ist, wirklich verstehen«.[3]

Daß der Papst die ganze empirische Vielfalt der sozialen Probleme und die notwendigen konkreten Schritte zu ihrer Lösung nicht in den Blick bekam, daß er die Sachlage verkürzte, lag auch am **deduktiv-theologischen Charakter** seiner Sozialdoktrin. Er ging nicht von den konkreten empirischen Tatbeständen der menschlichen Gesellschaft aus, um von da aus auf induktivem Weg zu einer Sozialtheorie zu gelangen, sondern er beschritt den umgekehrten Weg: Die Offenbarung, die Evangelien wüßten schon alles Wesentliche. Von dort aus brauchte der Papst jetzt nur noch die entsprechenden Vorschriften und Lösungsmöglichkeiten für die menschlichen Sozialprobleme herzuleiten:

---

[2] Ebd., 34,1.

[3] *Methodische Strenge des Denkens:* Kerber S. J. in seinem »Kommentar« zur deutschen Ausgabe von CENTESIMUS ANNUS, S. 139f. (diese Ausgabe trägt den Titel: »Vor neuen Herausforderungen der Menschheit«) – *II. Vaticanum:* Pastoralkonstitution über die Kirche in der Welt von heute GAUDIUM ET SPES, II. Vatik. Konzil 1965, S. 44.

»Es gibt«, so der Papst, »keine echte Lösung der ›sozialen Frage‹ außerhalb des Evangeliums«; alles »›Neue‹ findet in diesem Evangelium seinen Raum der Wahrheit und der sittlichen Grundlegung«. (...) »Aus der christlichen Sicht der Person folgt notwendigerweise die richtige Sicht der Gesellschaft.« (...) »Der Weg, der von Christus selbst vorgezeichnet ist und unabänderlich durch das Geheimnis der Menschwerdung und der Erlösung führt, ... ist die einzige Inspiration, von der sich die Soziallehre der Kirche leiten läßt.«[4]

In die deduktiv-theologische Grundlegung seiner Soziallehre bezog der Papst ganz selbstverständlich die Kirche und ihre Legitimation ein, oberste Beurteilungs- und Gerichtsinstanz über alles zu sein, was im gesellschaftlichem Raum der Menschen und Völker vor sich geht. Mit Papst Leo XIII. zweifelte »der Papst nicht daran, kraft seines ›Apostolischen Amtes‹ eingreifen zu müssen, d.h. auf Grund des von Jesus Christus empfangenen Sendungsauftrags ›die Lämmer und Schafe zu weiden‹ (vgl. Joh. 21,15–17) sowie auf Erden ›für das Reich Gottes zu binden und zu lösen‹ (vgl. Mt. 16,19)«. Die Kirche »muß in bestimmten menschlichen Situationen, sei es auf individueller und sozialer, nationaler und internationaler Ebene, das Wort ergreifen«. (...) »Die ›Neuevangelisierung‹, die die moderne Welt dringend nötig hat und auf der ich wiederholt insistiert habe, muß zu ihren wesentlichen Bestandteilen **die Verkündigung der Soziallehre der Kirche** zählen.« Nur so könne »auf die großen Herausforderungen der Gegenwart nach der Krise der Ideologien Antwort« gegeben werden.

Johannes Paul II. drückte sich hier ausnahmsweise durchaus gemäßigter als manche seiner Vorgänger aus. Andere Päpste haben nämlich ihren Anspruch auf das höchste Richteramt über gesellschafts- und wirtschaftspolitische Fragen viel massiver und anmaßender betont. In der Sozialenzyklika QUADRAGESIMO ANNO von Papst Pius XI. heißt es z.B. dazu: »An die Spitze unserer Ausführungen setzen Wir den von Leo XIII. schon in helles Licht gestellten Satz: ›Nach Recht und Pflicht walten Wir kraft unserer höchsten Autorität des Richteramtes über die gesellschaftlichen und wirtschaftlichen Fragen‹ ... Die von Gott Uns anvertraute Hinterlage der Wahrheit und das von Gott Uns aufgetragene heilige Amt, das Sittengesetz in seinem ganzen Umfang zu verkünden, zu erklären und – ob erwünscht, ob unerwünscht – auf seine Befolgung zu dringen, unterwerfen nach dieser Seite hin wie den gesellschaftlichen, so den wirtschaftlichen Bereich vorbehaltlos Unserem höchstrichterlichen Urteil.«

Daß der Papst mit diesem Anspruch seiner Vorgänger inhaltlich konform ging, beweist jedoch die Tatsache, daß er den vorher nicht gebräuchlichen Terminus »Soziales Lehramt« der Kirche neu eingeführt hat.[5]

---

[4] CENTESIMUS ANNUS, 5,6; 13,2; 53,1; 53,2.
[5] Ebd., 5,3; 5,4; 5,6; 2,1; Pius XI., Enzyklika QUADRAGESIMO ANNO, 15.5.1931, S. 33.

Die theologische Engführung seiner Sozialtheorie bewirkte, daß der Papst die eigentliche Wurzel aller gesellschaftlichen Übel nicht etwa in konkreten Mißständen, Fehlplanungen etc. sah, sondern im Mangel an Glauben an den Gott der Offenbarung, also im **Atheismus**. Natürliche Probleme durch die Aufdeckung natürlicher Ursachen zu lösen, fiel dem polnischen Pontifex Maximus nie ein. Er rekurrierte immer vorschnell auf die himmlischen, überirdischen Ursachen. »Die Leugnung Gottes beraubt die Person ihres tragenden Grundes und führt damit zu einer Gesellschaftsordnung ohne Anerkennung der Würde und Verantwortung der menschlichen Person.« Hauptursache aller sozialen Übel war dem Wojtyla-Papst immer der Atheismus. »Sozialismus«, »Militarismus« und der »Rationalismus der Aufklärung« sind alle gleichermaßen falsch bzw. mußten zusammenbrechen, weil sie dem Papst zufolge Gott leugneten. Auch die Umweltzerstörung führte Johannes Paul II. darauf zurück, daß »der Mensch sich an die Stelle Gottes setzt«.[6]

Es war geradezu grotesk falsch, daß der Papst das Grundübel und den Grundirrtum des realen Sozialismus nicht etwa zuallererst in seiner kollektivistischen Sozialdoktrin, der Monopolstellung und Übermacht der Partei und ihrer Funktionäre, der überwuchernden Bürokratie, im Staatskapitalismus usw., sondern primär im Atheismus sah. Ihm genügte als Beweis der alleinigen Richtigkeit der katholischen Soziallehre, daß sie »die richtige Auffassung von der menschlichen Person und ihrem einzigartigen Wert« hat, »insofern der Mensch ... auf Erden das einzige von Gott um seiner selbst willen gewollte Geschöpf ist«. Selbst streng katholische Sozialtheologen beanstandeten den ausschließlichen Rekurs des Papstes auf Gott und personale Menschenwürde bei der Begründung der Fehler und Irrtümer der von ihm kritisierten Sozialsysteme und -methoden:

»Der Begriff der Menschenwürde allein ist für die Lösung umstrittener Moralprobleme oft zu unscharf: Ein Jurist weiß, daß bloß mit Berufung auf Artikel I GG sein Prozeß auf schwachen Füßen steht! Dieses theologische Argument ist also eher dafür geeignet, moralischen Druck auszuüben ... Für Gegenargumente, ganz gleich wie gut begründet, bleibt auf dieser streng theologischen Ebene wenig Raum. Wer die Menschwürde verletzt, wie der Papst sie interpretiert, verstößt unmittelbar gegen die Rechte Gottes und den Glauben. Zur normativen Ethik, die untersucht, was denn im einzelnen das Gute und Richtige sei, vermag diese theologische Methode wenig beizutragen. Aber diese zweite Frage ist heftig umstritten – und offenkundig nicht nur aufgrund von böswilliger Skepsis.«[7]

---

[6] *Atheismus:* CENTESIMUS ANNUS, 13,3 – *Sozialismus, Militarismus, Rationalismus:* Wojtyla weiß offenbar nicht, daß die meisten Rationalisten der Aufklärung gar nicht gott- und religionsfeindlich waren, sondern gegen Offenbarung und Kirche; s. dazu Mynarek, Mystik. Über Sozialismus, Militarismus, Rationalismus in der Sicht Wojtylas s. CENTESIMUS ANNUS 13 und 14 – *Umweltzerstörung:* ebd., 37,1.

[7] *Richtigkeit der katholischen Soziallehre:* ebd., 11,3; vgl. GAUDIUM ET SPES, S. 24 – *Begriff der Menschen-*

Parallel zur ständigen Verurteilung des Sozialismus in den päpstlichen Sozialenzykliken der letzten hundert Jahre lief die Kritik des obersten katholischen Lehramtes am liberalistischen Kapitalismus. Papst Leo XIII. hatte ihn schon 1891 angeprangert, weil »die Arbeiter in ihrer Vereinzelung schutzlos der Unmenschlichkeit der Arbeitsherren und dem Eigennutz eines zügellosen **Wettbewerbs** ausgeliefert« seien (Hervorhebung im Original). Pius XI. hatte dem in seiner Sozialenzyklika 1931 noch hinzugefügt, daß die Wettbewerbsfreiheit »unmöglich regulatives Prinzip der Wirtschaft sein« könnte. Gleichermaßen betonte Johannes XXIII. in seiner Enzyklika MATER ET MAGISTRA 1961, daß »sowohl ein Wettbewerb, wie ihn die sogenannten Liberalen wollen, als auch der Klassenkampf im Sinne des Marxismus ganz und gar unvereinbar mit der christlichen Lehre, ja mit der menschlichen Natur« seien. Am schärfsten hatte Paul VI. 1967 die Vorstellung verurteilt, »wonach der Profit der eigentliche Motor des wirtschaftlichen Fortschritts, der Wettbewerb das oberste Gesetz der Wirtschaft, das Eigentum an den Produktionsmitteln ein absolutes Recht, ohne Schranken, ohne entsprechende Verpflichtungen der Gesellschaft gegenüber darstellt«. Die Vorgänger Johannes Pauls II. hatten also genau das attackiert, was für die liberale Ökonomie das A und O ist. Denn für diese ist eben der Wettbewerb auf den Märkten der Welt **das** entscheidende Ordnungsprinzip. Auch der Wojtyla-Papst selbst hatte sich in seiner Enzyklika SOLLICITUDO REI SOCIALIS 1987 noch gleichermaßen vom osteuropäischen, sozialistischen wie vom westlichen Wirtschaftssystem distanziert. Interessanterweise aber hatte er schon damals den Völkern der Welt auch keine Alternative, keinen »dritten Weg« jenseits von Sozialismus und liberalistischem Kapitalismus angeboten. Die Kirche, predigte er, »möchte sich freihalten von den ›gegensätzlichen Systemen‹, um sich allein für den Menschen zu entscheiden«.[8]

Neu ist nun an Johannes Pauls II. letzter Sozialenzyklika CENTESIMUS ANNUS (1991), daß er trotz ständiger Beteuerungen der Kontinuität und Unwandelbarkeit aller päpstlichen Lehrverkündigung die bislang von seinen Vorgängern und ursprünglich auch von ihm eingehaltene Äquidistanz zu Sozialismus und Kapitalismus zugunsten des letzteren aufgab. Ihm erschien nun »**der freie Markt** als das wirksamste Instrument für die Anlage der Ressourcen und für die beste Befriedigung der Bedürfnisse«. Der »Aufbau einer demokratischen Gesellschaft, die sich von sozialer Gerechtigkeit leiten läßt und dem Kommunismus sein revolutio-

---

würde: Kerber S. J., S. 143f.

[8] *Leo XIII.:* Enzyklika RERUM NOVARUM, (1891) S. 2; übernommen in QUADRAGESIMO ANNO, S. 10 – *Pius XI.:* QUADRAGESIMO ANNO, S. 88 – *Johannes XXIII.:* Enzyklika MATER ET MAGISTRA, (1961) S. 23 – *Paul VI.:* Enzyklika PAPULORUM PROGRESSIO, (1967) S. 26 – *Distanzierung von Wirtschaftssystemen:* vgl. z.B. Johannes Paul II., Enzyklika SOLLICITUDO REI SOCIALIS, S. 15 – *Kirche entscheidet sich für den Menschen:* Johannes Paul II., Ansprache zur Eröffnung der 3. Lateinamerikanischen Bischofskonferenz in Puebla, 28.1.1979, S. 61.

näres Potential entzieht«, werde »durch die Methoden der freien Marktwirtschaft unterstützt«. Positiv genannt wurden auch die »Marktmechanismen«, denn sie »bieten … sichere Vorteile« und »helfen u.a. dabei, besseren Gebrauch von den Ressourcen zu machen, … fördern den Austausch der Produkte und stellen den Willen und die Präferenzen des Menschen in den Mittelpunkt, die sich im Vertrag mit denen eines anderen Menschen treffen«. Deutlich betonte Papst Johannes Paul II., er sage ja zum Kapitalismus, wenn mit ihm »ein Wirtschaftssystem bezeichnet wird, das die grundlegende und positive Rolle des Unternehmens, des Marktes, des Privateigentums und der daraus folgenden Verantwortung für die Produktionsmittel, der freien Kreativität des Menschen im Bereich der Wirtschaft anerkennt«. Ausdrücklich bekannte sich der Papst in diesem Zusammenhang zur »freien Wirtschaft«, zur »Marktwirtschaft« oder »Unternehmenswirtschaft«. Suspekt und verdammungswürdig war ihm nur jene Spielart des Kapitalismus, »in dem die wirtschaftliche Freiheit nicht in eine feste Rechtsordnung eingebunden ist, die sie in den Dienst der vollen menschlichen Freiheit stellt und sie als eine besondere Dimension dieser Freiheit mit ihrem ethischen und religiösen Mittelpunkt ansieht«. Deshalb »hat der Staat die Aufgabe, den rechtlichen Rahmen zu erstellen, innerhalb dessen sich das Wirtschaftsleben entfalten kann«. Alles in allem ging es dem Papst »um eine Gesellschaftsordnung der freien Arbeit, der Unternehmen und der Beteiligung«. Diese Ordnung stelle sich »keineswegs gegen den Markt, sondern verlangt, daß er von den sozialen Kräften und vom Staat in angemessener Weise kontrolliert werde, um die Befriedigung der Grundbedürfnisse der Gesellschaft zu gewährleisten«.[9] In etwa so lautet ja auch das Programm der »sozialen Marktwirtschaft«, wie sie von Ludwig Erhard und seinem Staatssekretär Alfred Müller-Armack nach dem Zweiten Weltkrieg in Deutschland konzipiert wurde.

Wie kein anderer Papst vor ihm gewann nun Johannes Paul II. in diesem von ihm abgesegneten kapitalistischen Rahmen dem Gewinn, dem Profit außerordentlich Positives ab. »Die Kirche anerkennt die berechtigte **Funktion des Gewinnes** (Hervorhebung im Original) als Indikator für den guten Zustand und Betrieb des Unternehmens. Wenn ein Unternehmen mit Gewinn produziert, bedeutet das, daß die Produktionsfaktoren sachgemäß eingesetzt und die menschlichen Bedürfnisse gebührend erfüllt wurden.« Auch ein zynisch liberalistisch denkender und handelnder kapitalistischer Unternehmer wird sich den letzten Satz mit vollster Zustimmung auf der Zunge zergehen lassen. Zwar sei dem Papst zugestanden, daß er hier wohl idealistisch interpretierte. Aber jeder Realist weiß, wie viele Unternehmen Riesengewinne einfahren, indem sie und wiewohl sie an den menschlichen Grundbedürfnissen vorbeiproduzieren; wie groß die Diskrepanz

---

[9] Centesimus Annus, 34,1; 19,2; 40,2; 42,2; 15,1; 35,2.

zwischen dem »sachgemäßen« Einsatz der Produktionsmittel und der Erfüllung echter menschlicher Bedürfnisse – z.B. in der Werbung, bei Reklameunternehmen usw. – sein kann; daß es reine Marktlagengewinne gibt, die mit sachgemäßem Einsatz der Produktionsfaktoren und dem Stillen fundamentaler menschlicher Bedürfnisse kaum etwas zu tun haben. Ganz wohl scheint dem Papst bei seiner hier debattierten Aussage auch nicht gewesen zu sein, denn er räumte immerhin ein, daß es »durchaus möglich« sei, »daß die Wirtschaftsbilanz in Ordnung ist, aber zugleich die Menschen, die das kostbarste Vermögen des Unternehmens darstellen, gedemütigt und in ihrer Würde verletzt werden«. Und das sei »moralisch unzulässig« und müsse irgendwann »auch negative Auswirkungen auf die wirtschaftliche Leistungsfähigkeit des Unternehmens haben«.[10]

Bei negativen Auswirkungen auf die wirtschaftliche Leistungsfähigkeit des Unternehmens werden auch ganz liberalistisch denkende Konzernbosse unruhig. Deswegen hat mancher von ihnen inzwischen eine vielfältige »Unternehmenskultur« mit allen möglichen Veranstaltungen, Kursen, Seminaren, Therapien etc. für das Personal seiner Betriebe aufgebaut, damit dieses sich im Unternehmen wohl und anerkannt fühlt und sich auf diese Weise noch motivierter mit den Zielen und Gewinnvorstellungen des Unternehmers identifiziert. Wir stehen vor der paradoxen Möglichkeit, daß Menschen sich in einem Betrieb rundum zufrieden fühlen können und dennoch – z.B. in Rüstungsbetrieben – in ihrer ethischen Würde und ihrer humanen Bestimmung zutiefst verletzt werden können. Aber auf dieses Paradox ging der Papst gar nicht ein. Im Gegenteil: der ›Internationale Währungsfonds‹ (IWF), ein wichtiges Vollzugsorgan des Weltkapitalismus, zog die positiven Aussagen von Papst Johannes Paul II. zum Unternehmensgewinn heran, um die Marktwirtschaft als die effizienteste wirtschaftliche Organisationsform zur Erhöhung des persönlichen und kollektiven Reichtums anzupreisen.[11]

Das läge zwar noch auf der Linie der Äußerungen des Papstes. Aber wenn der IWF durch seine maßgeblichen Vertreter ebenso wie viele sich auf den Papst berufende Unternehmer und einige christlich-demokratische Parteien dessen »vorrangige Option für die Armen« dahingehend uminterpretieren, daß man genau betrachtet nicht für die Armen **direkt** optieren dürfe, sondern vielmehr zunächst eine Option für diejenigen getroffen werden müsse, die investieren können und dadurch Arbeitsplätze für die Armen schaffen, dann ist die Option für die Armen klammheimlich zu einer »Option für die Reichen« und für die neoliberale politische Ökonomie des IWF geworden. Und am Ende sind die Armen wiederum nur

---

[10] Ebd., 35,3.

[11] Pawlowski, S. 22ff. Pawlowski bezieht sich auf die entsprechenden Aussagen des Geschäftsführenden Direktors des Internationalen Währungsfonds, M. Camdessus, in dessen Artikel: »Markt und Reich Gottes: die doppelte Zugehörigkeit«, erstmals veröffentlicht im BULLETIN DER FRANZÖSISCHEN BISCHOFSKONFERENZ.

die Objekte von Reichen. Tatsächlich besteht ja momentan auch die »Sozialpolitik« des IWF vornehmlich darin, die durch Armut und unverantwortliche Kreditvergabe der Banken in die Schuldenfalle geratenen Drittwelt-Länder zu zwingen, alle wirtschaftlichen Anstrengungen auf den Export zu richten, ganz allein zu dem Zweck, die Schuldzinsen zu bezahlen. Wir haben es mit einer »modernen Form von Schuldsklaverei«[12] zu tun, die außerdem die wirtschaftliche und gesellschaftliche Ausbeutung der Armen in diesen Ländern noch verstärkt. Wer die Option für die Souveränität des Marktes und seiner Gesetze zur Voraussetzung dafür macht, daß die Option für die Armen realistisch umgesetzt werden kann, der verabsolutiert wieder das Marktgesetz, der erneuert den »totalen Kapitalismus« (Milton Friedman), der konstruiert sozusagen eine kapitalistische Befreiungstheologie mit uneingeschränkten Rechten für die Unternehmen und mit der »utopischen« Vision eines vermeintlichen Sachzwangs der Geschichte, die notwendig und ohne jede Alternative zur unumschränkten Souveränität des Marktes als Kulminationspunkt aller Geschichtsprozesse hinführen werde.

Wohlgemerkt: der Papst redete keinem totalen Kapitalismus das Wort, keinem einheitlichen Prozeß der Verarmung der sozial Schwächeren durch Bereicherung der ohnehin schon Reichen. Der Staat hat ja nach ihm – wie wir sahen – die Aufgabe, den rechtlichen Rahmen für alle Wirtschaftsprozesse zu erstellen. Der Papst hat auch immer wieder davor gewarnt, den Markt zu vergötzen, er prangerte die moderne »Anti-Solidaritätskultur« als »Kultur des Todes« an, kritisierte scharf den »Krieg der Mächtigen gegen die Schwachen«, die Erhebung der Leistung zur höchsten Norm einer Gesellschaft, die »radikale kapitalistische Ideologie«, die die Lösung aller Probleme »in einem blinden Glauben der freien Entfaltung der Marktkräfte überläßt«.[13]

Jedoch beanstandeten auch systemkonforme, durchaus kirchentreue Sozialtheologen an den Sozialenzykliken des Papstes, daß »diese vielen beherzigenswerten Beobachtungen und **pastoralen** Mahnungen weniger an die Darstellung einer eigentlichen **Lehre** erinnern, sondern eher an die Art, wie ein guter Vater seinen ›geliebten Söhnen und Töchtern‹ ein Idealbild von einem gelungenen Leben entwirft, das er aus seiner Weisheit und Erfahrung heraus für richtig hält. Für ein echtes **Lehrgebäude** fehlen die systematische Geschlossenheit und die gesicherte methodische Vorgehensweise.« Der Papst ziehe »aus **seinem** Verständnis der Menschenwürde verhältnismäßig unbefangen ganz konkrete Schlüsse. Westliche Theologen, die stärker durch das Feuer der Aufklärung gegangen sind, würden gerne klarer die Logik dieses Begründungszusammenhangs durchschauen. Wie sollen sie – auf theologischer oder philosophischer Ebene – den

---

[12] *Option für die Armen:* CENTESIMUS ANNUS, 57,2 – *Schuldsklaverei:* Pawlowski, S. 24.
[13] Z.B. CENTESIMUS ANNUS, 40,2; 42,3; EVANGELIUM VITAE, S. 12.

Einwand entkräften: ›Wenn der Papst bei einem Einzelproblem, nämlich der Bevölkerungsentwicklung, so danebengreift, wie verläßlich ist dann sein Urteil in anderen Fragen?‹ ... Darum wäre es für die päpstliche Autorität vielleicht vorteilhafter, den Anspruch des päpstlichen Amtes, eine theologisch begründete und allgemeingültige **Lehre** für die ganze Welt auf diesem Gebiet vorzulegen, etwas zurückzunehmen.«[14]

Beanstandet wurde auch, daß Wojtylas Ermahnungen an die Staaten, sie sollten durch einen rechtlichen Rahmen den totalen Kapitalismus einschränken, gut gemeint seien, aber der tatsächlichen Entwicklung längst hinterherhinkten. Schon seit geraumer Zeit haben wir es ja mit dem Phänomen der Globalisierung und Befreiung des Handels, der Wirtschaft, der Industrie, der Technik und Finanzströme aus nationalstaatlicher Kontrolle zu tun. Die multinationalen Konzerne haben das Gesetz des Handelns fest in der Hand und schreiben es dem Staat vor, indem sie ihn z.B. mit der Drohung erpressen, ihre Unternehmen in andere Länder zu verlegen. Sie deregulieren und demontieren den Sozialstaat und schaffen Zustände, in denen sozialstaatliche Maßnahmen und gewerkschaftliche Tarifpolitik nicht mehr durchführbar sind. Gegen diese neue imperialistische Strategie des totalen Kapitalismus bietet der Papst außer mahnenden Worten nicht die Spur einer Lösung an. Er findet im Gegenteil positiv an dieser »weltweiten Wirtschaft«, daß sie »ein Phänomen« sei, »das sicher nicht zu verwerfen ist, enthält es doch außerordentliche Möglichkeiten zu einem größeren Wohlstand«. Nur müßten dieser zunehmenden Internationalisierung der Wirtschaft »wirksame internationale Kontroll- und Leitungsorgane entsprechen«, damit »die Interessen der großen Menschheitsfamilie gerecht vertreten werden«.[15] Mit so zahm und allgemein gehaltener Ermahnung kann auch ein rücksichtsloser Totalkapitalismus leben. Er wird sich noch dadurch bestärkt und bestätigt fühlen, daß die Kirche und ihr oberster Dienstherr in ihrer »sozialen« **Praxis** dem Gewinn, dem Profit, dem Geld vielfach oberste Priorität vor aller Moral einräumen und dabei ihre hehre Soziallehre immer wieder vergessen.

Ohne sich durch die kirchliche Sozial- und Morallehre im geringsten behindern zu lassen, waren nicht nur die Päpste des Mittelalters und der Renaissance, sondern auch die der Neuzeit und Moderne an der Mehrung ihres Reichtums um jeden Preis interessiert. Das Ergebnis kann sich sehen lassen: nicht nur brachten es viele Päpste zu einem in die Millionen gehenden Privatvermögen, auch die römisch-katholische Kirche selbst ist einer der größten Besitzer an Grund, Boden, Aktien und Immobilien in der Welt. In dieser Hinsicht stand Papst Johannes Paul II. stets ganz fest in der Überzeugungskontinuität fast aller Päpste:

---

[14] Kerber S. J., S. 171ff.
[15] CENTESIMUS ANNUS, 58,1.

»Jede Organisation von Dauer«, so dachte er, so dachten stets sie, »braucht nicht nur eine übergreifende Ideologie, sondern … auch eine faßbare, irdische, in Quadratmetern und Banknoten zählbare Basis. Wer diese Wesenskomponente des Kirchenfürstentums geringschätzt, beweist nur eine gelungene katholische Bildung. Der Wirklichkeit kommt er nicht nahe … Ohne Geld, Grund und Boden gäbe es schon längst keinen Papst noch ein Kirchenfürstentum mehr, hätte es nie Päpste gegeben.«[16]

Allein die Perfektion, mit der Päpste Grundbücher fälschen ließen, ist erstaunlich. Keinerlei Gewissensskrupel konnten sie dabei bremsen. Die größten Schenkungen an die Kirche, dank derer diese sich zum größten Grundbesitzer des Abendlandes aufschwang, waren Fälschungen. Die berühmt-berüchtigte »Konstantinische Schenkung« (Kaiser Konstantin soll im 4. Jahrhundert dem Papst Silvester I., gest. 335, und dessen Nachfolgern Rom und das ganze Abendland geschenkt haben) – nachweislich eine Fälschung! Die sogenannten »Pseudo-Isidorischen Dekretalen«, in denen päpstliche Primats- und Landrechte »bewiesen« werden – eine erst im 16. Jahrhundert aufgedeckte Fälschung! Diese Dekretalen sind in Wirklichkeit eine im 9. Jahrhundert entstandene kirchenrechtliche Sammlung von gefälschten Briefen ur- und frühchristlicher Oberhirten. Ein großer Vorgänger Johannes Pauls II., Papst Gregor VII., »bewies« mit Hilfe einer in Wirklichkeit erst im 10. oder 11. Jahrhundert angefertigen Urkunde, daß Karl der Große ganz Gallien dem Papsttum zinspflichtig gemacht und ihm ganz Sachsen geschenkt habe. Um alle Zweifel, z.B. an der Konstantinischen Schenkung, zu beseitigen, zwangen die Päpste jeden künftigen Kaiser des Hl. Römischen Reiches Deutscher Nation, die gefälschte Urkunde über diese Schenkung zu bestätigen. Theologen und Historiker, die die Echtheit der Urkunde bezweifelten, wurden als Ketzer verfolgt.

Hätte der polnische Papst unter ähnlich günstigen Voraussetzungen Ähnliches getan? Hätte er Urkunden zum »Wohl« der Kirche gefälscht und Kritiker, die diese Dokumente als Fälschungen brandmarkten, verfolgt? Wir wissen es nicht. Wir wissen nur, daß auch in seiner Amtszeit schmutzige und antisoziale Geldgeschäfte des Vatikans mit seinem Wissen und nicht ohne die nötige höchstinstanzliche Zustimmung von seiner Seite getätigt wurden. Der Papst, der stets Wert darauf legte, ein sozial sensibler und aktiver Kirchenmann zu sein, der bei den Konservativen in der Kirche im Ruf der Heiligkeit steht, der in vielen Ansprachen die primäre Bedeutung des Seins vor dem Haben betonte, förderte und protegierte Männer, die als Großbetrüger agierten bzw. in dunkle Finanzgeschäfte verwickelt waren. An erster Stelle wäre da wohl Erzbischof Paul Marcinkus zu nennen. Unter Papst Paul VI. war er lediglich päpstlicher Leibwächter. Johannes Paul II. aber

---

[16] Der Kirchenrechtler und Religionssoziologe Herrmann, Kirchenfürsten, S. 49.

bescherte ihm eine einzigartige Karriere. Der Papst übertrug ihm die Verantwortung für die Planung seiner Reisen in Italien und im Ausland; ernannte ihn zum »Pro-Präfekten der päpstlichen Kommission für den vatikanischen Stadtstaat«, in welcher Funktion er für das Personal des Vatikans zuständig war; vor allem aber machte er ihn zum Geschäftsführer der Vatikanbank, des irreführend und verharmlosend so genannten »Instituts für religiöse Werke«, und damit zu einem der mächtigsten Männer im Vatikan, als welcher er Investitionen und Transaktionen mit Hunderten von Millionen Dollar tätigen konnte. Der »Gorilla«, wie man Marcinkus als schwergewichtigen Leibwächter Papst Pauls VI. zu nennen pflegte, war durch den polnischen Papst zum »Bankier Gottes« geworden! Und er führte die Geschäfte des Vatikans mit wahrhaft göttlicher Souveränität und Machtfülle unter der Sonne des Wohlwollens seines päpstlichen Protektors, freilich nicht mit göttlicher Moral. Aber »man kann die Kirche«, so der durch Wojtyla zum Erzbischof aufgestiegene Marcinkus, ja auch »nicht mit Ave Marias in Gang halten«.[17]

Auf jeden Fall nicht die Vatikan-Bank. Sie ist eines der geheimnisumwittertsten Finanzinstitute der Welt, und zweifelsohne tätigt sie viele Geldgeschäfte jenseits der Legalität, z.B. den Transfer großer Lirebeträge italienischer Staatsbürger ins Ausland, woran sie der italienische Staat nicht hindern kann, weil sie ja zum souveränen Vatikanstaat gehört. Nachweislich wird viel Schwarzgeld, auch Mafia-Geld, in der Bank »für religiöse Werke« weißgewaschen. Aber das genügte dem »Doktor des Kirchenrechts« Marcinkus nicht. Er verbündete sich nacheinander mit zwei Finanzjongleuren ersten Ranges: zuerst mit dem Mafia-Anwalt und -Bankier, Michele Sindona, dann mit dem Chef des »Banco Ambrosiano«, Roberto Calvi.

Sindona war eine Zeitlang der »Mann der Stunde« in den Augen sowohl der Mafia wie des Vatikans. Das einflußreiche Wirtschaftsblatt FORBES! bejubelte ihn als »die Legende der Finanzwelt«, sein Freund und Förderer, der auch vom polnischen Papst hochgeachtete Christdemokrat und ehemalige italienische Ministerpräsident Giulio Andreotti, mehrfach angeklagt wegen angeblicher Mafia-Kontakte, bezeichnete ihn gar als den »Retter der Lira«. In Wirklichkeit war Sindona nur der Vorreiter der neuen kriminellen Zunft der Geldwäscher. Er hatte ein weltweites Finanzimperium aus Firmengründungen, Holdinggesellschaften, Kapitalbeteiligungen und Bankaufkäufen aufgebaut, was ihm nur aufgrund seiner illegalen Kapitaltransfers gelingen konnte. »Der Finanz-Mafioso Sindona arbeitete bei vielen seiner Geschäfte mit Erzbischof Paul Marcinkus zusammen. Über die Vatikanbank wurden offensichtlich über viele Jahre Gewinne aus kriminellen

---

[17] *Sein vor Haben*: z.B. CENTESIMUS ANNUS, 36,4 – Zit. n. Lo Bello, S. 254; vgl. zum Folgenden auch Yallop; Ledl; Tosches; Herrmann, Kirchenfürsten; ders., Caritas-Legende.

Geschäften ins Ausland transferiert, um an internationalen Bankplätzen und Börsen gewaschen zu werden.«[18]

Natürlich kann man Erzbischof Marcinkus nicht zum Alleinschuldigen im Vatikan stempeln. Die ersten grundlegenden Kontakte zu Sindona knüpfte gar nicht er, sondern Kardinal Villot und – Papst Paul VI. In einem nächtlichen Gespräch unter vier Augen hatte es dieser Papst erreicht, den Bankier der Mafia, das »Finanzgenie« Sindona, zum Finanzberater des Vatikans zu machen. Paul VI. brauchte Sindona. Er hielt ihn für den geeigneten Mann, um die riesig angewachsene, aber auch vielen Italienern verdächtig gewordene Finanzmacht des Vatikans auf dem italienischen Markt abzubauen und ins Ausland zu verlagern. Der Vatikan war im Italien der Nachkriegszeit längst zu einem der größten Bankiers dieses Landes geworden. Hinter vielen italienischen Wirtschaftsunternehmen stand seine Finanzmacht, die dann aber auch mitverantwortlich war, wenn Fabriken schließen mußten oder Arbeiter entlassen wurden. Schon unkten italienische Gewerkschaftsführer, insbesondere die kommunistischen Gewerkschaften, daß der von der kirchlichen Soziallehre gutgeheißene Kampf um mehr Lohn, um mehr wirtschaftliche Gerechtigkeit für den Arbeiter im Widerspruch zum »kapitalistischen Vatikan« stehe. Also erschien Sindona dem Papst Paul VI. wie ein Geschenk des Himmels. Mit seiner Hilfe sollten die vatikanischen Geschäfts-, Industrie- und Finanzanteile in Italien zum größten Teil aufgegeben und dafür mehr außerhalb Italiens investiert werden. Für solche Transaktionen mit der dafür nötigen Verschleierungstaktik war Sindona der geeignetste Mann. »Jedesmal, wenn er eine seiner aufsehenerregenden Geschäftstransaktionen in Italien beendet hatte, war es nie klar, ob das nun eine Transaktion im Interesse des Vatikans oder Sindonas oder eine in beider Interessen gewesen war. Jedesmal, wenn der Papst irgendwelche ihm nicht mehr genehme Immobilien loswerden wollte, wurde Sindona von den Spitzenfunktionären des Vatikans konsultiert. Da sich oft herausstellte, daß Sindona selber der Käufer war, wurde die italienische Geschäftswelt mit Recht mißtrauisch: Sindona agierte offensichtlich als Strohmann für päpstliche Interessen.« Er bot auch dem erzkonservativen republikanischen US-Präsidenten Richard Nixon eine Million Dollar für dessen Wahlkampffonds an; ein Großteil dieses Geldes gehörte dem Vatikan. Faktisch agierte Sindona zwar heimlich, aber real und durchaus legitimiert als geschäftlicher Vertreter des Vatikans in Italien und den USA, wohin er den größten Teil seiner Geschäfte und Unternehmen verlagert hatte. Geldgierig erwartete man im Vatikan von ihm, »daß seine Zauberei auch für den Vatikan Wunder wirken würde«.[19]

---

[18] *Legende der Finanzwelt:* zit. n. Tosches, S. 13 – *Zusammenarbeit Sindona/Marcinkus:* vgl. Mettner, S. 161; auch zum Folgenden.

[19] *Strohmann Sindona:* Lo Bello, S. 260 – *Sindonas Zauberei:* Mettner, S. 162.

Als dann aber kam, was irgendwann kommen mußte, nämlich der Zusammenbruch des kompliziert verflochtenen Finanzimperiums Sindonas und seine Verhaftung (er wurde in den USA wegen betrügerischen Bankrotts zu 25 Jahren, in Italien zu lebenslanger Haft verurteilt), leugneten Spitzenfunktionäre der Kirche in echt »sozialer« Solidarität ihre Kontakte zum Mafia-Bankier. Er wurde fallengelassen wie eine heiße Kartoffel – eine »feige Tat, die an Verrat gemahnt«.[20] Dabei hatte die von Sindona durchgeführte Streuung des Vatikanvermögens außerhalb Italiens der Papstzentrale lukrative Aktienbeteiligungen in den USA bei Chase Manhattan, Celanese, Colgate, General Foods, Procter & Gamble, Standard Oil, Unilever, Westinghouse, bei der Uris Building Corporation und der Tishan Realty & Construktion eingebracht. Trotzdem mußte der Vatikan für seine Kollaboration mit Sindonas kriminellen Geschäften auch büßen: Auf 160 Millionen Dollar schätzte man die damit zusammenhängenden Verluste des Vatikans.

Festzustehen scheint jedoch, daß der erzkatholische Sizilianer Sindona niemals unfair oder unehrlich zu seinen vatikanischen Geschäftskollegen war. Instinktsicher, wenn auch unsolidarisch, trennte sich jedoch die Kirchenspitze stets zum richtigen Zeitpunkt von denen, die ihr treu ergeben, aber nicht mehr nützlich waren. Zwar hatten noch zwei Kardinäle und ein Bischof Videobandaussagen zur Entlastung Sindonas gemacht, aber als dessen Hauptverteidiger, der ehemalige US-Bundesrichter Marvin E. Frankel, nach Rom kam, um für das Verfahren gegen Sindona vor dem Bundesgericht in Manhattan die Aussagen abzuholen, teilte ihm Kardinalstaatssekretär Casaroli, nach Papst Johannes Paul II. damals der höchste Mann im Vatikan, sicher nicht ohne dessen Billigung höflich, aber bestimmt mit, daß diese Videobandaufnahmen nicht benützt werden dürften, da sonst die drei Würdenträger der Jurisdiktion eines weltlichen Gerichts unterworfen würden, was den übergeordneten Interessen des Vatikans als oberster Gerichtsinstanz der Welt zuwiderliefe. Erzbischof Marcinkus, der noch 1973 den amerikanischen Ermittlern erklärt hatte, er und Sindona seien sehr gute Freunde, gab später an, er kenne diesen Mann gar nicht. Diese Aussage war konsequent angesichts des Charakters von Marcinkus, den man als »eiskalt, berechnend, lächelnd über Leichen gehend« beschrieben hatte. »Petrinisch« log auch Kardinal Vagnozzi, der in Begleitung von Marcinkus Sindona häufig getroffen hatte: »Ich kenne diesen Menschen nicht.«[21]

Tragisch war das Ende Sindonas, den Vatikan und Mafia im Stich gelassen hatten. Wurde er von ihnen auch hingerichtet, da er zuviel wußte und mit Auspacken drohte, weil ihn keiner mehr aus der Gefängnishaft herausholen wollte? Jeden-

---

[20] Lo Bello, S. 266.

[21] *Über Leichen gehend*: So der Ex-Mafioso Leopold Ledl über Marcinkus; vgl. Herrmann, Kirchenfürsten, S. 395 – *»petrinische« Lüge*: Yallop, S. 424; Herrmann, Kirchenfürsten, S. 377.

falls fiel er 1986 in einem italienischen Hochsicherheitstrakt einem Giftanschlag zum Opfer. Er war ein kriminelles Genie, der Kirche blieb er unverständlicherweise bis zum Tode treu: »Die Macht des Vatikans beruht auf der Dauer. Wir müssen sterben, die Kirche nicht. Die Dauer eines Lebens ist nichts gegen die Jahrhunderte, in deren Rhythmus sich der langsame Pulsschlag des Vatikans vollzieht. Sie verurteilen Galilei und rollen den Fall dreihundert Jahre später wieder auf. Es handelt sich einfach um die große Maschine der Zeit. Leute wie Marcinkus sind wie Rädchen darin, sie werden ausgewechselt, wenn sie nicht mehr funktionieren, jedes halbe Jahrhundert etwa. Es ist entsetzlich.« Nun, Papst Johannes Paul II. hat Sindona ausgetauscht – gegen Roberto Calvi, wie wir noch sehen werden –, den ebenso kriminellen Marcinkus nicht. Der war schließlich ein gottgeweihter Priester und damit allein der geistlichen Gewalt unterstellt. Der Papst weigerte sich standhaft und erfolgreich, jegliche von italienischen Gerichten gegen Erzbischof Marcinkus zu Beginn der achtziger Jahre erlassenen Verfügungen anzuerkennen. Mit eisig-kaltem Formalismus wurde den italienischen Justizbehörden bedeutet, daß die Etikette zwischen zwei souveränen Staaten eingehalten werden müsse. Der von den Strafverfolgungsbehörden mehrerer italienischer Städte zur Fahndung ausgeschriebene Marcinkus verlegte seinen Wohnsitz hinter die Mauern des Vatikans und war so vor jeder Verhaftung sicher. In den vatikanischen Gärten herumspazierend, »erfreute er sich des Wohlwollens dessen, der ihn schützte, des Papstes Johannes Paul II.«.[22]

Natürlich wäre es naiv anzunehmen, daß der Papst Marcinkus nur aus priesterlicher Solidarität schützte. Erstens wußte dieser Mann viel zu viel von den dunklen Finanzgeschäften des Vatikans mit Sindona und Calvi, von dem noch die Rede sein wird, so daß man ihn auf keinen Fall den italienischen Gerichten ausliefern konnte. Und zweitens brachte Marcinkus dem Papst weiterhin, auch nach der Pleite mit Sindona und Calvi, Profite ein. Marcinkus hatte mit vatikanischen Mitteln umfangreiche Goldspekulationen getätigt, die für den Vatikan so gut verliefen, daß man einen Großteil der Verluste aus den Sindona-Geschäften wieder wettmachen konnte. Bald nach Amtsantritt Johannes Pauls II. brachte der windige Erzbischof dem Papst nochmals Glück, indem er durch einen schnellen Verkauf von Wertpapieren an der New Yorker Aktienbörse einen papiermäßigen Gewinn von 14 Millionen Dollar erzielte. Damit war Marcinkus endgültig zum Favoriten des Papstes avanciert. »Bischof Marcinkus hat sich, nach Auffassung des Vatikans, außerordentlich bewährt auf einem sehr schwierigen Posten.«[23]

Nachdem Sindona abgewirtschaftet hatte und mit ihm keine profitablen Geschäfte zugunsten des Vatikans mehr zu machen waren, fiel Marcinkus der streng

---

[22] »*Die Macht des Vatikans …*«: zit. n. Tosches, S. 240 – *Marcinkus*: Herrmann, Kirchenfürsten, S. 375.
[23] Lo Bello, S. 251f.

katholische Chef des Mailänder ›Banco Ambrosiano‹, Roberto Calvi, ein, den Marcinkus sinnigerweise durch Sindona kennengelernt hatte. Mit ihm schmiedete Marcinkus bald einen »grandiosen« finanziellen Operationsplan, der sich teilweise jedoch am Rande und sogar außerhalb der Legalität bewegte. Am Ende stand wiederum – wie schon bei Sindona – das Fiasko: Betrügerischer Bankrott Calvis und Veruntreuung von 1,3 Milliarden Dollar. Hauptkomplize Calvis bei alledem nach den Untersuchungen von David Yallop: der Chef der Vatikan-Bank Marcinkus. Aber immerhin: »Die Bank des Papstes erhielt Jahr für Jahr immenses Geld dafür, daß sie Calvi ihren Ruf und das Hirtenpersonal für die Abwicklung gigantischer internationaler Schwindelgeschäfte zur Verfügung stellte.« Calvi hatte seine Finanzgeschäfte mit südamerikanischen Banken mit Hilfe von »Empfehlungs-« oder »Glaubwürdigkeitsbriefen« des Erzbischofs Marcinkus getätigt, der dabei das Briefpapier der Vatikanbank benutzte, so daß die südamerikanischen Geschäftspartner denken mußten, daß diese Bank für alle Kredite geradestehe. Als 1982 die ›Italienische Nationalbank‹ eine umfassende Buchprüfung in Calvis Banco Ambrosiano durchführte, stellten die Prüfer zwar fest, daß diese Bank »verschiedene Geschäfte außerhalb der normalen durch die italienischen Bankvorschriften gegebenen Regulative getätigt habe«, aber sie waren »nicht in der Lage, zwischen dem Aktiva-Vermögen des Banco Ambrosiano und den Aktiva der vatikanischen Bank zu unterscheiden, da es zwischen den beiden Banken und ihren Gemeinschaftsinvestitionen im Ausland höchst komplizierte Querverbindungen gegeben habe«. Calvi hatte dem Vatikan auch eine Reihe exotischer Firmen, u.a. in Panama, zugeschustert, und Erzbischof Marcinkus tat alles, um die wahren Besitzverhältnisse zu verschleiern. Tatsache ist, daß der Papst etwa zwei Millionen Dollar pro Jahr an Dividenden aus seinem Aktienbesitz an diesen Tarnfirmen kassierte. Bereits 1978 strich seine Bank mit ihren 11 000 Konten und Aktiva über eine Milliarde Dollar etwa 120 Millionen Dollar Reingewinn ein, wovon 85 % dem Stellvertreter Christi zur freien Verwendung zuflossen.[24]

Der Eindruck, der polnische Papst habe mit den Calvi-Marcinkus-Geschäften nichts zu tun gehabt, wäre falsch. Über ein Jahrzehnt lang hat Calvi den Vatikan in Finanzangelegenheiten beraten. Der Papst hatte ihn auch in Privataudienz empfangen und ihm versprochen, ihn zum Hauptbevollmächtigten für die Neuordnung der päpstlichen Finanzen zu machen, wenn Calvi es schaffe, das durch Manipulationen entstandene Milliardenloch in der Papstkasse zu stopfen. »Von einem Papst, der sich – ›Oberste Moralinstanz der Erde‹ – auf derlei einläßt, haben Finanzartisten jeglicher Couleur nicht viel Moral zu befürchten.« Es kann

---

[24] *Marcinkus Hauptkomplize Calvis:* Yallop, S. 452 – *internationale Schwindelgeschäfte:* Herrmann, Kirchenfürsten, S. 337 – *Buchprüfung:* Lo Bello, S. 270 – *Einnahmen des Vatikans:* Yallop, S. 215; Herrmann, Kirchenfürsten, S. 378.

jedenfalls keinem Zweifel unterliegen, daß der zwielichtige Finanzmanager Calvi auch des Papstes Vertrauensmann in Finanzsachen war. Zugleich aber galt er als Freund und Zahlmeister der rechtsgerichteten italienischen Freimaurer-Loge ›P2‹ (Propaganda Due). [25]

Im Juli 1981 wurde Calvi von einem italienischen Gericht wegen der illegalen Ausfuhr von 26,4 Millionen Dollar zu vier Jahren Gefängnis und einer Geldstrafe von 11,7 Millionen Dollar verurteilt, kam aber gegen Kaution frei. Verzweifelt versuchte er danach, den Bankrott des Banco Ambrosiano abzuwenden.

Aber seine Bittgesuche bei der einflußreichen ›P2‹, zu der hohe Staatsbeamte und Militärs sowie führende Geschäftsleute und Kirchenmänner gehörten, waren erfolglos; ebenso die bei der ENI, der mächtigen staatlichen Energiegesellschaft Italiens; und auch ein letzter persönlicher Hilferuf an Erzbischof Marcinkus verhallte ergebnislos. So brach der Banco Ambrosiano, die größte italienische Bankengruppe mit Geschäftsinteressen in 15 Ländern, zwangsläufig zusammen. Calvi selbst wurde ermordet. Zunächst hatte man seinen Tod als Selbstmord deklariert.

Da »Italien nicht in der Lage war, die Vatikanbank auf irgendeine Weise zu überprüfen, konnten die italienischen Behörden auch den Heiligen Stuhl nicht veranlassen, bei der Aufdeckung der verflochtenen Schuldverhältnisse mitzuwirken, die den Ambrosiano zur Liquidation gezwungen hatten«. Als Eingeständnis seiner großen Mitschuld an diesem Bankrott muß aber gelten, daß der Vatikan sich bereit erklärte, wenigstens 250 Millionen Dollar an die vom Bankrott betroffenen Gläubiger zurückzuerstatten, natürlich mit dem Hinweis, daß er das freiwillig tue und dies nicht als Anerkenntnis einer Schuld gewertet werden dürfe. Lucio Gelli, Gründervater und lange Hauptakteur der ›P2‹, erklärte dazu in einem Interview, das die WDR-Journalisten H. Blondiau und E. Sieker in seiner toskanischen Villa aufnahmen und das der WDR am 30. April 1991 sendete:

»Genauso bekannt war mir, daß der Vatikan sehr viel Geld verdient haben mußte, um danach in der Lage zu sein, 250 Millionen Dollar zurückzugeben. Wie man weiß, nimmt die Kirche, aber sie gibt nicht. Das bedeutet: Wenn die Kirche in diesem Fall gegeben hat, dann muß sie vorher enorm viel genommen haben … Das liegt auf der Hand. Wenn überhaupt, empfängt die Kirche Barmherzigkeit, sie gibt sie aber nicht anderen.«

Der italienische Publizist Leo Sisti ergänzte noch in derselben WDR-Sendung die Aussage Gellis:

»Calvi lenkte das Geld um, und Marcinkus stand Schmiere.« [26]

[25] *Calvi in Privataudienz*: Yallop, S. 411; Herrmann, Kirchenfürsten, S. 392 – *Finanzartisten*: Herrmann, Kirchenfürsten, S. 392 – ›P2‹: Lo Bello, S. 273.

[26] *Zusammenbruch des Banco Ambrosiano*: Nach Calvis Tod konstituierte sich diese Bank als ›Nuovo

Gegen Ende seines Lebens wurde auch Roberto Calvi, ähnlich wie vor ihm Michele Sindona, zur tragischen Figur. Auch Calvi war ja – noch mehr als der letztere – ein treuer Sohn der Kirche. Aber der Papst konnte ihn nach Aufdeckung seiner kriminellen Bankgeschäfte, von denen er viele zugunsten des Vatikans getätigt hatte, nicht mehr brauchen. Er ließ ihn fallen, was praktisch Calvis Tod bedeutete. Denn der Chef des Banco Ambrosiano hatte sich nicht nur in eine Abhängigkeit von der Vatikanbank, sondern auch von der Mafia begeben, die sich ebenso wie der Papst ergiebige Gewinne von der Zusammenarbeit mit Calvi versprochen hatte. Zunächst lief auch alles prächtig, nicht nur für die Mafia, sondern auch für den Vatikan. Zum Beispiel »hatte die Mannschaft um Papst Johannes Paul II. von Calvi beschaffte Dollarmillionen in Polens katholisch-demokratische Opposition investiert. Ein – wie sich 1989 zeigte – erfolgreiches Investment gegen die KP-Herrschaft in Osteuropa. Über solcherlei Vatikan-Geschäften machte Calvi Pleite. Und als der Heilige Stuhl dem Geldmann bei seinen verzweifelten Londoner Telefon-Hilferufen die kalte Schulter zeigte, schritt die Mafia zu ihrem Rachemord.« Die Mafia hatte nämlich etwa 250 Millionen Mark durch Calvi verloren. Francesco Di Carlo, der in England das Drogengeschäft der Mafia aufgebaut hatte, erhielt den Auftrag, Calvi zu liquidieren. Am Morgen des 18. Juni 1982 fand ein Londoner Druckereiarbeiter den unter der Blackfriarsbrücke über der Themse hängenden Calvi tot auf. Der Vatikan konnte wie Pilatus seine Hände in Unschuld waschen. »Juristisch trifft ihn am Tod des Bankiers keine Schuld. Doch es bleibt ein moralisches Versagen. Man ließ den Bankier wie eine heiße Kartoffel fallen, als Calvi in größter Not war. Um die möglichen Folgen kümmerte sich Rom offenkundig nicht. Dieser Entzug an Stütze wurde von der Cosa Nostra beobachtet. Sie wertete ihn als grünes Licht für den Rachemord. Also erhielt der Londoner Mafia-Resident Di Carlo von der ›Cupola‹, dem geheimen obersten Gremium der Mafia, die Order, Calvi aufzuknüpfen.« Selbst das sozialkritische, ansonsten jedoch strikt katholische PUBLIK-FORUM fällte ein vernichtendes Urteil: »Roberto Calvi, den seine Mafia- und Vatikankontakte das Leben kosteten.«[27]

Gleich nach dem Tod Calvis äußerte seine Witwe den Verdacht, ihr Mann sei von Mördern getötet worden, die der Vatikan gedungen habe. Calvis dreiundzwanzigjährige Tochter Anna erklärte im selben Jahr in einer geheimen Aussage vor einer italienischen Parlamentskommission, daß ihr Vater um sein und seiner Familie Leben gebangt und seine Frau deshalb veranlaßt habe, mit dem Sohn in eine Wohnung im Watergate-Komplex in Washington zu übersiedeln. Zu Anna hatte er, als er über die Vatikanbank und Erzbischof Marcinkus klagte, auch

---

Banco Ambrosiano‹ neu mit Hilfe eines Rettungskonsortiums von sieben Banken. – *Nichtaufdeckung der Schuldverhältnisse:* Lo Bello, S. 271 – *WDR-Interview:* zit. n. Herrmann, Kirchenfürsten, S. 394f.
[27] Seiterich-Kreuzkamp, S. 35.

geäußert: »I preti saranno la nostra fine!« (Die Priester werden unser Ende sein!) Sie wurden es – so oder so ...[28]

Vernichtend fällt auch das Urteil des in Papstsachen meist sehr genau recherchierenden Journalisten David Yallop über die Finanzpolitik des Sozialethikers Wojtyla aus: »Das Pontifikat Johannes Pauls II. hat sich als Glücksfall für Geldjongleure und Krämerseelen, für Kriecher und Lumpen, für internationale Polit- und Finanzgangster ... erwiesen.« Erzbischof Marcinkus, der die Finanzskandale, in die er massiv verwickelt war, stets heil überstand, sollte vom polnischen Papst sogar zum Kardinal erhoben werden.[29] Nur die wiederholten Hinweise einiger Papstberater, die einen enormen Gesichtsverlust wegen der schweren Verfehlungen des Kandidaten Marcinkus befürchteten, konnten Wojtyla am Ende umstimmen. Dabei spricht sein Plan in gewisser Weise sogar für ihn: Wenigstens einem seiner drei Finanzgauner hielt der Papst die Treue. Die erzkatholischen Laien Sindona und Calvi ließ er fallen, über den auch privat sehr liberal lebenden Priester Marcinkus hielt er stets seine schützende Hand. Der vergnügt sich jetzt, wie es einem Kirchenfürsten im Ruhestand angemessen ist, bei Golfspiel und teuren Zigarren in Sun City, Arizona. Verdient hat er's. Er hat dem Vatikan viele Dollar-Millionen eingebracht, und Geld, wie immer erworben, stinkt eben nicht, auch nicht in den heiligen Hallen des Vatikans.

Marcinkus hat das Vermögen des Papsttums in seiner Amtszeit als Chef der Vatikan-Bank enorm vermehrt. Diesem gehören nun, wenigstens zu einem großen Teil, die Paramount-Studios in Hollywood, Hunderte von Grundstücken für Ferienwohnungen in Oyster Bay, Long Island, USA, sowie der Stock Exchange Tower und der Port Royal Tower in Montreal/Kanada. Dazu noch luxuriöse Wohnsiedlungen in ganz Italien, Golfplätze und Hotelanlagen in vielen Staaten, Läden an den Champs-Elysées in Paris usw. usf. »Moral? Wo liegt sie versteckt, wenn Päpste bei passender Gelegenheit von ihrer Armut faseln und ihre Schäfchen unter Hinweis auf die defizitären Verhältnisse des Heiligen Stuhles zur Kasse bitten? Der Herrenmoral entpricht die Knechtshaltung derjenigen, die noch immer zahlen, ohne sich endlich informieren zu lassen.«[30]

Die Kluft zwischen dem, was der polnische Papst in sozialer Hinsicht gelehrt und verkündet hat, und seinem Handeln konnte in der Tat kaum größer sein. Er nannte die »Option für die Armen« absolut »vorrangig«, ihr gebühre ein »besonderer Vorrang« vor allen anderen Arten christlicher Nächstenliebe. Beredt wußte der Papst die Not der »Ausgebeuteten«, der »Randexistenzen«, über deren

---

[28] *Verdacht der Witwe:* Yallop, S. 430; Herrmann, Kirchenfürsten, S. 395 – *»I preti ...«:* zit. n. Lo Bello, S. 275f.

[29] *Yallops Urteil:* Yallop, S. 365 – *geplante Kardinalserhebung:* vgl. Yallop, S. 424.

[30] Herrmann, Kirchenfürsten, S. 393f.

»Köpfe die wirtschaftliche Entwicklung hinweggeht«, zu schildern. Er verurteilte den »Glanz eines zur Schau gestellten, aber für sie unerreichbaren Reichtums«, beklagte die kulturelle Entwurzelung der Armen, die Situation »drohender Unsicherheit«, in der sie sich befänden, ihren verzweifelten »Kampf um das Notwendigste«, ihren Ausschluß vom Besitz, ihren »Mangel an materiellen Gütern«, ihre Lage als »halbe Sklaven«. Er betonte »die Pflicht der Nächstenliebe«, d.h. »die Pflicht, mit dem eigenen ›Überfluß‹ und bisweilen auch mit dem, was man selber ›nötig‹ hat, zu helfen, um das bereitzustellen, was für das Leben der Armen unentbehrlich ist«.[31]

Mit der Art aber, wie dieser Papst praktisch agierte, versetzte er seiner Sozialtheorie eine permanente Ohrfeige. Die Liste weiterer eklatanter Widersprüche zwischen seiner Theorie und seiner Praxis wäre kilometerlang. Hier also nur einige Belege:

– Im September 1990 fuhr der Wojtyla-Papst nach Afrika, um den Protzbau, sprich: die Basilika »Unsere Liebe Frau vom Frieden« nebst einem Park (dreimal so groß wie der Vatikan) im Geburtsort des Diktators der Elfenbeinküste zu weihen und als Geschenk (!) anzunehmen. Der Diktator ließ für den Monumentalbau 7800 m² an Glasfenstern verbauen, dreimal soviel wie in der Kathedrale von Chartres, und 120 000 m² Marmor aus Italien heranschaffen, um eine Triumphstraße für den Papst zu pflastern. Obendrein errichtete er einen Palast mit 20 Luxuszimmern, die »Päpstliche Afrika-Residenz«, um den Papst und seine Begleiter zu beherbergen. Die Menschen in der Diktatur am Rande der Sahelzone sind sehr arm, neun von zehn Familien verfügen nicht über Strom. Aber 1900 Scheinwerfer mit 1100 Watt strahlen den afrikanischen Petersdom an. Noch im Januar desselben Jahres 1990 hatte der Papst beschwörend gemahnt: »Die Welt muß wissen, daß Afrika in Armut versinkt.« Wer unsensibel für diese Not und unsolidarisch mit ihr sei, mache sich der »brudermörderischen Verelendung« schuldig. Kann die erbarmungslose Heuchelei, die Diskrepanz zwischen Wort und Praxis eines Oberhirten überhaupt noch größer sein? Aber der Papst hatte auch eine »plausible« Entschuldigung bereit, die er bei anderer Gelegenheit kundtat: »Die darüber erstaunt sind, daß man Kirchen baut, statt alle Mittel für die Verbesserung des materiellen Lebens einzusetzen, haben den Sinn für die geistlichen Wirklichkeiten verloren; sie verstehen nicht den Sinn des Wortes Christi: ›Der Mensch lebt nicht vom Brot allein‹ (Mt. 4,4).« Die Art und Weise, wie der oberste Glaubenswächter im Vatikan, Kardinal Ratzinger, diese Worte des Papstes enthusiastisch kommentierte, klingt wie Hohn: »Das Wort des Papstes enthält eine ganze Anthropologie … Das Merkwürdige ist, daß gerade bei den Armen … der Hunger

---

[31] SOLLICITUDO REI SOCIALIS, S. 42; CENTESIMUS ANNUS, 11,1; ebd., 33,1 und 2; ebd., 36,4; s. auch Johannes Paul II., Enzyklika LABOREM EXERCENS, S. 21.

nach Gott sehr groß ist. Sie sind keineswegs der Meinung so vieler Europäer, zuerst müsse das Irdische geklärt werden, dann könne man auch über Dinge wie die Gottesfrage reden.«[32]

– Man versteht jetzt besser, warum die Kirche lieber Kirchen baut, als den Armen hilft. Demgemäß zog es der polnische Papst bei seinem Besuch Brasiliens im Jahr 1980 vor, eine neuerbaute Kapelle einzuweihen, anstatt 500 Wohnungen für die Armen errichten zu lassen. Genausoviel wie diese 500 Wohnungen kostete nämlich die Kapelle. Ein einziger Protest des Papstes gegen ihren Bau hätte genügt, um ihn zu verhindern.[33]

– Kirchen als sichtbare Zeichen des Glanzes und der Macht des Vatikans sind wichtig. Ihre Zahl muß noch zunehmen, auch wenn die Zahl der Gläubigen konstant abnimmt. Dementsprechend ließ sich Papst Johannes Paul II. anläßlich seines Deutschland-Besuchs im Sommer 1996 vom Paderborner Erzbischof eine Kirche für die Stadt Rom schenken. Rom ist ja auch so arm an Kirchen: nur 921 Kirchen hatte es bis dahin. Jetzt aber kam als Paderborner Großgeschenk für drei Millionen Mark eine mit Blattgold und Marmor ausgeschmückte 922te dazu. Für die Ehre Gottes ist eben kein Ding zu teuer. Und die Kirchenschafe bringen doch das Geld dafür auf. Der katholische Theologe Norbert Greinacher hatte in diesem Zusammenhang (der Paderborner Erzbischof hatte auch noch einen 500 000 Mark teuren Altar für den Papstbesuch errichten lassen) zwar von einem »Skandal« gesprochen und gefordert, das Geld lieber den Menschen in einem Entwicklungsland zu geben. Aber der Mann hat eben nichts von Wojtylas und Ratzingers Anthropologie und Strategie verstanden. Außerdem ist die römisch-katholische Kirche keine demokratische, sondern eine theokratische Institution und als solche niemandem Rechenschaft darüber schuldig, wem sie »ihr« Geld gibt. War's denn nicht genug, daß der Papst sich reklamemäßig zur Verfügung stellte und in verschiedenen Zeitungen für die ›Deutsche Stiftung für UNO-Flüchtlingshilfe‹ warb?[34]

– Auch das Berliner Bistum ließ sich nicht lumpen. Über drei Millionen Mark war ihm der Besuch des Pontifex in Berlin wert, das waren für jede Minute seines Aufenthaltes über 4500 Mark. Aber schließlich versprachen sich die Kirchenoberen davon auch kräftige Impulse für die Moral ihrer Gläubigen. Mit der scheint es in der Berliner Diaspora ohnehin nicht so gut bestellt zu sein, denn trotz des finanziellen Aufwandes mußten 30 000 polnische Glaubensbrüder und -schwestern

[32] *Afrikas Not:* zit. n. Herrmann, Kirchenfürsten, S. 402 – *Kirchenbau:* zit. n. Herrmann, Papst Wojtyla, S. 168 – *Ratzingers Kommentar:* Ratzinger, Vorwort zu: Johannes Paul II., Kraft, S. 3f.

[33] Vgl. Herrmann, Papst Wojtyla, S. 168.

[34] *Greinacher:* zit. n. DER CHRISTUSSTAAT 13/1996, S. 8 – *UNO-Flüchtlingshilfe:* vgl. WELTBILD 18/1996, S. 14.

quasi als Amtshilfe herangekarrt werden, um die defizitäre Anteilnahme der Berliner Bevölkerung zu verschleiern. Immerhin ging es in Berlin bescheidener zu als beim letzten Besuch des polnischen Pontifex in Guatemala City, wo er sich ein großes Denkmal setzen ließ. Aber natürlich ließ es sich der polnische Papst nicht nehmen, Seite an Seite mit Bundeskanzler Helmut Kohl durchs Brandenburger Tor zu schreiten, um zu demonstrieren, daß im Grunde sie beide die eigentlichen Väter der west-östlichen Einigung Europas waren, und auch um ihrer gemeinsamen Überzeugung von der Notwendigkeit eines neuaufzubauenden christlichen Europa symbolhaften Ausdruck zu verleihen. Kohl sparte denn auch nicht mit netten Komplimenten an die Adresse des hohen Gastes. War es seine eigene Naivität und Uninformiertheit oder das Rechnen mit der unkritischen Einstellung seiner Zuhörer, als er die Sozialarbeit der Kirche mit der Behauptung würdigte: »Unsere Republik wäre sehr bald bankrott, wenn das alles aus staatlichen Mitteln zu finanzieren wäre.« Wäre des Kanzlers These wahr, dann wäre die Republik nämlich längst bankrott, denn die Sozialarbeit der Kirche wird zu über 90 % vom Staat finanziert. So aber ist das Gegenteil wahr: Ohne die kräftigen, Jahr für Jahr getätigten staatlichen Finanzspritzen für die katholische Kirche in Deutschland und ohne die staatlich eingezogene Kirchensteuer in Höhe von jährlich über vier Milliarden Euro wäre diese Kirche längst bankrott oder eine am Rande des finanziellen Abgrunds schwindsüchtig dahinsiechende Institution. So aber kann es sich die durch die kräftige Beihilfe des Staates reiche deutsche Kirche erlauben, jährlich mindestens 9 Millionen Euro an den Heiligen Stuhl abzuführen, dazu noch weitere zwei Millionen aus der jährlichen Peterspfennigkollekte für den »armen« Papst. [35]

– Das Berliner Bistum unterstützte seinerzeit obendrein eine Zeitlang – weil der polnische Papst es so wünschte – mit immerhin 700 000 Mark pro Jahr das Studium neokatechumenaler Theologen. Bei seinem Berlin-Besuch am 23. Juni 1996 hatte der Papst im Berliner Bernhard-Lichtenberg-Haus den Grundstein eines großen Priesterseminars der Neokatechumenalen Gemeinschaft geweiht. Diese Gemeinschaft und die Ausbildung ihrer Theologen sind auch nach Meinung vieler prominenter Katholiken so überflüssig wie ein Kropf – ist doch diese innerkatholische Sekte fast ebenso gefährlich wie der Geheimbund Opus Dei (s. dazu Kapitel 5). Erste Vorschrift der Sekte: Die bereits getauften Katholiken sollen noch einmal eine etwa zehn Jahre dauernde Katechese, sprich Gehirnwäsche, absolvieren, in der sie getrimmt werden, die Bibel total fundamentalistisch auszulegen, in einem ganz restaurativ-traditionalistischen Sinn zu glauben, einer rigorosen

---

[35] *Denkmal*: vgl. DIESSEITS 2/1996, S. 22 – *Kohl-Zitat*: dpa-Meldung, zit. n. DER CHRISTUSSTAAT, 13/1996, S. 8 – *Zahlungen an den Vatikan*: Nach Pressemitteilungen der Deutschen Bischofskonferenz vom 18.4.1994 (PRDT 94–012); vgl. KIRCHE INTERN 8/1996, S. 25.

Moral anzuhängen und dogmatische Missionspredigten, sogenannte Frontalpredigten zu halten, in denen sie stundenlang massiv auf die Gläubigen einreden. Zeit genug dafür haben sie, denn mit sozialem Engagement und Armenfürsorge belasten sie sich nicht. Der Glaube und seine Verbreitung sind – ganz im Sinne Wojtylas – weit wichtiger. Deshalb hatte sie der Papst auch so sehr ins Herz geschlossen. Er unterstützte die internationalen Treffen für Bischöfe aller Länder, die das Neokatechumenat ständig in teuren Hotels organisiert. Diskutieren können die Neokatechumalen nicht, progagieren dafür um so besser. Der vorher durchaus zum Dialog mit ihnen bereite Dekan von Berlin-Reinickendorf über sie: »Sie können nicht diskutieren, sie sehen bei den anderen nur Irrtümer und Unglaube ... Sie spalten die Gemeinden in Bekehrte (also in Neokatechumenale) und Nichtbekehrte ... Sie halten sich für ›die besonders Erwählten‹.« Ihre Sonntagsmessen, selbst die Osternacht, feiern sie demgemäß separat, hinter verschlossenen Türen. Ihre Schriften sind im Buchhandel nicht erhältlich. [36]

In des Papstes strategischem Denken waren solche geheimbündlerischen fundamentalistischen Eliten wichtig für die Re-Evangelisierung Europas und der Welt. Daher durften sie auch seiner Meinung nach nicht mit dem »Irrglauben« der Welt in Berührung kommen. Er unterstützte es deshalb, daß die neokatechumalen Theologen in Berlin nicht etwa am Theologischen Seminar der Freien Universität Berlin studieren, sondern in privatem Rahmen von absolut linientreuen Professoren aus Rom unterrichtet werden, die jeweils eigens aus Rom eingeflogen werden. Der Papst mußte es ja nicht bezahlen. Das Geld für die Vielfliegerei und die Miete der Villa, in der die Neokatechumenalen zunächst unterrichtet wurden, mußten Berlins Kirchensteuerzahler aufbringen! Dafür hatte aber der polnische Papst mit den etwa 500 000 Neokatechumenalen in der Welt und den inzwischen 500 Mitgliedern dieser Gruppierung in Berlin eine elitäre Truppe zur Verfügung, die in der Strategie des Papstes auch dazu gedacht war, eine Alternative zu den herkömmlichen Orden und den sich immer selbstbewußter gerierenden Kirchengemeinden zu bilden. Das eigene Selbstbewußtsein dieser sektiererischen Bewegung in Wojtylas Kirche ist ihrerseits so groß, daß sie über den ihnen sehr gewogenen deutschen Kurienerzbischof Paul Cordes aus Rom dreist beim damaligen Kanzler Helmut Kohl anfragten, ob denn nicht ein »kleines« Geschenk anläßlich des Papstbesuchs fällig sei. Gemeint war ein Berliner Kasernengelände, das Kohl dem Papst schenken sollte. Das war selbst dem ergebenen Katholiken Kohl zu viel, er lehnte ab. Noch dreister fast war die Forderung, die die Neokatechumenalen ans Berliner Domkapitel richteten. Sie verlangten 20 Millionen Mark vom Erzbistum für den Umbau des neokatechumenalen Ausbildungsseminars in Berlin. Das war dann auch für die frommen Domherren und ihren erzkonservativen

---

[36] Zu dem in diesem und dem nächsten Absatz Gesagten vgl. Modehn, S. 34f.

Chef, Kardinal Georg Sterzinsky, zu starker Tobak. Auch sie winkten ab. 1997 sind die neokatechumenalen Theologiestudenten in ein ehemaliges Exerzitienhaus der Jesuiten im Ostteil Berlins umgezogen.

– Auch in der Stadt Reims verhinderte erst eine Bürgerinitiative, daß die Stadt anläßlich des päpstlichen Frankreich-Besuchs im September 1996 1,5 Millionen Francs für die Errichtung einer Tribüne ausgab.

– Der polnische Präsident Walesa ließ auf Staatskosten in seinem Präsidentenpalast eine Kapelle zu Ehren der Jungfrau Maria, der »Königin von Polen«, errichten, vor allem, um seinem Dank an den Wojtyla-Papst Ausdruck zu verleihen – hatte dieser doch heimlich weit über 100 Millionen Dollar für den politischen Kampf der ›Solidarność‹-Bewegung gegen das kommunistische System nach Polen geschleust, obwohl er doch sonst jede politische Betätigung seiner Priester, vor allem die Aktivitäten der Befreiungstheologen zur Herbeiführung gerechterer sozialer Verhältnisse in Lateinamerika, aufs schärfste verurteilt hatte. [37]

– Wie gering dieser Papst das Engagement der Kämpfer für die Befreiung und Gleichberechtigung der Ausgebeuteten in Lateinamerika schätzte, zeigte eklatant die Tatsache, daß seine Besuche in den Ländern dieses Subkontinents ungeheure Summen verschlangen, für die natürlich nicht der Papst oder die Kirche, sondern der jeweilige Staat bzw. die betreffenden Gemeinden aufkommen mußten, d.h. letztlich auch die dem Papst zujubelnden Massen. Allein durch die zweite Reise des polnischen Papstes nach Brasilien im Oktober 1991 entstanden für die Städte, die er besuchte, Kosten in Höhe von ungefähr 23,6 Millionen Mark. Da den Massen angeblich nur das Pompös-Gewaltige imponiert, wurden in zehn brasilianischen Städten, die der Papst besuchte, kostspielige Riesen-Freiluftaltäre gebaut. Überdimensionale Lautsprecheranlagen übertrugen die päpstlichen Worte kilometerweit. Die Hauptstadt des armen Bundesstaates Alagoas, Maceio, erbaute ein riesiges Amphitheater, das eine Million Menschen fassen konnte, die dem Papst bei seinem Pontifikalamt zusehen und zuhören sollten. Zehn Millionen Mark ließ sich die Stadt das dreistündige Spektakel kosten! Die Stadtverwaltung der hochverschuldeten Metropole Rio de Janeiro hatte schon 1980, beim ersten Besuch des Papstes, Schulden gemacht, als sie, um den hohen Gast geziemend zu empfangen, die Statue Christi auf dem Corcovado-Berg mit einer halben Million Liter Wasser und mehreren Tonnen Reinigungsmittel waschen ließ. [38] Aber wundern über diesen kostspieligen Aufwand, über diese vergeudeten Geldsummen, die für soziale und ökologische Zwecke tausendmal sinnvoller eingesetzt wären, kann sich eigentlich nur der, der noch nicht begriffen hat, daß die Päpste nicht die Nachfolger des armen, Armut predigenden und die Reichen verurteilenden Jesus, sondern

---

[37] Vgl. Yallop, S. 432; Ebelseder/Juppenlatz, S. 301.
[38] Vgl. Herrmann, Kirchenfürsten, S. 402f.

der antiken römischen Kaiser sind und sich in Wirklichkeit – selbstverständlich ohne das lauthals zu verkünden – auch so verstehen.

– Deswegen hatte der polnische Pontifex auch viel Verständnis für den verschwenderischen Lebensstil mancher Kirchenfürsten, wenn diese ihm nur treu ergeben waren und sich ihm bzw. dem Vatikan gegenüber finanziell großzügig erwiesen. Erinnert sei diesbezüglich wenigstens an die Affäre Cody, obwohl sie nur eine von vielen ist, in die Erzbischöfe und Kardinäle verwickelt waren und sind. John Patrick Cody war eine Zeitlang Schatzmeister der US-Kirche, als Bischof hinterließ er in zwei Diözesen Schulden von jeweils 30 Millionen Dollar, zwei Millionen Dollar Kirchengelder setzte er bei Börsenspekulationen in den Sand. Er hatte also genug »Meriten«, um zum Erzbischof von Chicago, d.h. zum Oberhirten der reichsten Diözese der USA aufzusteigen. Seine Buchführungskünste erlaubten es ihm, Millionen für sich selbst und seine Geliebte abzuzweigen. Dieser hatte er Grund und Boden in Florida und eine lebenslange Rente aus Diözesangeldern beschafft. Die genaue Höhe seiner Einkünfte wußte Cody gegenüber innerkirchlichen Kontrollinstanzen wie gegenüber der US-Justiz stets in raffinierter Weise zu verschleiern. Wenn nichts mehr zu helfen schien, berief er sich auf Gott und Wojtyla. Er sei »nur Gott und Rom verantwortlich«.[39] Damit hatte er kirchenrechtlich nicht einmal unrecht. Denn nach dem Kirchenrecht ist außer dem Papst nur der Bischof Gesetzgeber in seiner Diözese. Er verwaltet das Geld seines Bistums, er setzt den Diözesanhaushalt in Kraft. Und so gebot Erzbischof Cody nach sicheren Schätzungen mindestens über Einkünfte von mehr als 250 Millionen Dollar im Jahr und über ein Gesamtvermögen von über einer Milliarde Dollar. Beides sah er als seine persönliche Habe an, und deshalb konnte er auch, wie gesagt, Beträge in Millionenhöhe für sich und seine Lebensgefährtin abzweigen.

Das konnte allerdings nur straflos gelingen, weil er sich Papst und Vatikan zu Freunden gemacht hatte. Nicht nur gab es eine Reihe von Bischöfen und Prälaten im Vatikan, die er bestochen hatte, nicht nur hatte er seine Schwarzgelder u.a. dazu benutzt, im Vatikan eine eigene Hausmacht aufzubauen, der Vatikan selbst tätigte riesige Geldgeschäfte mit Codys und der kirchenfürstlichen »Chicago-Connection«-Hilfe. Trotzdem war Cody eigentlich untragbar geworden, Priester der eigenen Diözese nannten ihn einen »Dreckskerl« und »notorischen Lügner«[40], und sein gaunerhaftes Finanzgebaren war nicht mehr zu verheimlichen oder zu beschönigen. Zu sehr hatte er auch das für Oberhirten geltende heimliche Agreement (»si non caste, caute!« = wenn schon nicht keusch, dann

---

[39] *Fall Cody:* vgl. Yallop, S. 260 ff; Herrmann, Kirchenfürsten, S. 381ff. – *Gott und Rom:* zit. n. Yallop, S. 419.

[40] Zit. n. Yallop, S. 260; Herrmann, Kirchenfürsten, S. 383.

wenigstens vorsichtig) verletzt, indem er seine Lebensgefährtin sogar zu seiner Kardinalserhebung provokativ mit nach Rom gebracht hatte. Wojtylas Vorgänger auf dem Heiligen Stuhl, Paul VI. und Johannes Paul I., hatten daher versucht, den Kardinal von Chicago, der sich brüstete, der eigentliche Regent Chicagos zu sein, aus seinem Amt zu entfernen. Paul VI. hatte ihm dafür den Posten eines Kurienkardinals angeboten, wo er allerdings weit weniger verdient hätte. Auch der päpstliche Abgesandte, Kardinal Baggio, hatte es nicht fertiggebracht, Cody zum Verzicht zu bewegen.

Die Sache war für Kardinal Cody ausgestanden, als Wojtyla Papst wurde. Im Oktober 1979 drückte der Kardinal seinem obersten Chef bei dessen Ankunft auf dem Flughafen von Chicago ein »persönliches Geschenk«, ein Kästchen mit 50 000 US-Dollar, in die Hand, und der Papst war besänftigt, Cody durfte Chicago weiterregieren, zu seinem eigenen und des Vatikans Nutzen, wenn auch nicht zugunsten der 2,4 Millionen gläubigen Schafe auf dem Weideland von Chicago. Da schlug auch Codys unsoziales Verhalten nicht mehr negativ zu Buche. So hatte er Schulen für Farbige mit der Begründung geschlossen, die Diözese könne sich die teuren Institute nicht mehr leisten; und er hatte Priester, die ihm nicht genehm waren, kurzerhand und ohne Altersversorgung auf die Straße gesetzt.

Natürlich wäre es falsch anzunehmen, der polnische Pontifex habe sich durch jämmerliche 50 000 Dollar bestechen lassen. Da ging es in Wirklichkeit um viel größere Summen, die den Polen Wojtyla sanft stimmen mußten. Cody konnte damit auftrumpfen, daß in Chicago viele Bürger polnischer Abstammung lebten und er eine Reihe von ihnen finanziell unterstützte, ja daß er auch ständige größere Geldzahlungen nach Polen selbst tätige. Kurzum: Cody war nicht beizukommen. 1982 starb er in Amt und Würden. »Wojtyla und die vatikanische Mafia, von Vertrauensleuten Codys durchsetzt, hielten bis zuletzt ihre Hand über Cody, auch als die amerikanische Anklagebehörde gegen den Kardinal wegen seiner Finanzmanipulationen vorging. Der Oberhirte lebte nach dem US-amerikanischen Prinzip: ›Der Sinn des Lebens ist, an seinen äußersten Rand – aber nicht dafür ins Gefängnis zu gehen‹, und sein Papst deckte ihn voll.« Einsicht in seine Verfehlungen hatte Cody bis zuletzt nicht. In seinem Testament steht der Satz: »Ich vergebe meinen Feinden, aber Gott wird es nicht tun.«[41]

– Im Verbalen sozial und moralisch, im Finanziellen rücksichtslos pragmatisch – das war auch die Devise des Papstes und der obersten Zentralbehörde der Kirche in einigen anderen Fällen. Großen Eindruck machte er im Juni 1984 anläßlich seines Besuchs in der Schweiz mit seinen hehren Worten zur Ethik des Geldes: »Auch die Welt der Hochfinanz ist eine Menschenwelt, unsere Welt, und muß sich daher an unseren moralischen Maßstäben messen lassen.« Zur

---

[41] *Wojtyla und Cody:* ebd., S. 387 – *Testament:* zit. n. Yallop, S. 420.

gleichen oder fast gleichen Zeit tätigte der Papst bzw. seine »religiöse« Bank dunkle Milliardengeschäfte mit Großgangstern des Bankwesens: mit den Sindonas, Calvis, Marcinkus', Codys und ähnlich zwielichtigen Gestalten. Auch mit der italienischen Loge ›P2‹ machte der Vatikan damals Milliardengeschäfte und nahm über sie Einfluß auf die italienische Innenpolitik. Der Gründervater und Chef der ›P2‹, Lucio Gelli, hatte sich den freimaurerischen Titel »Höchster Regulator des Universums« zugelegt. So weit war es in der Realität zwar noch nicht gekommen. Aber als »Regulator« der italienischen Politik konnte er durchaus gelten, hatte er sich doch eine Menge einflußreichster Persönlichkeiten in Italien zu Dank verpflichtet: den einstigen sozialistischen Premier Bettino Craxi ebenso wie den christdemokratischen Ministerpräsidenten Giulio Andreotti, gegen den 1984 zwei parlamentarische Mißtrauensanträge wegen seiner Kontakte mit Gelli gestellt worden waren. Craxi war übrigens auch von Calvi mit 30 Millionen Dollar Spendengeld bedient worden. Der ›P2‹ gehörten hohe Kirchenfürsten, Erzbischöfe und Kardinäle, Angehörige des hohen Militärs und führende Geheimdienstleute, zahlreiche italienische Wirtschaftsbosse, Bankiers, Diplomaten und Journalisten an, z.B. auch der Herausgeber des einflußreichen CORRIERE DELLA SERA. Aber selbst prominente Mitglieder der republikanischen Partei der USA gehörten zu dieser Loge. Als herauskam, daß sie drauf und dran war, das gesamte italienische Staatswesen zu unterwandern, wurde ihr der Prozeß gemacht. Gelli mußte für einige Zeit in Südamerika untertauchen. Doch schon einige Jahre später versuchte Staatspräsident Cossiga die gesamte Vereinigung wenigstens ansatzweise zu rehabilitieren.[42] Gelli lebt inzwischen unbehelligt in der schönen Toskana und gibt Interviews, z.B. auch der ARD (s. oben). »Die Kinder der Finsternis sind halt klüger als die Kinder des Lichts«, sagt schon das Johannesevangelium, und sie wissen immer auf die Füße zu fallen. Und mit ihnen überstehen auch die Päpste jedes politische und finanzielle Malheur. Man konnte aber auch einen Mann wie Gelli nicht endgültig fallenlassen, da er auch zu politischen Größen wie Robert McNamara, dem damaligen Direktor der Weltbank, Henry Kissinger und Richard Nixon freundschaftliche Beziehungen unterhielt.

– Verbal geißelte Papst Johannes Paul II. seinerzeit auch heftig die Apartheid in Südafrika, was ihn aber nicht daran hinderte, seiner Hausbank grünes Licht für die Vergabe eines 172-Millionen-Dollar-Kredits an die Apartheidsregierung zu geben. Und empört verurteilte er die Terrorakte in Wien und Rom im Dezember 1985, die, wie jeder wußte, von Libyen ausgingen und bei denen 20 Menschen ums Leben kamen. Aber auch hier hatte Wojtyla keine moralischen Skrupel, dem Bevollmächtigten der Vatikanbank – wohlgemerkt: zwei Tage

---

[42] *Welt der Hochfinanz:* zit. n. Yallop, S. 453 – *US-Republikaner:* vgl. Tosches, S. 12 – *Rehabilitation der ›P2‹:* FRANKFURTER ALLGEMEINE ZEITUNG 23.3.1991.

nach den Bombenanschlägen! – zu gestatten, in Tripolis Modalitäten eines Millionenkredits für Libyens Staatschef Ghaddafi auszuhandeln.[43] Geld stinkt eben nicht, auch wenn Blut daran klebt! Dieser Papst erlaubte seiner Vatikanbank alles, und wenn er bei einem ihrer Geschäfte nicht vorher informiert war, deckte er nachträglich alles. Es diente ja dem richtig verstandenen Wohl seiner Kirche.

– Angesichts der schon mehrfach erwähnten engen Kontakte des Vatikans zur Mafia ist es nicht weiter überraschend, daß die Kirchenspitze auch in der Mafia höchsteigenem Land, in Sizilien, tief ins Weltliche verstrickt ist und zu den dort herrschenden un- und antisozialen Zuständen kräftig beiträgt. »Die Monopolisten, die Eigentümer riesiger Ländereien, die norditalienischen Treuhandgesellschaften (von denen manche zur Gänze oder teilweise dem Vatikan gehören) und der Banco di Sicilia sind allesamt mitverantwortlich für die in Sizilien herrschenden Zustände und für die Aufrechterhaltung von Zuständen, die die Mafia begünstigen«, schreibt Nino Lo Bello, einer der profundesten Kenner der Finanzgeschäfte und Besitzverhältnisse des Vatikans. Wo in Sizilien die Christdemokraten regierten – und sie regierten bis 1994 in den meisten Distrikten –, waren es die Mafiosi, die sich um die Wähler kümmerten und die Opposition einschüchterten. Die Mafia hat die Wählerstimmen Siziliens in der Hand. Die Strategie von Mafia und Vatikan ist hier weitgehend die gleiche: »Zur allgemeinen Strategie der Kirche gehört es, die Mehrzahl der Sizilianer im Zustand der Armut zu halten, was auch von den Mafiosi unterstützt wird, die von diesem Zustand profitieren.« Der Boden gehört überwiegend der Kirche und einigen wenigen reichen Großgrundbesitzern, die sich der Unterstützung der Mafia und der Kirche sicher sein können. Es gibt nicht wenige Sizilianer, die behaupten, daß »Sizilien, trotz der formell demokratisch aufgeputzten staatlichen Verwaltung, nicht mehr ist als eine ›Holdinggesellschaft‹ in der Hand des Vatikans«. Der alte Adel, die Mafia und die Kirche halten die Mehrheit der Sizilianer in Armut, weil »dort, wo Armut, Elend und Unwissenheit grassieren, der Vatikan profitiert und seine Macht zementiert«.[44]

Zwar herrschten die erwähnten Zustände auf Sizilien bereits lange vor der Amtszeit des polnischen Papstes. Aber der hat trotz einiger verbaler Attacken gegen die »unmoralische Mafia« während seines ganzen Pontifikats nicht den geringsten Versuch unternommen, an diesen Zuständen etwas zu ändern.

– Die Mafia herrscht durch Korruption, durch Bestechung und Erpressung. Der Vatikan, auch unter Johannes Paul II., wollte daran offensichtlich nichts ändern. Wie sollte man sonst die Attacken von des Papstes eigenem Blatt, dem Osservatore Romano, gegen Italiens erfolgreichsten Antikorruptionsstaatsanwalt

---

[43] *Südafrika*: Yallop, S. 453 – *Libyen*: vgl. Herrmann, Kirchenfürsten, S. 401f.
[44] Lo Bello, S. 217ff.

Antonio Di Pietro deuten? Gleich zweimal[45] wandte sich die Papstzeitung – und zwar mit ungewöhnlicher Schärfe – im Sommer 1996 gegen den Mann, der als Staatsanwalt die Aktion »Mani Pulite« (Saubere Hände) gegen das Bestechungswesen in der italienischen Politik leitete, dessen unerhörte Zivilcourage die Regierung Craxi stürzte und auch zum Zusammenbruch des »christdemokratischen Systems« führte. Dieser Mann, für viele Italiener ein leuchtendes Vorbild, ein Volksheld und eine Hoffnung auf Sauberkeit in der Politik, in der Mitte-Links-Regierung Prodi zum »Minister für öffentliche Arbeiten« ernannt, räumte nun in den römischen Amtsstuben und in seinem Ministerium gehörig auf. Dieses Ministerium war zuvor ein Stellwerk amtlicher Korruption gewesen. Staatsaufträge gingen massenweise an Mafia-Firmen und andere »Freunde«.

Da mußten es der Papst und sein oberstes Finanz- und Verwaltungsgremium doch mit der Angst zu tun bekommen. Denn wo die Mafia und Geldfreunde sind, da ist auch der Vatikan nicht weit. Di Pietro hatte auch angekündigt, künftig die Vermögen der Staatsdiener genau zu überwachen und alle der Bestechlichkeit überführten Beamten von verantwortungsvollen Positionen im Staat auf immer auszuschließen. Dem Papst war klar: Wer im öffentlichen Dienst Italiens gegen die Korruption auf allen Ebenen vorgeht, stößt unvermeindlich auch auf schmutzige Geschäfte des Vatikans. Außerdem war der Papst noch aus einem besonderen Grund heftig erbost. Die 2000-Jahr-Feier des Christentums sollte ja nach dem Willen Wojtylas als einjähriges Riesenfest in Rom begangen werden. Der Vatikan scheut dafür keine Kosten – außer wenn es die eigenen sind. Die notwendigen Riesensummen sollte also der italienische Staat aufbringen. Aber damit wären viele Italiener nicht einverstanden gewesen. »Staatsknete« für die Kirche fließt am besten unterirdisch. Nun war aber Korruptionsjäger Di Pietro in seiner Funktion als Minister verantwortlich für die Kontrolle über die Zuschüsse zu dieser Jubiläumsfeier, und man wußte, er kontrolliert scharf und greift hart durch. Also mußte der OSSERVATORE ROMANO, das Organ des Papstes, den Minister scharf angreifen und ihm mit scheinheiliger moralischer Entrüstung vorwerfen, er verbreite in Italien ein Klima der »Drohungen und der Zwänge«, wo es doch völlig genüge, die Beamten zu »Enthusiasmus und Ehrlichkeit«[46] zu ermuntern. Hier legte sich die Heuchelei in besonders widerlicher Weise ein moralisches Mäntelchen um. Man versuchte, die Öffentlichkeit gegen den Minister zu mobilisieren. Es gelang zunächst nicht. Inzwischen ist Di Pietro aber doch zurückgetreten.

– Heuchlerisch war auch das Verhalten des Papstes gegenüber den Arbeitern im eigenen Weinberg, d.h. in den kircheneigenen Betrieben und Institutionen.

---

[45] Vgl. zum Folgenden PUBLIK-FORUM 13/1996, S. 5; RHEIN-ZEITUNG 25.7.1996, S. 6.
[46] Zit. n. PUBLIK-FORUM, 13/1996, S. 5.

Man weiß, die Arbeiter im vatikanischen »Kirchenstaat« gehören zu den schlechtestbezahlten im europäischen Maßstab. An sich müßten die in der »Europäischen Sozialcharta« verankerten Rechte auch für alle kirchlichen Arbeitnehmer gelten. Tun sie aber nicht. Der Papst, der so schön von der »Würde des Arbeiters und damit der Würde der Arbeit überhaupt« sprechen konnte, der die »soziale Dimension« der Arbeit »wegen ihrer engen Beziehung sowohl zur Familie als auch zum Gemeinwohl« pries, verweigerte externen Gewerkschaftsvertretern das Zugangsrecht zu kirchlichen Betrieben, schloß das Streikrecht für die im kirchlichen Dienst Stehenden aus und war gegen Tarifverträge mit den profanen Gewerkschaften. Begründet wurde die ganze Schlechterstellung der kirchlichen Angestellten mit der besonderen Dienstgemeinschaft, der anzugehören sie die Ehre hätten. [47]

Somit kann die Bilanz dieses Kapitels nur lauten: Man mag gegen die **Sozialtheorie** des polnischen Papstes, gegen seine Sozialdoktrin, so manchen kritischen, wissenschaftstheoretisch begründeten Einwand geltend machen, wie wir das weiter oben ja getan haben. Aber diese Theorie ist in moralischer, ethischer Hinsicht zweifellos einwandfrei. Von der **Sozialpraxis** dieses Papstes aber kann man das leider nicht behaupten. Sie bewegte sich auf niedrigstem sittlichen Niveau, ja sie war in vielerlei Hinsicht direkt oder indirekt unmoralisch und antisozial – insbesondere, wenn man sie an dem vom Papst selbst vorgegebenen moral- und sozialtheologischen Maßstab mißt.

---

[47] *Würde der Arbeit:* z.B. Centesimus Annus 6,1 – *Schlechterstellung kirchlicher Angestellter:* vgl. auch Publik-Forum 14/1996, S. 15. Wie in der Praxis mit kirchlichen Mitarbeitern umgegangen wird, zeigt neuerdings wieder erschütternd Marz, S. 25; vgl. Herrmann, Caritas-Legende, besonders S. 192ff.

Kapitel 8

Die Kirche nach dem Pontifikat Johannes Pauls II.

Mit ungeheurer Energie, unerhörtem Enthusiasmus, auch einem mächtigen persönlichen Ehrgeiz hat Papst Johannes Paul II., solange es seine Lebenskraft gestattete, die Kirche noch einmal auf Vordermann zu bringen versucht. **Doktrinalismus** und **Dogmatismus**, **Legalismus** und **Institutionalismus**, **Patriarchalismus** und **Antifeminismus** der Herren der Kirche sowie **Infantilismus** der Gläubigen im Sinne kindlichen Gehorsams und kindlicher Unterordnung unter die Mutter Kirche und den Heiligen Vater als unfehlbare Überinstanz, die auch noch die Bischöfe, die »Nachfolger der Apostel«, zu Marionetten degradierte – das sind die Stichworte, mit denen sich das Pontifikat dieses Papstes und seine Ziele am adäquatesten charakterisieren lassen. Aber dieser mobilste Papst in der gesamten Geschichte des Papsttums hat außerordentlich wenig bewegt. Er hat zwar wie kein anderer Regent des 20. Jahrhunderts ungeheure Menschenmassen dazu gebracht, auf die Straßen und öffentlichen Plätze zu gehen und ihm zuzujubeln. Aber in den Ländern der Ersten Welt wurden es im Verlauf seines Pontifikats immer weniger, und für die Unterdrückten, Darbenden und Hungernden in den Entwicklungsländern war sein Besuch eine Show, eine sinnlich empfundene Sensation, eine willkommene Abwechslung in ihrem tristen Alltag. Echt religiöse oder ethische Impulse gingen von den Papstbesuchen nicht aus. Das konnten sie auch gar nicht, weil Wojtyla auf all seinen Reisen seine altbekannten dogmatischen und moralischen Denk- und Verhaltensverbote monoton wiederholte und angesichts der vielfältigen Verwicklungen des Vatikans in die Geschäfte und Machenschaften der Reichen und Mächtigen dieser Welt seine so schön klingende »Option für die Armen« nur halbherzig vertreten konnte.

Eines scheint absolut sicher: Der Nachfolger des Wojtyla-Papstes muß eine Kurskorrektur um 180 Grad vornehmen, wenn die römisch-katholische Kirche nicht endgültig zu einer bedeutungslosen Sekte, einer verschworenen Gemeinschaft fundamentalistischer Spinner verkommen soll. Denn die zunehmende Schwächung und Schrumpfung der Kirche in der säkularisierten Gesellschaft des 20. und 21. Jahrhunderts hat Johannes Paul II. nicht gestoppt, sondern in einiger Hinsicht sogar noch wesentlich beschleunigt. Die Situation der Kirche im dritten Jahrtausend ihrer Existenz ist in der Tat dramatisch, ja tragisch. Der Säkularisierungsprozeß schreitet in den meisten Ländern der Welt unaufhaltsam fort, auch wenn fundamentalistische Gruppierungen, oft mit militantem Einschlag und von den Medien plakativ ins Zentrum des öffentlichen Bewußtseins befördert, bisweilen den Blick auf diesen Prozeß verstellen. Säkularisierung ist hier gemeint als Bewußtseinsfortschritt vieler Menschen unserer heutigen Welt, als Wachsen der Erkenntnis, daß das eigene individuelle Leben, aber auch das gesellschaftliche, sich von jeder institutionell-religiösen, also kirchlichen Prägung und Bevormundung befreien müssen. Die Hierarchen der Kirche malen gern den Teufel der Gott- und Religionslosigkeit als Endprodukt der Säkularisierung an die Wand, um die Notwendigkeit des Bleibens in der Kirche argumentativ zu untermauern. Aber in Wirklichkeit ist das Endresultat des hier gemeinten Säkularisierungsvorgangs nicht unbedingt die Gott- oder Religionslosigkeit, sondern meistens eine »private«, individuelle, oft sogar intime, jedenfalls »entinstitutionalisierte« und »entkirchlichte« Religiosität, die von kirchlichen Soziologen dann gern als »unbehauste«, »vagabundierende« desavouiert wird. Wegen ihres Mangels an geglaubten Dogmen kann man sie aber als »diffuse Religiosität« bezeichnen. »Vorherrschender Trend, besonders unter der Stadtbevölkerung, ist eine Abkehr von den Kirchen und die Ausbreitung einer diffusen Religiosität. Die konfessionellen Milieus lösen sich auf.«[1]

Diese »neue Religiosität« und ihre Energien kommen, wie gesagt, nicht der in religiöser Hinsicht dahinsiechenden, spirituell unattraktiv gewordenen Amtskirche zugute, sondern fließen eher in Gruppierungen und Gemeinschaften, die dogmatisch ungebunden und institutionell nicht hierarchisiert, nicht verkrustet und verbürokratisiert sind. »Ob Buddhismus, Esoterikzirkel oder Sekten, alle machen sie dem schwerfälligen Tanker Kirche Konkurrenz. Glaube oder wenigstens die diffuse Sehnsucht danach ist vorhanden, aber viele Menschen fühlen sich mit ihren Fragen woanders besser betreut.«[2] Selbst wenn manche in der Kirche bleiben, ziehen sie sich innerlich still zurück, halten von der Kirche nichts oder nicht viel bzw. sehen es nicht als Widerspruch an, an nichtkirchlichen spirituellen Gruppen und deren Leben teilzunehmen.

Es gibt durchaus noch Menschen, die letzte Sinnfragen stellen. Aber sie gehen mit ihren Fragen kaum mehr zu den herkömmlichen »Sinn-Verwaltern«, den Priestern der Kirche. Die hat ihr jahrhundertealtes Monopol auf die Beantwortung der Sinnfrage verloren. Und sie erscheint vielen wegen ihrer Heuchelei, der Diskrepanz zwischen ihren Predigten und ihren Taten sowie ihrer Verlogenheit und Machtbesessenheit als unglaubwürdig. In Deutschland haben deshalb 24 %

---

[1] *Säkularisierung als Bewußtseinsfortschritt:* Das war schon ein Hauptmotiv der großen Aufklärer der Neuzeit; vgl. Mynarek, Mystik – *private Religiosität:* Dazu ausführlich und systematisch Mynarek, Religiös – *Auflösung der konfessionellen Milieus:* So das Ergebnis einer Studie des Forschungsinstituts für Soziologie an der Universität Köln, zit. n. PUBLIK-FORUM 17/1996, S. 22.

[2] FOCUS 15/1996, S. 54.

der Katholiken (praktisch jeder vierte also) schon einmal ernsthaft an Kirchenaustritt gedacht. Viel mehr noch, nämlich 82 % der deutschen Katholiken, lehnen das Verbot vorehelicher Sexualität, 78 % die Unfehlbarkeit des Papstes, je 75 % das Zölibatsgesetz für Priester und den Ausschluß der Frauen vom Priesteramt ab. »Die Entfremdung zwischen Kirche und Gläubigen ist gewaltig«, konstatiert deshalb ein weitverbreitetes Nachrichtenmagazin. Viele Katholiken, die formell noch eben Kirchenmitglieder sind, müßte man eigentlich als Kirchenfremde mit selbstdefiniertem Glauben einstufen. Je weltfremder sich die Kirche unter dem Moralrigoristen Wojtyla präsentierte, desto kirchenfremder wurden ihre eigenen Kinder. Je mehr sie sich aufgrund seiner kalt-abstrakten, lebensfremden Weisungen auch vom Alltag und vom konkreten moralischen oder unmoralischen Verhalten ihrer Gläubigen entfernte, desto mehr entfernten sich diese von ihr. Es gibt nur noch ganz wenige katholische Laien, die die päpstlichen Enzykliken lesen, ja ihr Erscheinen überhaupt zur Kenntnis nehmen. Die Autorität des Papstes hat für die meisten aufgehört, ein berücksichtigenswerter Faktor in politischen, sozialen, wirtschaftlichen und kulturellen Fragen zu sein. Ja selbst in religiösen und ethischen Fragen sucht man sich die heilenden und helfenden Rezepte lieber selber zusammen, erstellt man sich seine eigene Lebensphilosophie. In den letzten Jahren seines Pontifikats spürte das sogar ein so fundamentalistisch sturer Mann wie der Wojtyla-Papst. Sein Buch DIE SCHWELLE DER HOFFNUNG ÜBERSCHREITEN gab er deshalb in Deutschland nicht etwa in einem kirchlichen oder kirchennahen Verlag heraus, sondern in einem durch und durch profanen, der überdies schon antikirchliche Bestseller produziert hatte. [3]

Auf den Nachfolger Johannes Pauls II. wartet also eine schier übermenschliche Anstrengung, wenn die erwähnte Kurskorrektur stattfinden soll, wenn er noch irgend etwas in und an dieser römisch-katholischen Kirche retten möchte. Angesichts der weiter wachsenden Unglaubwürdigkeit der Kirche, insbesondere des Papsttums, in den Augen der Weltöffentlichkeit und der eigenen Gläubigen müßte der neue Papst seinen Katholiken vor allem anderen erst einmal reinen Wein einschenken, d.h. der **Wahrheit und Wahrhaftigkeit** primäre Geltung in der Kirche verschaffen, und zwar vor allem in folgenden, für den Glauben konstitutiven Hinsichten:

1. In bezug auf **Gott und Transzendenz**: Der Papst, die Hierarchen der Kirche überhaupt müßten vor der Weltöffentlichkeit eingestehen, daß sie von Gott

---

[3] *Kirchenaustritt, Entfremdung:* vgl. FOCUS 15/1996; Zahlenangaben nach einer Umfrage des Meinungsforschungsinstituts INRA; ein Viertel von diesen 24 % will schon in nächster Zeit die entsprechenden Konsequenzen ziehen. – *Verlag:* Nämlich bei Hoffmann & Campe, der schon so kirchenkritische Bücher wie »Eunuchen für das Himmelreich« und »Nein und Amen« von U. Ranke-Heinemann verlegt hat.

und einer über die irdische, physisch sicht- und feststellbare Dimension evtl. hinausgehenden metaphysischen Transzendenz ebensowenig mit Sicherheit wissen können wie alle anderen Menschen und Religionen auch; daß ihnen diesbezüglich keinerlei Monopolstellung zukommt, keine spezielle Offenbarung zugeflossen ist, daß sie an der für alle Menschen ohne Ausnahme geltenden **Kontingenz** teilhaben, die sich im Erkenntnisbereich als **Agnostizismus** äußert, nämlich als das Wissen, über Metaphysisches, über letzte Seins- und Sinnfragen nichts absolut Sicheres erkennen zu können. Sie müßten dann konsequenterweise einer »**agnostischen Religiosität**« Respekt zollen, ja sich einer solchen Religiosität anschließen, die Gott höchstens als »höheres Wesen« oder als eine »höhere geistige Macht« bzw. als »innerstes Kraftzentrum« in allem Lebenden glaubt, aber nicht weiß.[4] Damit würden sie auch dem **pluralen Charakter** unserer säkularisierten Gesellschaft Rechnung tragen, die eine Vielfalt religiöser Entwürfe und Gottesbilder kennt, aber keinem von ihnen einen Vorzug gegenüber den anderen einräumen kann und darf.

2. Aus dieser neuen Demut, dieser Bescheidung IN METAPHYSICIS, in puncto Gottesbild, ergäben sich weitreichende Konsequenzen in bezug auf Wahrheit und Wahrhaftigkeit der Kirche in vielen anderen Hinsichten. Der Papst könnte sich z.B. durchaus weiterhin als »Knecht der Knechte Gottes« (einer seiner Ehrentitel!) verstehen, müßte sich dann allerdings auch – abweichend von seiner bisherigen Praxis – im Sinne dieses Titels benehmen, aber er könnte sich nicht mehr als »Stellvertreter Gottes auf Erden« titulieren und gebärden, der dessen vermeintliche Offenbarungen und Weisungen authentisch deutet und der Menschheit mit kategorischer Verpflichtung zum Glauben darreicht. Eine solche Möglichkeit, authentisches Organ Gottes auf Erden zu sein, fiele angesichts des unter Punkt 1 charakterisierten, uns alle als Menschen bindenden und verbindenden Agnostizismus automatisch weg. Damit wäre dann auch dem kalten und abstoßenden **Moralrigorismus** des Papstes der Boden entzogen, der seine Normen, Vorschriften, Weisungen und Befehle im Bereich des Ethischen nicht länger mit der Aureole göttlicher, unbedingt bindender Autorität umkleiden könnte, sondern sie als das hinstellen müßte, was sie immer schon waren: Menschenwerk, Produkt der menschlichen Vernunft oder Unvernunft. Die Kirche würde für denkende Menschen sogar attraktiver werden, wenn sie zugäbe, daß sie selbst auf ihrem ureigensten Gebiet, dem des Glaubens und der Moral, nicht (mehr) die einzige Spezialistin und Monopolhalterin ist. Gerade dann könnte sie viel entschiedener und energischer ihre Stimme in den für das Überleben der Menschheit und der Natur heute so wichtigen ökologischen, gentechnischen und sozialethischen

---

[4] Den Begriff »agnostische Religiosität« habe ich in meinem Buch »Religiös« sowie in meinem Beitrag »Gottesbild« geprägt und ausgeführt.

Fragen erheben, weil ihr die Last genommen wäre, eigene Entscheidungen als authentische Interpretationen des Willens Gottes ausgeben zu müssen, der ja nicht irren darf. Sie hätte von nun an die befreiende Freiheit zum Fehler, den ihr jeder verzeihen würde, der sieht, daß sie die Heuchelei, Gottes Richterinstanz auf Erden zu sein, abgelegt hat und sich redlich und menschengemäß um menschengerechte Lösungen der anstehenden Probleme und Konflikte bemüht.

3. Die neue Wahrheit und Wahrhaftigkeit würde konsequenterweise auch zu einer **Entrümpelung des Dogmengebäudes** der Kirche führen. Wenn man Gott nicht absolut sicher weiß, kann man auch die Dogmen, die zentralen Glaubenssätze der Kirche, nicht als von seinem Geist irrtumsfrei inspiriert und diktiert hinstellen. Die Dogmen erweisen sich dann als das, was sie in Wirklichkeit immer schon waren: Ideologie-Elemente, die sich ein System, eine Institution, schafft, um das Denken der Gläubigen an sich zu binden, um durch die sprachliche Fixierung eigener Machtinteressen, die man als **die** Wahrheit ausgibt, Menschen festnageln und bestrafen zu können, wenn sie von dieser »Wahrheit« abweichen. [5] Das flutende Leben der Psyche der Menschen eignete sich bisher nur dann für die Ausrichtung auf die Zielinteressen derer, die die Macht in der Kirche hatten, wenn es **formuliert, verbalisiert, dogmatisiert** wurde. Nur das schuf Ordnung und damit die Basis für Überschaubarkeit, Kontrolle, Überraschungslosigkeit. Das Heil der Menschen wurde von einer einzigen, monopolistischen sprachlichen Fassung religiöser oder moralischer Phänomene abhängig gemacht, über das gesamte religiös-moralische Leben wurde ein Netz sprachlicher Fixierungen gestülpt, wodurch es verarmen und erstarren mußte: »gut« und nützlich nur noch für diejenigen, die die Religion zu ihr wesensfremden Zwecken mißbrauchten und die Massen der Gläubigen brauchten, um politische Ziele in den einzelnen Staaten durchzusetzen.

4. An einer Entschlackungs- und Verschlankungskur für ihr wucherndes Dogmengestrüpp kommt die Kirche nach dem Pontifikat Johannes Pauls II. in der Tat nicht vorbei, wenn sie in unserer »Kultur des Zweifels« (Ulrich Beck), des metaphysischen Agnostizismus die Chance wahrnehmen will, noch einigermaßen ernst genommen zu werden. Wegfallen müßte z.B. das **Dogma von der Menschwerdung Gottes** in Jesus Christus. Wo Gott selbst für alle vorurteilsfrei Denkenden – auch angesichts des ungeheuren Leidens Unschuldiger in unserer Welt – ein derartiges Problem geworden ist, erscheint seine Inkarnation in irgendeinem Menschen in irgendeinem Winkel der Welt und irgendeinem Jahrhundert doppelt und dreifach problematisch. Sie ist auch biblisch gar nicht vertretbar: Der dogmatische Prozeß der Vergöttlichung Jesu, seiner Erhebung zum Gottessohn, der auf die Erde herabstieg, dauerte fast dreihundert Jahre. Dem Juden Jesus wäre

---

5 Vgl. zur interessebedingten Funktion der Dogmen: Mynarek, Verrat S. 301ff.; ebenfalls Lay, Ketzer.

es nicht im Traum eingefallen, sich für Gott oder eine Inkarnation Gottes zu halten. Befragungen durch Soziologen und Psychologen beweisen, daß die meisten Gläubigen in dieser christologischen Hinsicht gar nicht mehr dogmenkonform denken: Sie halten Jesus für einen guten oder großen Menschen, aber nicht für »Gottes Sohn«, der uns von unseren Sünden erlöst habe.[6]

Damit entfällt auch das Dogma von **einem Gott in drei Personen** (Trinitätsdogma). Der dogmatische Prozeß der Erhebung des göttlichen Geistes zu einer eigenständigen dritten Person in Gott ist ebenfalls biblisch nicht gedeckt. Das Christentum gewänne an Glaubwürdigkeit gegenüber den streng monotheistischen Religionen Islam und Judentum, wenn es seinen Tritheismus, seinen verkappten Polytheismus aufgäbe.

Entfallen würde auch der – übrigens in der Religionsgeschichte keineswegs allein dastehende – Mythos der **Geburt des Gottessohnes aus einer Jungfrau**, den noch Johannes Paul II. nicht allegorisch oder metaphorisch, sondern realbiologisch aufzufassen gebot und der eine absurde Zumutung an die Vernunft darstellt (denn bei dem unterstellten Autokloning hätte ja eine Tochter und kein Sohn herauskommen müssen wie z.B. bei den parthenogenetischen Kaukasuseidechsen auch).

Die Dogmen der **Hölle**, der **Erbsünde**, der **Eucharistie** (das makaber anmutende Essen des Gottesleibes, das Trinken des Gottesblutes, erinnernd an Opferriten primitiver Religionsformen) und eine Reihe weiterer Dogmen müßten ebenfalls revidiert bzw. ganz gestrichen werden (vgl. Kapitel 3).

5. Im Namen von Wahrheit und Wahrhaftigkeit müßte auch die **Bibel** selbst, nicht nur das Dogmengebäude der Kirche, einer Säuberungsaktion unterzogen werden. Die Kirche kann das Alte und das Neue Testament nicht weiterhin durchgehend als Wort Gottes, als Offenbarung Gottes proklamieren, ohne die zahlreichen inhumanen, chauvinistischen, menschenverachtenden und -zerstörenden Texte in der Bibel zu eliminieren. Sonst leidet ihre Glaubwürdigkeit noch mehr, und sie findet keinen Anschluß an das Niveau moderner Reflexion über Menschlichkeit, menschliche Gerechtigkeit und Sensibilität für jegliches Leiden. Aufhören müßte ganz generell die Doppelmoral in den Bereichen Glaube, Theologie, Lehramt und Kirchenordnung, insbesondere die »Zweierlei-Wahrheit-Theologie«: »Eine für die Eingeweihten und eine für die Dummen. Die für die Eingeweihten wird an den Universitäten doziert, die für die Dummen wird von den Kanzeln gepredigt.«[7]

---

[6] *Menschwerdung Gottes:* vgl. Mynarek, Denkverbot, letztes Kapitel – *»Gottes Sohn«:* vgl. Publik-Forum 18/1996, S. 19.

[7] *Überarbeitung der Bibel:* Vgl. Buggle; Schepper; Mynarek, Denkverbot, 4. Kap; ders., Jesus. – *Theologie für Eingeweihte und für Dumme:* So der katholische Alttestamentler Haag; zit. n. Weber, S. 25.

6. Am Ende dieses Prozesses der Läuterungen, Eliminierungen und Revisionen in Dogmatik und Bibel stünde ein mehr oder minder **undogmatisches, dogmenloses Christentum** – ein wahrer Horror für alle konservativ-frommen und fundamentalistischen Geister in der Kirche. In Wirklichkeit wäre das aber eine echte Chance für ein erneuertes Christentum, das sich wieder als das begreifen würde, was jede echte Religion ursprünglich und in ihren Anfängen stets sein will: eine Religion des **Heils** und des **Heilens**, eine **ökologische** und **therapeutische** Angelegenheit. Jede echte Religion will ja in ihrem Ursprung das Heilwerden ihrer Anhänger durch die richtige In-Beziehung-Setzung zum Ganzen der Wirklichkeit, des Seins erreichen. Alle – mit der Zeit allerdings immer komplizierter, dunkler und undurchsichtiger werdenden – Lehren und Verrichtungen jeder Religion dienten ursprünglich diesem ökologischen und therapeutischen Ziel. Meist finden sich auch in den Ur- und Frühschriften vieler Religionen Belege für das hier Behauptete: »goldene ökologische Lebensregeln«, »Weisheitssprüche«, »Anweisungen zu einem glücklichen Leben«, zum Finden der Harmonie mit sich selbst, der Natur und dem Universum. Kultische Tänze, Ekstase und mystisches Feuer – alles war ausgerichtet auf das Erreichen des vollen Lebens, der wahren Integrität, eigentlicher sprühender Lebendigkeit in ihrer ganzen Intensität und Extensität. Auch der Jesus, den die Evangelien schildern, war viel mehr umherwandernder Heiler als ein Missionar, der irgendwelche Glaubenswahrheiten verkündet hätte. Die Phase der Dogmenbildung, dann geradezu die eines Wucherns der Dogmen, begann erst später. Das unmittelbare, schöpferische Leben, das in der ursprünglichen Botschaft Jesu enthalten sein mochte, ist auf diesem Weg der Definierung, Dogmatisierung, Ideologisierung zum Zweck der Machtstabilisierung eines sich dann immer mehr als unfehlbar gebärdenden kirchlichen Lehramtes längst entschwunden und verflogen. Aufgabe aller christlichen Theologen und eines neuen Papstes an vorderster Stelle müßte es sein, dem Christentum wieder eine ökologische und therapeutische Attraktivität zu verleihen, ökologische Wahrheiten und Weisheiten der christlichen Religion vom überlagernden Schutt dogmatischer Traditionen zu befreien.[8]

7. Eine Kirche, die in der Zukunft konsequent nur noch ein Christentum des Helfens und Heilens praktizieren würde (was geradezu Bedingung seines weiteren Überlebens ist), müßte nicht nur auf ihre exklusiven Wahrheits- und Unfehlbarkeitsansprüche, sondern auch auf ihre **Herrschafts- und Machtansprüche verzichten**. Die fast schon 1700 Jahre dauernde konstantinische Epoche der

---

[8] *Ziel der Religionen:* Ausführliche Begründung dieses Sachverhalts in meinem Buch Religion. – *Befreiung von Dogmen:* Ansätze dazu finden sich bisher lediglich bei vom kirchlichen Lehramt scheel angesehenen Theologen wie Drewermann und Rupert Lay (vgl. auch dessen Buch NACHCHRISTLICHES CHRISTENTUM).

Kirche sollte endlich radikal und umfassend beendet werden. 1700 Jahre lang hat sich die Kirche wie eine Hure (ECCLESIA MERETRIX, wie sie schon einige Kirchenväter nannten) vom Staat aushalten lassen, hat von ihm Macht, Vorrechte, Land- und Geldzuwendungen in einem unerträglichen Aus- und Übermaß gefordert, erschlichen, ergaunert, erpreßt, mitunter aber auch ganz bescheiden-demütig entgegengenommen. So wurde sie, was sie heute ist: einer der größten Großgrundbesitzer auf unserem Planeten. Goethe, bisweilen kirchenkritisch, aber sicher kein Kirchenhasser, hat im FAUST diesem Aspekt der konstantinischen Epoche der Kirche einen prägnanten Ausdruck verliehen: »Die Kirche hat einen guten Magen, hat ganze Länder aufgefressen, und doch noch nie sich übergessen. Die Kirch' allein, meine lieben Frauen, kann ungerechtes Gut verdauen.« Es ist fast, als ob Goethe den Wojtyla-Papst vorausgeahnt hätte, wenn er in anderem Zusammenhang sagt: »Auf alle Fälle ist der Papst der beste Schauspieler, der hier seine Person produziert.«[9]

8. Zum Ausdruck kommen sollte die konsequente Eindämmung des Machthungers der Kirche im dritten Jahrtausend durch die saubere Trennung von Staat und Kirche, z.B. in der Art des Abschlusses von **Konkordaten**, von Staatskirchenverträgen.[10] Nicht nur die berühmt-berüchtigten »klassischen« Konkordate der Papstkirche mit den Faschisten Mussolini, Hitler und Franco, zum Teil heute noch gültig, sondern auch die jüngsten Staatskirchenverträge, z.B. mit den neuen Bundesländern (»unnötig wie ein Kropf!«, wie Kritiker sagen), beweisen immer wieder aufs neue das prostitutive Verhalten der Kirche, ihr Herausschinden von Privilegien und Geldzuwendungen aller Art und aus allen möglichen und unmöglichen Gründen auf Kosten der steuerzahlenden Bürger, egal ob diese nun Christen oder Atheisten, Kirchenmitglieder oder keine sind. Staatskirchenverträge sind selbstverständlich auch Methoden und Strategien, um der Kirche entgegen dem Geist des Grundgesetzes und eines demokratischen Staatswesens einen herausgehobenen, unanfechtbaren und geschützteren Platz gegenüber anderen Religionen und Weltanschauungsgemeinschaften zu garantieren. Unter welchem Papst wird die Kirche endlich damit anfangen, auf eigenen Füßen zu stehen, sich allein auf ihren Glauben und seine ethische Praxis zu verlassen? Wann wird sie ihre Angst ablegen, ohne die Macht der Mächtigen dieser Welt nicht existieren zu können? Wann wird sie aufhören, bombastisch ihre soziale und caritative Arbeit zu preisen, ohne zuzugeben, daß z.B. 90% der Sozialarbeit der Kirchen in Deutschland vom Staat finanziert werden; daß hier der Staat neben

---

[9] ECCLESIA MERETRIX: vgl. zu dieser überaus unerfreulichen Geschichte der Kirche ausgiebig die bisher vorliegenden acht Bände von Deschners KRIMINALGESCHICHTE DES CHRISTENTUMS – *Papst bester Schauspieler:* Goethe aus Rom an Herzog Karl August von Sachsen-Weimar, 3.2.1787; zit. n. von Frankenberg, S. 161.

[10] Vgl. Lüder, S. 26f.

dieser Finanzierung der Sozialarbeit und dem staatlichen Einzug der Kirchensteuer (4,5 Milliarden Euro jährlich zugunsten der katholischen Kirche) obendrein etwa 12 Milliarden Euro an direkten und indirekten Zahlungen an die beiden Großkirchen der Bundesrepublik Deutschland leistet; daß sich die deutschen Bischöfe ihre Arbeit im »Weinberg des Herrn« nicht etwa von der eigenen Kirche, sondern größtenteils von Vater Staat mit monatlich 6000 bis 9000 Euro vergüten lassen; daß etwa 85 % der Einnahmen der Kirche gar nicht für caritative und soziale Zwecke verwendet werden. Kein Wunder, daß die »Proteste« der deutschen Bischöfe, der Herren Lehmann und Huber, gegen den massiven Abbau des Sozialstaates durch die Regierung so zahm ausfallen! Den Beweis »des Geistes und der Kraft« (der hl. Paulus) könnte die Papstkirche nach einer fast zweitausendjährigen Korruptionsgeschichte erst erbringen, wenn sie auf alle staatlichen Bevorzugungen verzichtet und sich ohne Vorsprung und jegliche Begünstigung dem Konkurrenzkampf der Heilsangebote, der Religionen und Weltanschauungen mutig und angstlos stellt. Statt dessen schreit sie schon wieder hysterisch nach dem starken Arm des Staates, der den neuen religiösen Gruppierungen und Sekten, nicht bloß der ›Scientology-Church‹, legislativ und exekutiv das Handwerk legen soll, läßt sie ihre offiziellen Sektenbeauftragten alles diffamieren und desavouieren, was sich im religiös-weltanschaulichen Bereich nicht im Sinne des katholischen oder evangelischen Establishments artikuliert und bewegt. Die dunklen Machenschaften innerkatholischer Sekten wie ›Opus Dei‹, ›Communione e Liberazione‹ und der anderen etwa 120 okkult-konservativen Gruppierungen der katholischen Kirche werden dabei tunlichst verschwiegen und aus jeglicher Diskussion herausgehalten. Ebenso wird verschwiegen oder als normal, als harmlos u.ä. hingestellt, daß der Vatikan Nuntiaturen als verlängerte Arme seiner Machtpolitik in fast jedem Staat dieser Erde unterhält, in Deutschland obendrein »katholische Büros« in der Hauptstadt eines jeden Bundeslandes, um ununterbrochen Druck auf die Landesregierungen und Landtage auszuüben und ihnen auf die Finger zu sehen. Nicht zu vergessen die vielen Einflußnahmen des Brüsseler ›Katholischen Büros‹ auf die EU-Kommission und die wiederholten Versuche des Vatikans, über die Fraktion der ›Europäischen Volkspartei‹ Druck auf das Europäische Parlament auszuüben.

Gerade Johannes Paul II. hat in besonders intensiver Weise **Rundfunk und Fernsehen** als Kampfmittel betrachtet, das von der Papstkirche besetzt werden müsse. Die Kirche nach dem Ende seines Pontifikats müßte sich auch da zurücknehmen und ihre Monopolstellung und Alleinvertretung zusammen mit der evangelischen Kirche in bezug auf religiöse Sendungen aufgeben, damit auch andere Religions- und Weltanschauungsgemeinschaften gleichberechtigt zu Wort kommen und Menschen ansprechen können, die sich zu keiner Konfession bzw. Religion mehr bekennen (in Westdeutschland immerhin 25 bis 30 %, in der früheren DDR bis zu 70 %), aber weiterhin weltanschaulich interessiert sind. Aber es sieht nicht danach aus. In allen, auch den neuesten Konkordaten wird betont, daß der Kirche in Rundfunk- und Fernsehanstalten »ausreichend Sendezeit eingeräumt« werden müsse, daß die katholische Kirche in den Aufsichts- und Programmorganen der Sendeanstalten »angemessen vertreten sein« solle. [11] Die Kirche tut auch weiterhin alles, um die geeigneten, missionarisch bewegten Leute in ausreichender Anzahl heranzubilden, mit denen sie die elektronischen Medien beschicken kann. In vielen Ländern der Welt unterhält bzw. errichtet sie Katholische Medienakademien und Journalistenschulen, in Deutschland z.B. das katholische Studio Ludwigshafen. Die Journalisten werden eigens dafür ausgebildet, nicht nur kirchliche oder kirchennahe Themen, sondern auch allgemeine gesellschaftliche Themen mit »katholischer Kompetenz« zu vertreten. Und die Unterwanderung der Medienlandschaft geht prächtig vonstatten: »Wir sind stolz, daß keiner arbeitslos ist und einige bereits in führender Stellung beim Fernsehen tätig sind«, tönt Dr. A. M. Dorn, Geschäftsführer des ›Instituts zur Förderung publizistischen Nachwuchses‹ beim katholischen Studio Ludwigshafen. [12] Selbst Magazine wie SPIEGEL oder FOCUS erfreuen sich teilweise bereits der Unterwanderung durch katholische Journalisten, wie mir ein katholischer Kirchenrechtsprofessor hinter vorgehaltener Hand und mit der Verpflichtung kundtat, seinen Namen nicht zu nennen. Direkten Einfluß aber üben die Kirchenvertreter in Deutschland in den Rundfunkräten der öffentlich-rechtlichen Anstalten aus. Sowohl die katholische wie die evangelische Kirche entsenden ihre Vertreter in die Kontrollgremien der elf ARD-Anstalten und in den Fernsehrat des ZDF. Im Norden, in Bayern und Baden-Württemberg müssen auch die Privatsender den Kirchen »angemessene« Sendezeiten zur Verfügung stellen. Darüber hinaus sind die Kirchen noch als Co-Produzenten im Fernsehen vertreten, z.B. mit Serien.

Auch die jüngsten Aktionen der Kirche in Sachen **Religionsunterricht** machen wenig Hoffnung darauf, daß der Vatikan in Zukunft bereit sein könnte, irgendeinen Sektor seiner Macht oder seines Einflusses aufzugeben. Gegen die Erhebung des Faches »Lebensgestaltung, Ethik und Religionskunde« (LER) zum Pflichtfach durch das Land Brandenburg lief die Deutsche Bischofskonferenz nach Konsultierung des Papstes noch 1996 Sturm und legte intern zusammen mit CDU/CSU-Fraktion und Evangelischer Kirche Verfassungsbeschwerde ein, obwohl Schüler, die katholisch oder evangelisch sind, an diesem Pflichtfach nicht teilnehmen müssen und statt dessen den katholischen oder evangelischen Religionsunterricht besuchen können. Eine großzügige Lösung für eine Minderheit, wenn man bedenkt, daß im Bundesland Brandenburg die Eltern aller dort zur

---

[11] Vgl. ebd.
[12] Dorn, S. 31.

Schule Gehenden nur mehr zu 20% Kirchenmitglieder sind und wenn man des weiteren bedenkt, wie die Kirche in katholisch dominierten Ländern stets mit Minderheiten umging. Ein Pflichtfach für Konfessionslose, das ohne Bindung an irgendwelche Konfessionen allgemeine Grundsätze einer geordneten Lebensführung, einer allgemein anerkannten Ethik und SINE IRA ET STUDIO einen objektiven Überblick über die Religionen der Menschheit bietet, sollte doch von Demokraten aller Couleur gutgeheißen werden können. Statt dessen sprechen Kirchenvertreter und christliche Politiker von der »Zerschlagung christlicher Kultur« und verlangen mit Nachdruck, daß auch in einem Land wie Brandenburg der Kirchenglaube in den Schulen und von Staats wegen verkündet zu werden hat. Schließlich lassen sich die beiden Großkirchen ja auch den Religionsunterricht an deutschen Schulen mit etwa zwei Milliarden Euro pro Jahr großzügig vom Staat finanzieren.

Die Korrumpierung der Kirche durch Macht und Geld kann aber nur wesentlich reduziert werden, wenn die **Trennung von Staat und Kirche** in allen Ländern der Erde strikt realisiert wird, wenn es kein staatlich garantiertes und aufrechterhaltenes Kirchensteuersystem mehr gibt, keine theologischen, kirchlich bevormundeten Fakultäten an staatlichen Hochschulen, keine Konkordatslehrstühle in Geschichte, Philosophie und Soziologie, mit von der Kirche ausgesuchten Leuten besetzt, keine Beschickung des Militärs mit katholischen oder evangelischen Militärgeistlichen und keine Deklarierung des evangelischen oder katholischen Religionsunterrichts zu einem staatlichen Pflichtfach.

9. Aufhören müßte eine Kirche, die nurmehr helfen und heilen und nicht mehr die Seelen der Menschen beherrschen will, auch mit der **ständigen politischen Einmischung in die inneren Angelegenheiten der Staaten**, deren Beeinflussung mit allen möglichen Mitteln, die Instrumentalisierung der fundamentalistischsten, reaktionärsten Gruppierungen, Parteien und Politiker in einem Land zur Erreichung der Ziele der Papstkirche. Besonders deutlich hatte Papst Johannes Paul II. diese Einmischung in Polen und Italien praktiziert. Die Kirche sollte daraus lernen, denn die Massivität, ja teilweise Brutalität dieser Einmischung führte zum genau gegenteiligen Effekt, der Abnahme des Einflusses der Kirche im politischen Leben Polens und Italiens. Es muß auf den polnischen Papst ernüchternd, sogar niederschmetternd gewirkt haben, daß die gewaltige geistliche und materielle Hilfe, die er der Solidaritätsbewegung in Polen und ihrem Führer Lech Walesa hatte angedeihen lassen und die wesentlich mitverantwortlich dafür war, daß der kommunistische Ostblock sich aufzulösen begann, zu guter Letzt kontraproduktiv wirkte, nämlich – wie in den meisten osteuropäischen Staaten – zur Machtübernahme durch postkommunistische Eliten führte. Aber der Wojtyla-Papst und die polnische Geistlichkeit hatten sich nach dem Sieg der Solidaritätsbewegung auch wie die eigentlichen Herrscher Polens gebärdet. Massiv unterstützten sie die Kandidatur Lech Walesas, Polens erstem Präsidenten nach dem Zusammenbruch des Kommunismus, für eine weitere Amtszeit, obwohl die totale Unterwürfigkeit dieses Mannes dem Papst gegenüber selbst auf viele polnische Katholiken eher abstoßend wirkte. Auch führende katholische Politiker wie der damalige polnische Premierminister Tadeusz Mazowiecki und prominente Mitglieder der ›Partei der demokratischen Freiheitsunion‹ wie Hanna Suchocka, Bronislaw Geremek und Adam Michnik sahen Walesa, mit dem sie einst gemeinsam für die Freiheit gekämpft hatten, inzwischen als »eine Bedrohung der Demokratie«, als »machtgierigen Möchtegern-Diktator«, als Mann, der »die Grundlagen des polnischen Staates erschüttert hat«. Walesa wurde u.a. vorgeworfen, durch die Abberufung zweier Mitglieder des staatlichen Medienrates die Verfassung gebrochen und hohe Militärs gegen den polnischen Verteidigungsminister aufgehetzt zu haben. Aber der Papst als der »größere Diktator« hielt am »kleineren Diktator« Walesa als seinem verlängerten Arm in Polen unverwandt fest. Der glich sich seinem Vorbild in Rom immer mehr an. Nach päpstlichem Vorbild redete er von sich selbst fast nur noch in der dritten Person, umgab sich und die Seinen mit Reichtum (teure Autos und eine Villa für seine Söhne) und ließ arrogant-überhebliche Sprüche vom Stapel. So wurde er für viele Polen zum »Inbild des von historischen Ereignissen emporgehobenen, im Grunde aber primitiven Arbeiters, dem sein Erfolg zu Kopf gestiegen ist«.[13] Der Papst und die hohe Geistlichkeit in Polen wußten, daß ihre Propaganda für Walesa allein nicht zu seiner Wiederwahl führen konnte, obwohl man selbst in den offiziellen Gottesdiensten für seinen Sieg beten ließ. Also predigten der Primas von Polen, Josef Kardinal Glemp, und viele Bischöfe und Pfarrer außerdem noch vehement und gehässig gegen die »roten Neoheiden« und deren Präsidentschaftskandidaten Alexander Kwasniewski. Die Strategie ging nicht auf: Nicht Walesa, sondern Kwasniewski wurde im November 1995 zum neuen Präsidenten Polens gewählt. Bald darauf unterschrieb er ein Gesetz für die Abtreibung – für den polnischen Papst ein Stich ins Herz, weil sich für ihn an der Frage pro oder contra Abtreibung die ganze katholische Moral entscheidet. Aber auch die Anti-Abtreibungs-Kampagne der polnischen Kirche war zu kraß und überzogen gewesen. Inzwischen ist die Situation in Polen allerdings wieder so, daß der polnische Senat die vom Abgeordnetenhaus (Sejm) beschlossene Liberalisierung des Abtreibungsrechts abgelehnt hat, wobei jedoch der Sejm das Senatsvotum mit absoluter Mehrheit wieder überstimmen kann.

Polens »Wächter des Gewissens«, der Schriftsteller Andrzej Szczypiorski kritisierte nach dem Sieg Kwasniewkis zwar nicht den Papst, aber sein Sprachrohr und seine Erfüllungsgehilfen in Polen, den Primas Glemp, von Wojtyla zum Erzbischof von Warschau und Gnesen und zum Kardinal gemacht, und die polnische Geistlichkeit:

---

[13] Heller, S. 3.

»Meiner Meinung nach haben wir zuviel Politik in der Kirche und zuviel Kirche in der Politik. Der Kardinal-Primas äußert sich von Zeit zu Zeit nicht ganz vernünftig ... Dieser Kardinal ist das Unglück der katholischen Kirche in Polen. Doch die eigentliche Krise sitzt noch tiefer. Die Millionen polnischer Katholiken sind hundertmal fortschrittlicher, moderner als die Bischöfe in Polen und besonders der Kardinal-Primas. Die Bischöfe sind mittelalterlich, rückständig und fundamentalistisch.«

Aus diesem Holz war eben auch der Krakauer Erzbischof Wojtyla geschnitzt. Nach Szczypiorski ist der Reformbedarf, die Notwendigkeit eines Kirchenvolksbegehrens in Polen noch größer als in Deutschland oder Österreich. Die Geistlichen in Polen seien »nicht modern genug. Der größte Fehler des polnischen Episkopats und der ganzen geistlichen Schicht in Polen liegt darin, daß die Geistlichen glauben und es auch äußern, daß sie die Kirche seien ... Die politischen Ergebnisse der Präsidentschaftswahlen sind ein Zeichen der tiefen Krise des polnischen Katholizismus. Es gibt sehr viele Katholiken, die Kwasniewski gewählt haben – aus Protest gegen den Episkopat ... Die Kirche sollte mehr katholisch und weniger polnisch werden ... Sie wurde zu polnisch und deswegen zu wenig menschlich.«[14]

Diesen Vorwurf muß man auch an die Adresse des polnischen Papstes selbst und sein Pontifikat richten. Die Mehrheit der Polen hat seiner Politik und politischen Strategie eine Abfuhr erteilt. Wojtyla wollte die Weltkirche nach dem Modell der glaubensstarken polnischen Kirche gestalten. Fast das genaue Gegenteil ist eingetreten: Zwar bleibt die polnische Geistlichkeit in der Mehrheit feudalistisch-patriarchalisch-fundamentalistisch, aber viele Gläubige, besonders die intelligenteren, fallen vom »polnischen Glaubensmodell« ab und wenden sich höherentwickelten Formen westeuropäischer und US-amerikanischer Religiosität zu oder bekennen sich geradewegs zu einem philosophischen Agnostizismus. Ganz Polen befindet sich in einem Prozeß der Modernisierung auch des gesamten Geisteslebens. Nicht die Welt gleicht sich Polen, sondern Polen gleicht sich der Welt an!

Langsam begann es dann auch der katholischen Hierarchie in Polen zu dämmern, daß man die Dinge falsch beeinflußt hatte. Bischof Tadeusz Pieronek, Generalsekretär der polnischen Bischofskonferenz, hetzte zwar weiter gegen Kwasniewski und »Genossen«. Sie hätten »geerntet, was andere gesät haben; sie haben früher aktiv in den Leitungsgremien der Kommunistischen Partei mitgearbeitet ... Kwasniewski war zweimal Minister in einer kommunistischen Regierung.« Aber der Bischof gelobte trotzdem Besserung für die Zukunft. Die katholische Kirche Polens werde sich in Zukunft politische Zurückhaltung auferlegen. Das

---

[14] Szczypiorski, S. 46f.

politische Engagement der Kirche sei in der Vergangenheit »wahrscheinlich zu groß« gewesen, sagte er.[15] Das sollte sich die Hierarchie in Rom auch in bezug auf ihr politisches Engagement in allen anderen Staaten der Welt zu Herzen nehmen!

Übrigens hatten kirchliche Kreise Walesa auch noch nach seiner Abwahl als Präsident Polens beim sogenannten Privatisierungsreferendum unterstützt, das er noch während seiner Amtszeit als Staatsoberhaupt durchgesetzt hatte. Walesa wollte, daß die Polen per Referendum entscheiden, daß nahezu der gesamte Staatsbesitz an sie verteilt wird. Erst dann, meinte er, sei die kommunistische Ära wirklich beendet. Aber obwohl er betont hatte, daß dies – neben dem Abzug der sowjetischen Truppen – die wichtigste Sache seines Lebens sei, scheiterte er. Deutlich weniger als die Hälfte der stimmberechtigten Polen ging überhaupt zur Abstimmung, die damit unabhängig vom Ergebnis keine bindende Wirkung erreichte. Walesa beschimpfte deshalb die Polen, sie seien »kommunistisch durchtränkt«. Die revanchierten sich damit, daß 57 % der Polen in einer Umfrage erklärten, Walesa sollte sich ganz aus der aktiven Politik zurückziehen. Nach den Wahlen im Herbst 1997 löste zwar die konservative ›Wahlaktion Solidarnosc‹ (AWS) die Postkommunisten in der Regierungsverantwortung ab, aber mit Walesa hatte auch die neue Regierung nichts am Hut. Die Zusammenarbeit des neuen Regierungschefs Jerzy Bùzek, von Haus aus evangelisch, mit Polens postkommunistischem Präsidenten Kwasniewski verlief im großen und ganzen reibungslos.[16] Mittlerweile geht das Auf und Ab von Regierungen und Regierungsbündnissen in Polen munter weiter. Als Fazit bleibt, daß das enge Zusammengehen der Kirche mit Walesa dauerhaften Schaden angerichtet und die Position der Exkommunisten und heutigen Sozialdemokraten nachhaltig gestärkt hat.

Auch einige Ereignisse in Italien während des Pontifikats Johannes Pauls II. sollten eine Warnung an die Nach-Wojtyla-Kirche sein, den Bogen nie mehr zu überspannen. Denn auch in Italien hatte der Versuch dieses Papstes, massiven Einfluß auf die Politik zu nehmen, die gegenteilige Wirkung erzeugt. Besonders deutlich hatte sich das im Zusammenhang mit der **Abtreibungsfrage** gezeigt. Gegen das verfassungsmäßig absolut korrekt zustande gekommene Abtreibungsgesetz hatten Papst und Vatikan eine ungeheure Propaganda-Aktion in die Wege geleitet, die sie unter dem Motto »Kampf um das Leben« führten. Wochenlang hatte die ›Bewegung für das Leben‹, unterstützt bzw. geführt von den italienischen Bischöfen, den Christdemokraten und Neofaschisten, gegen das Abtreibungsgesetz getrommelt, gehetzt und gekämpft. Auch der Papst selbst hatte eindeutig gegen das Gesetz Stellung bezogen, hatte seine ganze Autorität in die Waagschale

---

[15] KIRCHE INTERN 2/1996, S. 44 f.; PUBLIK-FORUM 4/1996, S. 11.
[16] Vgl. »Kreuzzug ins Parlament«, in: FOCUS 44/1997, S. 384f.

geworfen und betont, daß es hier um eine »zentrale Frage des Menschen« gehe. So sicher waren sich Papst und Vatikan der Zustimmung des italienischen Volkes, daß sie immer wieder forderten, das »nur« parlamentarisch zustande gekommene Gesetz »um des Volksganzen willen« rückgängig zu machen. Als dann kurz vor der offiziellen Volksbefragung auch noch das Attentat auf den Papst geschah, war man sich vollends sicher, daß die Italiener schon wegen ihrer Sympathie für den so brutal angegriffenen Papst das Gesetz zu Fall bringen würden. Aber die Ergebnisse des 1981 in Italien durchgeführten Referendums kamen einem Bankrott für die Politik Wojtylas gleich. Die Italiener stimmten mit 68 % gegen die kirchliche Forderung, das Abtreibungsgesetz zu Fall zu bringen. Nicht einmal ein Drittel der doch zum größten Teil katholischen Wähler hatte also die kirchenoffizielle Linie unterstützt. »Die Niederlage fiel vernichtend aus. Italien erteilte dem Vatikan eine glatte Abfuhr.«[17] Dabei hätte er gewarnt sein müssen, hatte doch die Mehrheit der Italiener schon vorher im Rahmen eines Referendums und gegen den Willen des Papstes und seiner Kurie das Scheidungsgesetz bestätigt. Auch die starke Unterstützung, die Johannes Paul II. den italienischen Christdemokraten während des größten Teils seiner Amtszeit angedeihen ließ, konnte den Zerfall dieser durch Korruptionsaffären und Mafia-Kontakte schwer belasteten Partei nicht aufhalten. Im März 1994 zerfielen die italienischen Christdemokraten in mehrere Flügel und schrumpften zu Kleinparteien. Und seinen Freund Giulio Andreotti, graue Eminenz der ›Democrazia Christiana‹ und siebenmaliger italienischer Ministerpräsident, konnte die Autorität des Papstes ebenfalls nicht retten: Andreotti wurde wegen seiner Mafia-Kontakte und des Mordes an dem Journalisten Mino Pecorelli, den er bei der Mafia in Auftrag gegeben haben soll, der Prozeß gemacht.

Auch an Irland, neben Polen das katholischste Land Europas, hatte der Papst bekanntlich seine Warnungen gerichtet. Es nützte nichts. Eine – wenn auch knappe – Mehrheit votierte dort trotzdem für die Einführung der Ehescheidung. Was der Wojtyla-Papst außenpolitisch zurückließ, hat weitgehende Ähnlichkeit mit einem Scherbenhaufen. Selbst zweifelsfrei früher als Bastionen des Katholizismus zu bezeichnende Länder versagten den Gehorsam gegenüber Moralvorschriften und politischen Weisungen, die dem Papst ein zentrales Herzensanliegen waren, ja die er zum Teil in seiner fundamentalistischen Selbstbezogenheit für das A und O katholischen Glaubens, katholischer Moral hielt. »Der Einfluß der Kirche in Gesellschaft und Politik zerbröselt wie verwitterter Sandstein«, resümierte die katholische Zeitschrift KIRCHE INTERN als Fazit der außenpolitischen Anstrengungen der Regierungsära Wojtyla. Die Kirche nach Wojtyla muß also den direkt entgegengesetzten Kurs strikter Nichteinmischung in die Politik der Staaten dieses

---

[17] Zit. n. Herrmann, Johannes Paul II., S. 234.

Planeten fahren, wenn sie nicht das letzte Vertrauen, das man ihr hier und da in vermindertem Maß noch entgegenbringt, verspielen will.

10. Im Namen des Verzichts auf Herrschaft und Macht, der Praktizierung des so oft nur gepredigten zentralen christlichen Liebesgebots, müßte auch die **Ökumene**, das Verhältnis zu den evangelischen und orthodoxen Kirchen, ja zu allen Religionen auf diesem Planeten überhaupt, **ganz neu gestaltet werden**. Unter Johannes Paul II. hatte es bezüglich einer amtlich-verbindlichen Annäherung der christlichen Kirchen nur Stagnation gegeben, auch wenn an der nichtkirchenamtlichen Basis die konfessionellen Unterschiede längst nivelliert sind und kaum mehr eine Rolle spielen. Die Basis war den Herren der Kirchen wieder einmal weit voraus. Verbal gerierte sich der Papst zwar auch als großer Ökumeniker, er veröffentlichte sogar eine eigene Enzyklika Ut Unum Sint über den Einsatz für die Ökumene und für die Einheit der Christen, aber in der Sache wich er keinen Zentimeter von der Monopolstellung der römisch-katholischen Kirche ab. Für ihn stand immer zweifelsfrei fest: Die wahre und eigentliche Kirche Jesu Christi ist nur die römisch-katholische. Die anderen Kirchen enthalten zwar Elemente der Heiligung und der Wahrheit, aber auch wesentliche Mängel. Ihnen fehlt die »Vollgestalt« dessen, was Kirche ausmacht. Zwar bieten auch sie Mittel des Heils an, aber »deren Wirksamkeit leitet sich von der der katholischen Kirche anvertrauten Fülle der Gnade und Wahrheit her«. Das Papstamt, obwohl von den anderen Kirchen immer als größter Stolperstein und gewaltigstes Hindernis für die angestrebte Einheit der Christen angesehen, war für den polnischen Papst stets eine unverrückbare und unveränderbare Institution, die nicht etwa, im Sinne entsprechender Forderungen der anderen Kirchen, zu einem bloßen Symbol der Einheit aller Christen reduziert werden durfte, sondern mit allen Privilegien geistlicher Macht, dem Attribut der Unfehlbarkeit, dem Jurisdiktionsprimat und mit allen disziplinarisch-exekutiven Vollmachten ausgestattet bleiben mußte. Kein Wunder, daß man der in einem versöhnlichen Ton abgefaßten Ökumene-Enzyklika des Wojtyla-Papstes vorwarf, für die anderen Kirchen nur »Zuckerbrot und Peitsche« bereitzuhalten.[18]

Zwar hatte dieser Papst fast immer ein paar modische Gags parat, so, wenn er in Aussicht stellte, bis spätestens zum Jubiläumsjahr 2000 die auf dem Scheiterhaufen verbrannten »Häretiker« Girolamo Savonarola (1452–1498) und Jan Hus (1370–1415) evtl. rehabilitieren zu lassen, aber bei den eigentlichen Differenzen zwischen den Konfessionen war er zu keinerlei Kompromissen bereit. Der Empfang des evangelischen Abendmahls blieb den Katholiken untersagt. Nicht einmal für konfessionsverschiedene Ehen duldete er eine Ausnahme. »Interkommunion«

---

[18] *Wahre und eigentliche Kirche:* Ut Unum Sint, S. 10, im Anschluß an das II. Vatik. Konzil, Dekret über den Ökumenismus Unitatis redintegratio, S. 3 – *Zuckerbrot und Peitsche:* vgl. Stolze, S. 4.

blieb für ihn ein Fremdwort. Am speziellen Priesteramt hielt Wojtyla eisern fest: Nur ein gültig geweihter Priester könne die Eucharistie feiern, der evangelische Pfarrer aber sei kein Priester, er werde ja nicht von einem in der sakramentalen Nachfolge der Apostel stehenden Bischof geweiht, sondern von seiner Kirchenleitung lediglich beauftragt (ordiniert). Die Protestanten, die nur zwei Sakramente (Taufe und Abendmahl) anerkennen, müßten alle sieben Sakramente der katholischen Kirche akzeptieren. Außerdem sah es Johannes Paul II. stets als ökumenisches Hindernis an, daß die evangelische Kirche Frauen ordiniert. Als abwegig empfand dieser Papst auch eine ökumenische Aussöhnung im Sinne einer irgendwie gearteten Synthese zwischen der hierarchischen Struktur der katholischen und der synodalen Struktur der evangelischen Kirchen. Eine zweipolige Kirchenstruktur (*bilevel-structure*) war ihm ein Greuel.

Wie in der Sozialpolitik (vgl. Kapitel 7), so war auch auf dem ökumenischen Sektor die Kluft zwischen seinen Worten und seinen Taten riesengroß. Der Papst deckelte seit seinem Amtsantritt 1978 hinter den Kulissen ständig den Weltkirchenrat, den ›Ökumenischen Rat der Kirchen‹ (ÖRK), in dem 324 anglikanische, orthodoxe und protestantische Mitgliedskirchen zusammengefaßt sind. Den Vatikanbehörden hatte er Weisung erteilt, mit dem ÖRK (Sitz in Genf) nur von oben nach unten, jedoch keinesfalls von gleich zu gleich zu verhandeln. Als Grund führte der Papst u.a. an, der Weltkirchenrat sei doch lediglich ein unverbindlich loser Dachverband von Nichtkatholiken. Hinter all dem stand Wojtylas »ökumenische« Vision der Rückkehr aller Christen in den römisch-katholischen Pferch, die er als einen seiner persönlichsten Herzenswünsche deklarierte. Es muß auf den meist von untertänigsten Dienern umgebenen Papst geradezu schockierend gewirkt haben, als ihm der ÖRK-Generalsekretär Konrad Raiser bei seinem Besuch im Vatikan im Frühjahr 1995 selbstbewußt und entschieden erklärte, daß an ökumenischen Prinzipien wie der vollen Abendmahlgemeinschaft, der Zulassung von Frauen zu allen Ämtern, der Geburtenregelung nicht nur nach der Methode Ogino-Knaus, die der Papst allein zulasse, sowie einem viel weiteren kirchlichen Amtsverständnis als dem römisch-katholischen nicht gerüttelt werden dürfe.[19]

Eine Kirche der Liebe und des ökumenischen Dialogs sollte nach dem Abgang Johannes Pauls II. auch auf ihre der Gleichberechtigung der Konfessionen und Religionen hohnsprechende Monopolstellung bei den Vereinten Nationen (UN) verzichten, ist doch der Vatikan die einzige Religion mit UNO-Sitz, die einzige religiöse Körperschaft, die über einen festen Platz bei den Vereinten Nationen verfügt. Auf der Weltfrauenkonferenz im September 1995 in Peking hatten deshalb einige Frauengruppen einen »Aufruf an die Vereinten Nationen« verfaßt, in dem

---

[19] Vgl. Publik-Forum 9/1995, S. 28.

sie den Generalsekretär der UN sowie die Mitgliedsstaaten dringend ersuchten, »die Angemessenheit des Sachverhalts zu untersuchen, daß dem Heiligen Stuhl, einer religiösen Körperschaft, erlaubt wird, auf einer Ebene mit Staaten in den Vereinten Nationen zu agieren. Wir sind der Ansicht, daß der Heilige Stuhl, der in den Vereinten Nationen als Nichtmitgliedsstaat mit ständigem Beobachterstatus operiert, nicht die Kriterien für Staatlichkeit erfüllt und in Wirklichkeit der regierende Arm einer religiösen, nicht einer staatsbürgerlichen Institution ist.«[20]

Die Frauengruppen hatten u.a. kritisiert, daß der Heilige Stuhl mit zunehmender Häufigkeit seinen Beobachterstatus überschreite und manche Aktionen der Mitgliedsstaaten der UN sowie den Konsens unter ihnen blockiere. Die Maßstäbe der Unparteilichkeit und Neutralität gegenüber Religionen geböten eine Veränderung im Status des Heiligen Stuhls, um eine gleichberechtigte Stellung zwischen der römisch-katholischen Kirche und anderen Religionsgemeinschaften und Nicht-Regierungsinstitutionen herstellen zu können. »Keine Religionsinstitution sollte größere Privilegien haben als irgendeine andere Nicht-Regierungskörperschaft.« Statt dessen erlaube der jetzige Status des Heiligen Stuhls, »das System der UN dazu zu benutzen, theologische Positionen der katholischen Kirche voranzutreiben«. Der Aufruf endete mit dem Hinweis auf die »hohe Unangemessenheit« der Tatsache, daß die römisch-katholische Kirche als abstimmendes Mitglied an UN-Konferenzen teilnehmen könne, was ihr nur kraft ihrer UN-Rolle als Nichtmitgliedsstaat mit ständigem Beobachterstatus möglich sei. »Die Vereinten Nationen haben eine ethische Verpflichtung, gegenüber Religion neutral zu sein. Die Privilegien, die der römisch-katholischen Kirche unter der Schirmherrschaft des Heiligen Stuhls eingeräumt werden, verletzen eine solche Unparteilichkeit und sollten im Interesse der Fairneß rückgängig gemacht werden.« Auch das Schweizer evangelische Hilfswerk ›Brot für alle‹ und das ›Institut für Sozialethik des Schweizerischen Evangelischen Kirchenbundes‹ (SEK) hatten Kritik geübt: »Der Vatikan darf nicht länger als einzige Religionsvertretung Völkerrechtsstatus besitzen und damit die moralische Debatte kraft diplomatischer Mittel dominieren können. Die römisch-katholische Kirche soll vielmehr anderen Konfessionen gleichgestellt werden und wie diese darauf angewiesen sein, mit ethischen Argumenten zu überzeugen.«

Total verändern müßte sich nach dem Pontifikat Johannes Pauls II. auch das Verhalten der Amtsträger der römisch-katholischen Kirche gegenüber der orthodoxen Kirche. Arroganz, Überheblichkeit und eine Taktik des Austricksens bestimmten den Stil der Kirche unter Wojtyla gegenüber den orthodoxen Schwestern und Brüdern. Unter Wojtyla, so erklärte der ranghöchste orthodoxe Kirchenführer, der Ökumenische Patriarch (ein DE FACTO innerorthodoxer Titel,

---

[20] Zit. in DIESSEITS 2/1996, S. 14, auch das Folgende in diesem Absatz.

der nichts mit der heutigen »Ökumene-Bewegung« zu tun hat, sondern etwa »Papst« bedeutet) Bartholomäus I. von Konstantinopel, 1996 bei Gesprächen in der Schweiz, habe sich das ökumenische Klima »stark verschlechtert«. Rom sehe sich unter dem polnischen Papst als Inbegriff einer bereits perfekten Kircheneinheit und handele auch danach. Der Papst habe keineswegs das Wohl aller Kirchen im Sinne, er konkurriere vielmehr mit ihnen oder versuche, sie einzugliedern. Unverfroren nutze Rom die Freiräume im Osten Europas, die sich ihm nach dem Fall der Mauer böten. Mit ihren ausgebauten caritativen Organisationen stoße die Kirche Wojtylas in die große Lücke der fehlenden kirchlichen Sozialarbeit, beschäme dadurch die Orthodoxie und verringere ihren Einfluß. Die von den orthodoxen Kirchen erwartete selbstlose ökumenische Hilfe beim Aufbau einer breit vernetzten orthodoxen Diakonie sei ausgeblieben. Damit sei auch die Chance vertan worden, mit der ökumenischen Hilfe der reichen katholischen Kirche das in den orthodoxen Kirchen bestehende Übergewicht gottesdienstlicher Feierlichkeiten durch das Gegengewicht eines sozialen Christseins zu reduzieren. Auch an einer Erneuerung der orthodoxen Theologie liege dem Papst gar nichts. Das Oberhaupt der russisch-orthodoxen Kirche, Patriarch Alexij II., hatte während seines Deutschlandbesuchs 1996 das massive Abwerben von orthodoxen Gläubigen durch katholische Priester und die Art ihrer Missionierung in Rußland ebenfalls scharf kritisiert. Harsche Kritik hatte er des weiteren an Wojtylas Unterstützung der mit Rom unierten ukrainisch-katholischen Kirche geübt, wobei Methoden angewendet würden, die »gegenüber einer Schwesterkirche« nicht angebracht seien. Auch im Verhältnis zu den orthodoxen Kirchen müßte der Vatikan also einen ganz neuen Kurs echter Geschwisterlichkeit und Versöhnung einschlagen.[21]

Anstatt mit der caritativen Arbeit der katholischen Kirche im Raum der orthodoxen Kirchen in Ost- und Südosteuropa zu protzen und zu klotzen, sollte der neue Papst lieber dafür sorgen, daß das **Prinzip »Caritas« endlich auch in den eigenen Einrichtungen**, in katholischen Krankenhäusern, Kindergärten, Altersheimen, Schulen, Beratungs- und Betreuungsstellen verwirklicht wird. Bis jetzt sind nämlich Dinge wie die Wiederverheiratung einer/eines geschiedenen kirchlichen Angestellten, außereheliche Partnerschaft, gelebte Homosexualität, Kritik an der hierarchischen Kirchenstruktur oder an der amtlichen Glaubens- und Sittenlehre **zwingender** Kündigungsgrund. Selbst ein Hausmeister, der Glaubenszweifel äußert, oder eine türkische Reinemachefrau kann ohne weiteres gefeuert werden oder wird erst gar nicht eingestellt.[22]

---

[21] Zu diesem Absatz vgl. PUBLIK-FORUM 1/1996, S. 55; WELTBILD 26/1996, S. 16.

[22] Dazu ausführlich: Herrmann, Caritas-Legende, insbes. das Kapitel »Warum verträgt sich die christliche Liebe nicht einmal mit Tarifverträgen?«, S. 192ff.

11. Abbauen müßte eine reformwillige katholische Kirche auch den kostspieligen Aufwand und **Pomp in Liturgie und Kult**, bei Pontifikalämtern, Wallfahrten und Prozessionen. Dieser sakrale Luxus und das damit zusammenhängende Imponiergehabe der kirchlichen Würdenträger sind Relikte aus römischer Kaiserzeit und mittelalterlichem Feudalismus, zugleich sinnliche Kundgebungen der Macht, die auf primitive Menschenmassen Eindruck machen sollen. Auf intelligentere Menschen wirken sie nur noch komisch. Schon Goethe bezeichnete die römischen Kardinäle mit ihren teuren, langen Gewändern und funkelnden Insignien als Karnevalsprinzen.

Aber steht es überhaupt in der Macht eines einzelnen Menschen, in diesem Fall: des neuen Papstes, all diese grundlegenden Reformen durchzuführen, deren brennende Notwendigkeit hier in den gerade charakterisierten elf Punkten dargetan wurde? Hätte, um noch ein letztes Mal zurückzublenden, Johannes Paul II. diese Reformen durchführen können, wenn er gewollt hätte? Die Antwort bezüglich seiner Person fällt schwer, weil er es nicht einmal versucht hat, weil er ein idealer Glücksfall für den Vatikan, für die römische Kurie war, indem er ihren formalistischen, eiskalten Herrschaftswillen mit Enthusiasmus und mit mystischer Begeisterung sozusagen überplanmäßig exekutierte. Ein besseres Vollzugsorgan als diesen Papst, der die macht- und finanzpolitischen Zwecke des Vatikans so suggestiv mit dem Mäntelchen der Religion überdecken konnte, kann man sich kaum vorstellen. Differenzen hatte zwar auch der polnische Papst mit den Vatikanbeamten. Aber sie waren akzidentieller Natur. Man sah z.B. nicht gern, daß er sich mit polnischen Priestern und Nonnen umgab. Wozu hatte man die römischen bzw. italienischen? Aber schließlich waren auch alle seine polnischen Landsleute von derselben fundamentalistischen Struktur geprägt wie Wojtyla selbst, so daß keine Gefahr drohte für das vatikanische Machtsystem. Die vielen Reisen des »eiligen« Vaters fanden auch nicht die ungeteilte Zustimmung der Mächtigen im Vatikan. »Die Leute sollen zu ihm reisen, nicht er zu ihnen«, war selbst aus dem Mund von Kurienkardinälen zu hören. Aber hier bissen sie auf Granit. Seine Reisen, das für ihn lebensnotwendige Bad in der Menge, ließ sich dieser »Schauspieler Gottes« von niemandem nehmen. Da half auch nicht der Hinweis, daß sich die von ihm noch nicht bearbeiteten Akten auf seinem Schreibtisch fast meterhoch türmten. Gott hatte ihn schließlich nicht zu Papierkram berufen.

In den späteren Jahren seines Pontifikats hatte er scheinbar auch ein paar in den Augen der Kurie absonderlich-»revolutionäre« Einfälle. Da er viel sensibler als die Vatikanbürokraten auf Lob und Tadel, auf atmosphärische Veränderungen in den Stimmungen der Weltöffentlichkeit reagierte, wollte er ein groß aufgemachtes Bekenntnis der Schuld ablegen, die die Kirche im Lauf ihrer Geschichte auf sich geladen hatte und das ihm angesichts des schwindenden Interesses wieder Pluspunkte bei der Öffentlichkeit eingebracht hätte. Doch da legte sich das

Machtestablishment im Vatikan quer. Der Papst durfte zwar ein Schuldbekenntnis ablegen (12. März 2000), sogar ein bombastisch inszeniertes vor den im Petersdom versammelten Kardinälen, aber die christlichen Grausamkeiten der letzten 2000 Jahre waren nun nicht mehr eine Schuld der »Kirche selbst« oder der Päpste und Väter der Kirche, sondern der »Söhne und Töchter«, die ihr zuwider gehandelt hatten. Gemunkelt wurde auch, daß er anläßlich seines Deutschlandbesuchs im Sommer 1996 den »alten Ketzer« Luther medienwirksam rehabilitieren und vom Kirchenbann freisprechen wolle. Aber da sollen der oberste Glaubenswächter Ratzinger mit einigen weiteren Kurienkardinälen und die aufgescheuchten deutschen Bischöfe mit Lehmann an der Spitze aufgeheult und den Teufel einer unerhörten Aufwertung des Protestantismus in Deutschland an die Wand gemalt haben. Auch daraus wurde also nichts – wenn Wojtyla es denn wirklich vorgehabt haben sollte.

Allerdings erlaubte man ihm eine andere, am Ende allerdings nur komisch wirkende »Neuerung«. Er durfte der staunenden Weltöffentlichkeit im Rahmen einer Botschaft an die Päpstliche Akademie der Wissenschaften im Oktober 1996 das »Ja zu Darwin« verkünden, nachdem die römisch-katholische Kirche fast 150 Jahre lang Gift und Galle gegen diesen, gegen die Evolutionstheorie und gegen die Abstammung des Menschen vom Tier im besonderen verspritzt hatte. Nun endlich hatten auch die Herren im Vatikan eingesehen, daß es sich bei dieser kirchlich so bekämpften Evolutionstheorie um mehr als nur eine Hypothese handelt. Wenn es mit dem Fortschrittstempo bei der Anerkennung wissenschaftlicher Ergebnisse durch die Kirche weiter so »rasant« vorangeht, dürfen wir zuversichtlich sein, daß die nächste große wissenschaftliche Entdeckung nur noch 100 Jahre auf ihre Bestätigung durch Rom wird warten müssen. Denn während Galilei noch 350 Jahre auf seine allerdings nur halbe Rehabilitierung warten mußte, waren es bei Darwin nicht einmal mehr 150 Jahre. Das läßt doch auf eine immer größer werdende Beschleunigung kirchlicher Rehabilitationsverfahren für wissenschaftliche Ketzer hoffen! Auch der einst so angefeindete »Sexualketzer« Sigmund Freud wartet ja noch auf seine Rehabilitierung …

Wie gesagt, die Freiheit zu ein paar anekdotenreifen Gags bekommt jeder Papst. Aber es ist nicht schwer zu erraten, wer in Wirklichkeit der Stärkere wäre, wenn wirklich essentielle Machtinteressen des Vatikans auf dem Spiel stünden und ein Papst es wagen sollte, zu opponieren. Es scheint ja, daß der Luciani-Papst Johannes Paul I. tatsächlich opponiert hat. Zwar läßt sich der absolute Beweis für einen Mord des Vatikans an ihm nicht führen, aber ein paar Motive für den »vielleicht perfektesten Mord des Jahrhunderts« (L. Ledl) stehen fest: »Die gebieterischen Gesetze des Kapitalismus, denen die Vatikanbanker Tag für Tag gehorchen, wären auf die unbeugsamen Anschauungen des Johannes Paul I. geprallt. Und auch die ungeschriebenen Gesetze des eigenen Hofes hätten den

Tod des Störenfrieds verlangt.«[23] Tatsache ist, daß sogar die »losen« Sprüche dieses Papstes den Vatikan-Machthabern auf die Nerven gingen, z.B. der: »Mir ist aufgefallen, daß zwei Dinge im Vatikan nur sehr schwer zu erhalten sind: Ehrlichkeit und eine gute Tasse Kaffee.« Tatsache ist auch, daß dieser Papst vorhatte, gegen Ämterschacher, Geldschwindel, Bestechlichkeit und Erpressung im Vatikan vorzugehen. Tatsache ist des weiteren, daß er Formen des päpstlichen Hofzeremoniells abschaffte, die seit Jahrhunderten sakrosankt waren, wie z.B. die »Krönung« des Papstes, der Kniefall der Schweizergardisten bei seinem Erscheinen etc. Tatsache ist auch, daß man im Vatikan nicht damit einverstanden war, daß er über alles, was geschah, Bescheid wissen wollte. Man erlaubte ihm ja nicht einmal, sich im Vatikan mit seinen 10 000 Zimmern und 997 Treppen, davon 30 geheime, richtig umzusehen. Das große Zittern aber überkam die maßgebenden Herren im Vatikan, als Johannes Paul I. versehentlich eine geheime Liste mit den Namen der Mitglieder der ›Großen Vatikan-Loge‹ in die Hände fiel. Zu ihr gehörten eine ganze Reihe einflußreicher Kardinäle, Bischöfe und Prälaten. Es gab für die, die in der Kurie die Fäden zogen, jedenfalls genügend Gründe, ihn aus dem Weg zu schaffen. Also wachte Luciani, nachdem er gerade mal ein wenig mehr als einen Monat regiert hatte, eines Morgens nicht mehr auf und wurde »auffallend schnell (ohne Autopsie) einbalsamiert und begraben. Teile seiner Habe, Beweismittel also, wurden sofort ... beiseite geschafft, Augenzeugen zum Schweigen verpflichtet ... Die Leiche eines unbekannten Wermutbruders, irgendwo am Stadtrand Roms aufgefunden, würde von Experten der Gerichtsmedizin wahrscheinlich mit größerer Sorgfalt und mit mehr Interesse für Todeszeitpunkt und Todesursache untersucht als die Leiche dieses Stellvertreters Christi auf Erden. Der Vatikan zeigte sich nicht interessiert.« Er veröffentlichte lediglich eine Menge widersprüchlicher Aussagen über die Todesumstände. Wichtig war doch nur, daß der nächste Papst wieder spurte, wie die Kurie es wollte. Kardinal Baggio, keineswegs traurig ob des Todes von Papst Johannes Paul I., erklärte frohgemut: »Wir werden einen neuen machen!«[24] Sie machten Johannes Paul II.!

Aber es wäre falsch, sich zu sehr an Personen festzuhalten oder tiefschürfende Überlegungen zur Frage: »Wurde der Luciani-Papst nun umgebracht oder nicht?« anzustellen. Viel wichtiger und in der Sache weiterführend ist die **Struktur-** und **Systemfrage.** Der Vatikan ist im ungeheuer weiten und vielfältigen Bereich aller Religionen der Erde die am perfektesten organisierte religiöse Mammutinstitution. Vergleicht man die endlos vielen Religionsformen und ihre Gefährdung durch Herrschsucht und universale Einflußnahme, so ist der Vatikan

---

[23] *Perfektester Mord:* Zit. n. Herrmann, Kirchenfürsten, S. 373; zum Folgenden in diesem Absatz vgl. Yallop; S. 54, 230, 246, 310, 334, 337, 353.

[24] *Todesumstände Johannes Paul I.:* Hermann, Kirchenfürsten, S. 373 – *Baggio:* zit. n. Yallop, S. 310.

die massivste und systematischste Form des bereits zur Institution gewordenen Versuchs, durch Einsatz aller nur möglichen Mittel unbegrenzte Macht über die Gläubigen, die eigenen Funktionäre, aber auch über alle Menschen und Staaten zu gewinnen. Keine andere Religion kann sich damit brüsten, ein solches Instrumentarium an Mitteln der Zentralisierung, Bürokratisierung, Monopolisierung, Kontrolle, der flexibelsten Diplomatie, des fast totalen Arrangements mit allen politischen Mächten unabhängig von deren Moral und mit fast allen multinationalen Konzernen unabhängig von deren Zielen zu besitzen. Gegenüber diesem gewaltigen geistlichen Imperium, diesem perfekt strukturierten Herrschafts- und Kontrollsystem minimalisieren sich Gestalt und Bedeutung eines jeden Papstes, und es liegt letztlich bei diesem System allein, welchen Papst es kürt und zu einem »Großen« macht und welchen Papst es neutralisiert oder gar exterminiert. Auch die 23 im Laufe der Kirchengeschichte ermordeten Päpste sprechen diesbezüglich eine deutliche Sprache.

Somit wird auch der neue Papst nach Johannes Paul II. das machen müssen, was die römische Kurie ihm vorschreibt – oder er muß, will er diese Institution wirklich strukturell und ethisch grundlegend reformieren, zu Martyrium und Hingabe des Lebens bereit sein! Es wäre also nicht damit getan, z.B. das Zölibatsgesetz für Priester aufzuheben und Frauen zum Priestertum zuzulassen, weil sich damit die autoritär-hierarchische Struktur der römisch-katholischen Kirche keineswegs geändert hätte. Das Gesagte gilt auch und sogar für den Fall, daß ein Papst das Prinzip der Kollegialität der Bischöfe wirklich ernst nähme und praktizierte, weil damit immer noch die »Heilige Herrschaft« (Hierarchie) intakt bliebe. Aber wer unter den Papstkandidaten, die ja alle eine selektiv kontrollierte Kirchenkarriere hinter sich haben, sollte die Fähigkeit und den Mut dazu aufbringen? So wird es mit höchster Wahrscheinlichkeit wieder so sein wie bei jedem Amtsantritt eines gerade gewählten Papstes: Er wird große Taten ankündigen und in Wirklichkeit ein paar kleine kosmetische Korrekturen am übermächtigen System der Vatikan-Kirche anbringen. Hauptsache, die Medien können wieder jubeln, welch gewaltigen Fortschritt doch der neue Papst gegenüber dem alten bringt.

Diese Zeilen waren geschrieben, bevor der oberste Glaubenswächter der Kirche, Josef Ratzinger, zum Papst gewählt wurde. Seine Wahl zum Papst beweist die Richtigkeit des in diesem Kapitel gesagten: Der Ratzinger-Papst wird das wie geölt funktionierende Rädchen im Herrschaftsgefüge der Vatikan-Maschinerie sein.

Bibliographie

Balkenohl, M., Kommentar zur Enzyklika Evangelium vitae, *in:* Johannes Paul II.,
Evangelium Vitae, Stein a. Rhein 1995

Balthasar, H. U. v., Friedliche Fragen an das Opus Dei, *in:* DER CHRISTLICHE SONNTAG,
12.4.1964

Bauer, J. B., (Hg.), Die heißen Eisen von A bis Z, Graz 1972

Bausch, A., COPADEBA: Widerstand gegen die Vertreibung der Armen, *in:* JUNGE KIRCHE
7/1992

Ben-Chorin, Schalom, Bruder Jesus. Der Nazarener in jüdischer Sicht, München [7]1984

Berg, S. und H. K., (Hg.), Wege nach Golgatha, München 1989

Berglar, P., Opus Dei. Leben und Werk des Gründers Josemaria Escrivá, Salzburg [2]1984

Bernstein, C./Politi, M., Seine Heiligkeit, München 1997

Blondiau, H./Gümpel, U., Der Vatikan heiligt die Mittel, Düsseldorf 1999

Boff, L., Wer sich ständig beugt, wird am Ende krumm. Warum ich mein Priesteramt
aufgebe und den Franziskanerorden verlasse, *in:* PUBLIK-FORUM 13/1992

– , Botschaft der Hoffnung vom Kontinentaltreffen in Quito/Ecuador, 27.8. bis 2.9.1990, *in:*
Missionszentrale der Franziskaner (Grüne Reihe Nr. 45), Bonn 1990

Buggle, F., Denn sie wissen nicht, was sie glauben, Reinbek 1992 (Neuausgabe
Aschaffenburg 2004)

Cadavid Restrepo, A., Lateinamerika – 500 Jahre verbotenes Wort, *in:* DU. DIE ZEITSCHRIFT
DER KULTUR 1/1992

Camdessus, M., Markt und Reich Gottes: die doppelte Zugehörigkeit, *in:* BULLETIN DER
FRANZÖSISCHEN BISCHOFSKONFERENZ 12/1992

Cirotzki-Christ, C., Der Mensch und sein Handeln in der Philosophie Karol Wojtylas, Essen
1986

Codex Iuris Canonici, Città del Vaticano 1983 (deutsche Ausgabe: Kevelaer [2]1984)

Deschner, K. H. (Hg.), Das Christentum im Urteil seiner Gegner, Ismaning 1986

– , Ein Jahrhundert Heilsgeschichte, Köln 1983

– , Das Kreuz mit der Kirche, Düsseldorf 1974

– , Kriminalgeschichte des Christentums, 8 Bände, Reinbek 1986–2004

– , Der Moloch. Zur Amerikanisierung der Welt, Stuttgart 1992

– , (Hg.), Woran ich glaube, München 1992

Dönhoff, M. Gräfin, In vielen Feuern gehärtet. Polens Kirche im Kampf wider den
Kommunismus – Kann der neue Papst die Welt verändern?, *in:* DIE ZEIT 44/1978

Dorn, A. M., Keiner ist arbeitslos, *in:* WELTBILD 7/1996

Drewermann, E., Kleriker, Olten [3]1989

Ebelseder, S./P. Juppenlatz, Schmutziges Geld, Hamburg 1982

Elian, R., Lobe den Schöpfer . . . , Stuttgart 1985

Englisch, A., Wer ist diese schreckliche Nonne Klara?, *in:* HAMBURGER ABENDBLATT 8.3.1996

– , Johannes Paul II: Das Geheimnis des Karol Wojtyla, Berlin 2003

Ertel, W., Die Priesterinnen vom Bodensee, *in:* KIRCHE INTERN 7/1996

Escrivá de Balaguer, J., Im Feuer der Schmiede, Köln 1987

– , Der Weg, Köln [11]1984

Estor, M., Frauenrechte verwirklichen. Die Pekinger Weltfrauenkonferenz der Vereinten Nationen, *in:* HERDER KORRESPONDENZ 11/1995

Frankenberg, G. von, Johann Wolfgang von Goethe, *in:* K. H. Deschner (Hg.), Das Christentum im Urteil seiner Gegner, Ismaning 1986

Freud, S., Massenpsychologie und Ich-Analyse, GW XIII

Fröhling, Th. F., Johannes Paul II: ein Leben, Berlin 1995

Fromm, E., Psychoanalyse und Religion, München 1985

Grigulevič, J. R., Ketzer – Hexen – Inquisitoren, Freiburg i.Br. 1995

Hasler, A. B., Wie der Papst unfehlbar wurde, München 1979

Heller, E., Ist Walesa eine Gefahr für die Demokratie geworden?, *in:* RHEIN-MAIN-PRESSE 26.10.1994

– , Herdenbrief: Kirchenvolks-Begehren. Liebeserklärung aus Innsbruck, *in:* PUBLIK-FORUM 9/1996

Herrmann, H., Die Caritas-Legende. Wie die Kirche die Nächstenliebe vermarktet, Hamburg 1993

– , Johannes Paul II. beim Wort genommen, München 1995

– , Kirchenfürsten, Hamburg 1992

– , Papst Wojtyla. Der heilige Narr, Reinbek 1983

– , Passion der Grausamkeit, München 1994

Hertel, P., »Ich verspreche euch den Himmel« – Geistlicher Anspruch, gesellschaftliche Ziele und kirchliche Bedeutung des Opus Dei, Düsseldorf 1991

Hesse, H., Lektüre für Minuten, Frankfurt/M. [10]1981

Hutchison, R., Die heilige Mafia des Papstes, München 1996

Jaspers, K., Die maßgebenden Menschen, München [5]1975

– , Der philosophische Glaube angesichts der Offenbarung, München-Zürich [3]1984

Johannes XXIII., Mater et Magistra, 1961

Johannes Paul II., Ansprache in Ephesus, *in:* ders., Unter deinem Schutz. Mariengebete und Betrachtungen, Freiburg 1983

– , Ansprache zur Eröffnung der 3. Lateinamerikanischen Bischofskonferenz in Puebla, 28.1.1979, *in:* Verlautbarungen des Apostolischen Stuhls 5, Bonn o.J.

– , Auf, laßt uns gehen!, Augsburg 2004

– , Aus der Kraft der Hoffnung leben, *in:* F. Jona (Hg.), Jahreslesebuch, Freiburg 1995

– , Brief an die Frauen, 1995

– , Centesimus Annus, 1991

– , Dominum et vivificantem, 1986

– , Donum vitae, 1987

– , Erinnerung und Identität, Augsburg 2005

– , Evangelium Vitae, Stein a. Rhein 1995

– , Familiaris consortio, 1981

– , Geschenk und Geheimnis – Zum 50. Jahr meiner Priesterweihe, 1996

– , Laborem exercens, 1981

– , Mulieris dignitatem, Freiburg 1988

– , Ordinatio sacerdotalis, 1994

– , Predigt in Tuxtla Gutierrez (Mexiko), *in:* Der Apostolische Stuhl. Ansprachen, Predigten und Botschaften des Papstes. Erklärungen der Kongregationen, Libreria Editrice Vaticana, Città del Vaticano und Köln 1990

– , Redemptor hominis, 1979

– , Redemptoris Mater, 1987

– , Redemptoris Missio, 1990

– , Die Schwelle der Hoffnung überschreiten, Hamburg 1994

– , Sollicitudo rei socialis, 1987

– , Tertio Millenio Adveniente, 1994

– , Unter deinem Schutz. Mariengebete und Betrachtungen, Freiburg 1983

– , Ut Unum Sint, 1995

– , Veritatis Splendor, 1993

– , Vor neuen Herausforderungen der Menschheit, Freiburg 1991

Kant, I., Kritik der reinen Vernunft, 1781

Katechismus der katholischen Kirche, München 1993

Kirche in Bewegung, Beilage *zu:* PUBLIK-FORUM 2/1996

Klein, N., Santo Domingo 1992, *in:* ORIENTIERUNG 21/1992

Koestler, M., Stirbt Jesus am Christentum?, Gütersloh 1986

Krewerth, R. A. (Hg.), Johannes Paul II. in Deutschland, München 1980

Krims, A., Politik und Programm des Wojtyla-Papstes, *in:* BLÄTTER FÜR DEUTSCHE UND INTERNATIONALE POLITIK 10/1980

Lay, R., Ketzer, Dogmen, Denkverbote, Düsseldorf 1996

– , Nachchristliches Christentum, Düsseldorf 1995

Ledl, L., Der Fall Ledl. Im Auftrag des Vatikans, Wien [2]1989

Leo XIII., Rerum novarum, 1891

Lo Bello, N., Vatikan im Zwielicht. Die unheiligen Geschäfte des Kirchenstaates, Düsseldorf 1983

Lüder, W., Katholische Kontinuität durch Konkordat, *in:* DIESSEITS 36/1996

Maccoby, H., Jesus und der jüdische Freiheitskampf, Freiburg i.Br. 1996

Maddox, B., Die teuflische Doktrin, München 1991

Malinski, M., Johannes Paul II. Sein Leben, von einem Freund erzählt, Freiburg 1979

Marz, B., Arbeitgeber Kirche, *in:* KIRCHE INTERN 8/1996

Meisner, J., Sein, wie Gott uns gemeint hat!, Berlin 1988

Mettner, M., Die Katholische Mafia, Hamburg 1993

Mey, J., Kirchen für Homosexuelle? Homosexuelle erstreiten ihre Menschenrechte, Frankfurt/M. 1993

– , Lebensform Homosexualität, Frankfurt/M. 1990

– , Liebe achtet sexuelles Leben, Frankfurt/M. 1992

Meyer, Th. (Hg.), Fundamentalismus in der modernen Welt, Frankfurt/M. 1989

Modehn, C., Im Besitz der vollen Wahrheit, *in:* PUBLIK-FORUM 17/1996

Mynarek, H., Denkverbot. Fundamentalismus in Christentum und Islam, München 1992 (Neuausgabe Bad Nauheim 2005)

– , Eros und Klerus, München 1980 (Neuausgabe Essen 1999)

– , Erster Diener Seiner Heiligkeit. Ein kritisches Porträt des Kölner Erzbischofs Joachim Meisner, Köln 1993

– , Existenzkrise Gottes, Augsburg 1969

– , Das Gericht der Philosophen. E. Bloch – E. Fromm – K. Jaspers über Gott – Religion – Christentum – Kirche, Essen 1997

– , Gottesbild eines Ketzers, *in:* K. H. Deschner (Hg.), Woran ich glaube, München 1992

– , Herren und Knechte der Kirche, Köln 1973/Ulm [2]2002

– , Jesus und die Frauen, Frankfurt/M. 1995/Essen [2]1999

– , Die Kunst zu sein, Düsseldorf 1989/Essen [2]1998

– , Mystik und Vernunft, Olten 1991/Münster [2]2001

– , Ökologische Religion. Ein neues Verständnis der Natur, München [2]1990

– , Casanovas in Schwarz, Essen [2]2001

– , Petrus, Wojtyla und der Zölibat, *in:* R. Niemann (Hg.), Petrus, der Fels des Anstoßes, Stuttgart 1994

– , Orientierung im Dasein, München 1979

– , Religiös ohne Gott?, München 1989

– , Tod-Gottes-Theologie, *in:* J. B. Bauer (Hg.), Die heißen Eisen von A bis Z, Graz 1972

– , Die Vernunft des Universums, München 1988/Essen [2]2003

– , Verrat an der Botschaft Jesu – Kirche ohne Tabu, Rottweil a. N. 1986

– , Wie »progressive« Theologen das Christentum »retten«, *in:* E. Dahl (Hg.), Die Lehre des Unheils, München 1995

– , Zwischen Gott und Genossen, Berlin 1981

– , Die Neue Inquisition, Marktheidenfeld 1999

Oesterle, G., Aus der Praxis – für die Praxis. Jungfräulichkeit in der kirchlichen Ehesprechung, *in:* W. M. Plöchl/I. Gampl (Hg.), Im Dienste des Rechtes in Kirche und Staat, Wien 1963

Oschwald, H. P., Der Papst des CIA, *in:* Focus 41/1996

Paul VI., Populorum progressio, 1967

Paulus-Akademie (Hg.), Opus Dei – Stoßtrupp Gottes oder »Heilige Mafia«?, Zürich 1992

Pawlowski, H., Der Markt und Gottes Gerechtigkeit. Letzte Ölung für die Profitmaschine? Der Weltwährungsfonds und seine kapitalistische Befreiungstheologie, *in:* PUBLIK-FORUM 16/1996

Pius XI., Quadragesimo Anno, Freiburg 1931 (deutsche Fassung)

Pius XII., Humani Generis, 1950

Plöchl, W. M./I. Gampl (Hg.), Im Dienste des Rechtes in Kirche und Staat, Wien 1963

Pöner, U., Absage an jede Form von Zwang, *in:* HERDER KORRESPONDENZ 11/1994

Ranke-Heinemann, U., Keine Hoffnung auf Reformen, *in:* DIESSEITS 2/1996

– , Nein und Amen, Hamburg 1992

Ratzinger, J., Über die christliche Freiheit und die Befreiung, 1986

– , Über einige Aspekte der Theologie der Befreiung, 1984

– , Vorwort zu: Johannes Paul II., Aus der Kraft der Hoffnung leben, Freiburg 1995

– , Zehn kritische Bemerkungen zur Theologie von Gustavo Gutiérrez, 1983

Ronner, W., Die Kirche und der Keuschheitswahn, München 1971

Rosa, P. de, Der Jesus-Mythos, München 1991

Russell, B., Warum ich kein Christ bin, Hamburg 1968

Satter, E., Möglichkeiten und Grenzen einer pluralistischen Ethik, Neustadt 2003

Scheler, Max, Der Formalismus in der Ethik und die materiale Wertethik, Halle 1916

– , Vom Ewigen im Menschen, Köln 1920

Schepper, R., Gott beim Wort genommen, Argenbuhl 1993

Schermann, R., Woran die Kirche krankt, München 1993

Seiterich-Kreuzkamp, Th., Der Vatikan und die Mafia. »Selbstmord« war Mord, *in:* PUBLIK-FORUM 15/1996

Serup-Bilfeldt, K., Ohne Christentum kein Holocaust, *in:* PUBLIK-FORUM 22/1995

Stein, C., Die Geheime Weltmacht, Tübingen 2001

Stolze, G., Zuckerbrot und Peitsche, *in:* PUBLIK-FORUM 11/1995

Szczypiorski, A., Katholizismus in Polen, Tiefe Krise, *in:* KIRCHE INTERN 1/1996

Szulc, T., Papst Johannes Paul II. Die Biographie, Stuttgart 1996

Tosches, N., Geschäfte mit dem Vatikan, München 1989

Trost, E., Der Papst aus einem fernen Land, Frankfurt/M. 1981

Walf, K., Fundamentalistische Strömungen in der katholischen Kirche, *in:* Th. Meyer (Hg.), Fundamentalismus in der modernen Welt, Frankfurt/M. 1989

Weber, G., Ich glaube ich zweifle, Einsiedeln 1996

Wojtyla, K., (weitere Publikationen siehe auch: Johannes Paul II.)

– , Amore e Responsibilità, Turin 1968

– , Il Buon Pastore, Rom 1978

– , Educazione all' Amore, Rom 1978

– , La Fede della Chiesa, Mailand 1978

– , Segno di Contradizione, Mailand 1977

– , Dobro i wartość (Das Gute und der Wert), Lublin 1955

– , Akt i przeżycie etyczne (Akt und ethisches Erleben), Lublin 1955

– , Ocena możliwości zbudowania etyki chrześcijańskiej przy założeniach systemu Maksa Schelera (Über die Möglichkeit einer christlichen Ethik unter Grundlegung des Systems von Max Scheler), Lublin 1959

– , Der Streit um den Menschen, Kevelaer 1978

– , Erziehung zur Liebe, Stuttgart 1979

– , Primat des Geistes, Stuttgart 1980

– , Liebe und Verantwortung, München ²1981

– , Person und Tat, Freiburg i.Br. 1981

Yallop, D. A., Im Namen Gottes? Der mysteriöse Tod des 33-Tage-Papstes Johannes Paul I., München 1988

Namensregister

*Der Ahriman-Verlag interessiert sich sehr für die Meinung seiner Leser zu seinen Veröffentlichungen und seinem Programm. Er testet natürlich auch gerne die Zuverlässigkeit der Post, über die sich zu beklagen er leider schon allzuviel Anlaß hatte. Und wenn sein Büro gerade nicht besetzt ist, so ist **immer** sein Anrufbeantworter angeschaltet.*

Unser Programm ist die Wiederkehr des Verdrängten

AHRIMAN-Verlag

Postfach 6569, 79041 Freiburg, Tel. 0761/502303, Fax 0761/502247
www.ahriman.com, e-mail: ahriman@t-online.de

KETZERBRIEFE

Flaschenpost für unangepaßte Gedanken

Lesen Sie die KETZER mal retrospektiv –
es lohnt sich!

10 Die lange Geschichte einer Karikatur und der Antiklerikalen Wochen in der BRD **11/12** F. E. Hoevels: SEKTE – oder: »Ein völlig sinnentleertes Plädoyer für die Meinungsfreiheit« (KONKRET) **14** F. E. Hoevels: Drei Bücher über Jesus (Rezension) **15/16** Freispruch erster Klasse in Würzburg erzwungen! **20** Einführung der Kirchensteuer in der DDR **37** P. Priskil: Galilei, der Vatikan und einige Wölfe im Schafspelz **39** Der Konstanzer Denkmalstreit - Ein Zwischenruf **42** F. E. Hoevels: Die Vernichtung der weisen Frauen (Rezension) **45** »Null Bock auf Kirche« – oder wie eine vorselektierte Fernsehdiskussion auf einmal *live* wurde **52** Tierschützer: Die selbsternannten Moralisten, ihre Taten und die Hintergründe • Zur Bevölkerungskonferenz in Kairo – stabiles Wachstum und reproduktives Recht (Teil I, Teil II in **Nr. 53**) **54** S. Sarial: Verhüllungszwang und Feminismus **56** F. E. Hoevels: Gedanken bei der Herausgabe eines Buches über die Inquisition **59** Sieg im Seler-Prozeß! Was hat das BVG-Urteil mit dem Bund gegen Anpassung zu tun? – oder: Wie der Erfolg im Schulkreuz-Streit zustande kam **61** Sonderheft »In unserem Namen nicht!«: Der Fall Schimmel – eine Chronik auf dem Weg ins Mittelalter **62** Hexenjagd auf Helnwein **65** F. E. Hoevels: Wozu ein Atheistenbund? **66** F. E. Hoevels: Päpstliches – Ein ungelegtes Ei des Papstes Pius und der späte Wind darum – Wie der Papst unfehlbar wurde **71** F. E. Hoevels: Wer ist die »herrschende Klasse«? **75** F. E. Hoevels: Ein empfehlenswertes Buch über Hus (Rezension) **86** Schwerpunktthema Iran: Die Verfolgung der Bahaï im Iran – wie »liberal« ist der »Gottesstaat«? **93** Giordano-Bruno-Gedenktage in Rom **100** F. E. Hoevels: Die sogenannte Kultur **111** Die »fiktive Kirchensteuer« ... und wo sie so alles hingeht ... Kirchensteuer für konfessionslose Arbeitslose **112/113** Deutsche dumm, Italiener informiert – die künstliche Plazenta! • K. Steinbach: Erwürgte Forschung oder: Woitylas willige Vollstrecker **115** V. Vichare: Christlicher Seelenkauf und pro-islamische Petrodollars – eine Herausforderung hinduistischer Toleranz? **123** *In memoriam* Hyam Maccoby • H. Mynarek: Zur Intoleranz gewisser Atheisten

Die KETZERBRIEFE werden herausgegeben vom Bund gegen Anpassung

Bezugspreise ab Nr. 10: € 3.- / sFr 6.-, ab Nr. 46: € 4.50 / sFr 9.-, ab Nr. 111: € 4.50 / sFr 8.10

Im Abonnement 6 Hefte: € 23.- / sFr 38.80 / ISSN 0930-0503

DIE ANDEREN BÄNDE DER REIHE:

Die Religion läßt sich kritisieren. Man muß sie aber auch begreifen. Das Rätsel der Religion löste Sigmund Freud am Anfang des Jahrhunderts. Wer seine Gegner verstehen will, um sie bekämpfen zu können, braucht nicht nur Verstand, sondern auch Kenntnisse und Diskussionen. Die Tradition Sigmund Freuds wird fortgesetzt in unserer Zeitschrift.

System ubw

Zeitschrift für klassische Psychoanalyse

103 S., 10 Abb., ISBN 3-922774-95-4   56 S., 4 Abb., ISBN 3-922774-97-0   86 S., 9 Abb., ISBN 3-922774-99-7

1/04 Gedanken zum Kinofilm ›Nicht Auflegen!‹ • Eine häufige Folge der Familiensituation • Zur Psychodynamik der Paranoia in ausgewählten Kurzgeschichten von Joseph Sheridan Le Fanu **1/03** Frau Holles Asylstätte • Samuel Hahnemann und die Homöopathie – Arzt oder Religionsstifter? • Eine ungewöhnliche ödipale Wunscherfüllung in Thackerays ›Henry Esmond‹ **1/02** Der Zauber des Rings – Zu J.R.R. Tolkiens ›Herr der Ringe‹ • Die Hinrichtung Ludwigs XVI. – Eine Studie zur Funktionsweise der Übertragung • Zur Psychopathologie des modernen Alltagslebens – Teil 2: Die Wahlkabine **1/01** Echnaton – Träumer, Fanatiker oder Revolutionär? • Herzog Blaubarts Burg – krankhafte Neugier und neurotische Eifersucht • Zur Psychopathologie des modernen Alltagslebens – Teil 1: Das Handy **1/00** Homosexualität, Gewalt und Verrat am Beispiel Yukio Mishimas und Jean Genets • Kafkas ›Schloß‹ **1/99** Der heilige Georg von Vittore Carpaccio • Beitrag zum weiblichen Kastrationskomplex • Ein indonesisches Totenritual **1/98** Körperwelten – Ein Ausstellungserfolg aus psychoanalytischer Sicht • Die zwei Arten des Denkens • Der unsterbliche Wanderer Melmoth und sein Geheimnis • Infantilität und Sexualsymbolik in der mittelalterlichen Artus-Epik • Über Ichstärke und Ichschwäche II **1/93** Infantiler Sexualkonflikt und Regression in Rainer Maria Rilkes Werk • Verleugnung in Wilhelm Jensens ›Gradiva‹ • Ein jüdisches Speisetabu und sein Geheimnis **1/92** Die Unsterblichkeitsvorstellung im Lichte der Psychoanalyse • Zum unbewußten Gehalt des Berggeistes und anderer Dämonen des bergmännischen Aberglaubens • Über Ich-Stärke und Ich-Schwäche I **1/91** Eine chinesische Harnreizphantasie • »Bin das furchtsamste Tier auf Erden ...« – Das Selbstzeugnis eines religiösen Melancholikers • Die neuen Speisetabus **1/90** Der Vesta-Kult im antiken Rom • Eine parareligiöse Bekehrung • Ein Fall von Kleptomanie **1/89** Ein echter und ein unechter Fall von Inzest • Weiteres zur Symbolik der Spinne • Das Privatleben des Psychoanalytikers • Über Darwin und Freud **1/87** Herzopfer für Huitzilopochtli – Aztekische Mythen und Rituale im Lichte der Psychoanalyse • Aus der Analyse eines Zwangsneurotikers • Das Symbol der Faschisten **1/86** Der Totentanz • Zur Psychoanalyse der Ejaculatio praecox **2/85** Becketts Traurigkeit • Das Peinlichkeitsgefühl und sein Auftreten als Widerstand **1/85** Sex and Drugs and Rock'n'Roll – Zur Psychoanalyse der Musik • Das Tabu des bestimmten Artikels • Die rechtliche Sonderstellung des Hundes im christlichen Spätmittelalter **2/84** Das Tabu der Nacktheit • Die Symbolik des Herzens • Die Polarität des Widerstands in der gesellschaftlichen Abwehr Freuds **1/84** ›1984‹ – Orwells Roman im Lichte der Psychoanalyse • Der Wahrheitsgehalt der ›Totalitarismustheorie‹ • Warum hilft Knoblauch gegen Vampire? **1/83** Mit Feuer das Gelüst legen – Zur Psychoanalyse der Hexenverfolgung

System ubw wird herausgegeben von Fritz Erik Hoevels und Peter Priskil
Bezugspreise ab 1998 und Neuauflagen: € 7.50 / sFr 13.50, Abo.-Preis: € 6.80 / sFr 12.20
Bezugspreise bis 1993: € 5.- / sFr 10.- / ISSN 0724-7923

Nr. 3, 94 S., € 5.- / sFr 10.- / ISBN 3-922774-04-0

»Ein Aufsatz über den von sämtlichen Vertretern aller Religionen gehaßten Schar- latan. Und was ihn so ver- haßt macht, macht schon das Wesen von Religionen deut- lich. Jede neue ist eine Paro- die der alten und wirkt auf- klärerisch (...)«

F. K. Waechter in
DER RABE

Nr. 4, 3. erweiterte Auflage
110 S., 2 Abb., € 5.- / sFr 10.-
ISBN 3-922774-28-8

Nr. 7, 107 S., 3 Abb.
€ 8.- / sFr 16.-
ISBN 3-89484-402-7

Die anderen Ahriman-*flugschriften*:

Nr. 1: Fritz Erik Hoevels, **Tabuthema AIDS-Stop** – Gedanken eines Ketzers, 81 S., 16 Faks., € 5.- / sFr 10.- / ISBN 3-922774-03-2 • Nr. 2: Karlheinz Deschner, **Die beleidigte Kirche** – oder: Wer stört den öffentlichen Frieden?, 60 S., 4 Faks., € 4.30 / sFr 8.50 / ISBN 3-922774-05-9 • Nr. 5: Manfred Histor, **Willys Erben** – Vom Hamburger zum Rostocker Modell. Berufsverbote in der DDR, 101 S., € 5.- / sFr 10.- / ISBN 3-922774-58-X (vergriffen, ein geringer Bestand von Mängelexemplaren zum halben Preis noch erhältlich) • Nr. 6: Autorenkollektiv (Hrsg.), **Von Ehrenberg bis Seehofer** – Reportagen und Analysen aus dem Gesundheitswesen, 154 S., 4 Abb., 6 Faks., 5 Schaubilder € 7.50 / sFr 15.- / ISBN 3-89484-400-0

Ebenfalls bei Ahriman erhältlich:

Das »verbotene« Buch, gegen dessen Erstauflage 15 Prozesse von Kirchenmännern und einem Medienkonzern geführt wurden, jetzt in neuer Bearbeitung wieder im Buchhandel: brisanter, kritischer und (noch) beschämender für die Herren und Knechte der Kirche!

»Mynareks Erinnerungen werden zweifellos für Deutschlands und Österreichs katholische Hierarchie die ärgerlichste Lektüre seit langem sein.«

Der Spiegel

»›Herren und Knechte der Kirche‹ ist das zweifellos beste Buch, das ein ehemaliger Priester und katholischer Theologieprofessor unseres Jahrhunderts geschrieben hat.«

Europäische Kirchenfreie Rundschau

514 S., geb., 2. überarbeitete Auflage
€ 21.50 / sFr 36.30 / ISBN 3-89484-504-X
Erschienen im Historia-Verlag

»Hier werden unseres Wissens in dieser detaillierten Form zum ersten Mal von einem Insider die Mißstände der Kirche Punkt für Punkt offengelegt. Hier werden Informationen gegeben, die der aufgeklärte Mensch des 20. Jh. für einen mittelalterlichen Alptraum des Hieronymus Bosch halten würde. Doch leider ist es kein Traum, sondern bittere Realität unserer Gegenwart. In ›Herren und Knechte der Kirche‹ wird aufgezeigt, daß sich die katholische Kirche in ihrem Wesen überhaupt nicht verändert hat, sondern daß sich nur die Formen, in denen sie heute ihre Macht ausspielt, verfeinert haben. Scheiterhaufen brennen ›noch nicht mehr‹, aber die unterschwellig-subtilen Formen der Machtausübung machen die ganze Sache nur umso hintergründiger. Dies weiß Hubertus Mynarek und setzt hier an (...) Ja, das Schicksal dieses Buches selbst ist ein schauerliches Zeugnis für die Verfilzung von Kirche und Staat.«

MIZ (Organ des Internationalen Bundes der Konfessionslosen und Atheisten)